기인기사 奇人奇事

조선의 별난 사람 별난 이야기

조선의 별난 사람 별난 이야기

기인기사

송순기 지음 · 간호윤 풀어 엮음

푸른역사

세상에 어섯눈 뜨며, 참 이상한 어른들을 꽤나 본다.

정치인이라, 사업가라, 선생이라 부르건만 이상하게도 품새가 불리는 것과는 영 딴판이다. 겉볼안이거늘 저리도 실상과 탯거리가 어긋나니 식겁할 뿐이다. 누구는 개골창도 없는데 다리를 놔 주겠다고 입심을 있는 대로 뽑고, 누구는 맘몬Mammon을 교주로 받들며 행복의 절대자니 믿으라 으름장을 놓잖나, 또 누구는 여봐란 듯이 꾀바른 글로 재주놀음을 펴거나 순결한 영혼에 불량한 사자후를 토해넣는다. 이들 뒤엔, 뒤질세라 생게망게 이상한 일들도 살풍경하니 여간 따라 붙는 게 아니다. 저렇게 세상을 지탱하는 '정치'와 '경제', '문화'라는 삼두마차는 삐걱거린 지 오래다. 도덕과 정의가 인간의 변방으로 축출된 자리에는 병리학적 징후들이 은근한 눈짓으로 난장질이다. 더하여 천하의 기이한 재간으로 셈 빠른 잇속과 너나들이해대며 세상을 속여먹는 이들을 보면 마음이 영 안됐다.

그래 꼭한 예사내기들은 예나 지금이나 허리에 중동끈 잔뜩 조르고, 마음을 도스르고 당조짐에 뼈물고 나선들 세상사는 것이 여간 힘든 게 아니다. 그렇다고 중뿔나게 나서서 훈수 한 판 두자니 말만 귀양 보낼 테고, 국으로 가만있자니 멋쩍기도 해, 그저 강파른 삶의 비탈에서 두엇 모여 '떡 해 먹을 세상' 이라고들 먼발치에서 고시랑고시랑 댈 뿐이다.

사실 하는 말이지만, 우리가 이 가위눌리는 세상에서 세끼 밥 먹고 등걸잠이나마 지샐 곳을 마련한다는 게 여간 힘들지 않다. 기가 막힐 일도 하많아 때론 '콧구멍 두 개이길 참 잘했지' 하고 거슴팍을 쓸기도 한다. 그렇다고 글 힘은커녕 입심조차 없어, 애성이난다 해도 입을 앙다물고 세상과 왕배덕배 시비를 따질 주제도 못된다. 이쯤 되면 산다는 것 자체가 기이한 일이요, 살아가는 우리 또한 기인이나, 꼭 이 책의 문패인 "기인기사"렸다.

이 책은 《기인기사록》이라는 구활자본 야담집을 번역하고 이를 다시 저자 나름대로 매만져 놓은 것이니, 이에 대해 잠시 짚고 가겠다. 《기인기사록》은 상·하 2권으로, 물재勿齋 송순기宋淳夔가 현토식懸吐式 한문으로 편찬한 '신문연재구활자본야담집新聞連載舊活字本野談集'이다. '신문연재'란 《기인기사록》의 일부가 이미 《매일신보》에 연재된.때문이다. 더 정확히 말하자면 엄혹한 일제를 살았던 송순기라는 지식인이 우리의 야사, 문집, 기담 따위를 신문에 현토식 한문으로 연재한 것을 다시 편찬한 것이 《기인기사록》이란 뜻이다. 송순기는 《매일신보》에 1919년경 입사해 편집부·논설부 기자를 거쳐 논설부

주임으로 편집 겸 발행인이 되어 1927년 5월 11일까지 그 자리에 있었다. 그는 8년 정도를 신문기자로 있던 셈인데, 이때 《기인기사록》의 각 화소를 《매일신보》에 연재한 것이다.

《기인기사록》은 상·하권 총 107화로 상권(1921년)은 51화 203쪽, 하권(1923년)은 56화 195쪽이며 문창사에서 간행되었다. 1910~20년대는 우리 야담사에 꽤 의미 있는 공간이다. 문학사 속에서 필사筆寫와 식자識者의 여기餘技라는 척박한 토양에 근생僅生하던 야담이, 잠시나마 활자본 야담집의 간행으로 독서대중에게 머물렀던 시기였기 때문이다. 《기인기사록》은 양적으로나 질적으로나 이 시기 야담집의 중심에 놓인다. 더욱이 시대를 고뇌했던 야담작가 송순기는 《기인기사록》에 야담의 순기능인 '재미'와 '시대의 진정성'을 병치했다.

그러함에도 이 야담집은 그동안 국내 몇 권 안되는 '《기인기사록》 상권'으로 미루어 '하권'이 있음을 추정할 뿐 우리 학계에선 그 실체를 찾을 수 없다가, 근자에야 '《기인기사록》 하권'의 존재가 확인되었다. 강원대에서 정년을 맞으신 남윤수 교수님이 이 책을 어떤 분에게 얻어 소장하고 계셨다가, 필자에게 격려 차 주신 복사본이 이렇게 작은 결실을 맺게 된 것이다. 저자가 저간 살핀 바로는 《기인기사록》 하권을 이토록 찾을 수 없었던 연유는 일제강점기 금서였기 때문이다. 이점을 고려한다면, 그나마 이 한 권이 국내에 남아 있었다는 것이 이 책의 제목만큼이나 참 기이하다.

《기인기사록》은 상·하 두 권 중, 유독 하권만 금서였던 이유는 '치안'이었다. 대략 일제하의 금서들은 대부분 '민족주의 사상, 사회주의 사상, 자유주의 사상' 등과 밀접한 관련이 있다. 이를 그대로 받아들인다면 《기인기사록》 하권은 상권과는 달리 위의 사상들과 어떠한 형태로든 연관을 맺고 있다고 짐작할 수 있다. 하지만 두루 살핀바, 상권과 하권을 뚜렷이 구별할 만한 차이는 별로 없었다. 다만 일제와 우리의 역사적 관계를 고려할 때, 하권이 상권에 비해 임진왜란 관련 화소가 두어 편 많은 정도이다.

그렇게 자료를 정리 중, 이 책의 8에 수록한 김충선金忠善 화소에서 눈이 멎었다. 김충선은 왜장으로 임진년 4월 13일 부산에 도착해 조선에 항복하고 귀화한 이다. 필자의 생각으로는 이 김충선 이야기 때문에 《기인기사록》 하권이 금서가 된 것이 아닌가 한다. '김충선이 항왜降倭란 점에서 당연히 부닥뜨리는 일제와의 긴장성', '당시 지식인들이 모를 리 없을 것이라는 가설을 전제 삼아 역으로 추론' 하는 등의 논의를 잇는다면, '《기인기사록》 하권 소재 김충선 이야기는 그만큼 일제하 금서 이유에 용이하게 접근할 수 있다' 라고 결론지을 수 있기 때문이다.

이 책은 저러한 책력을 갖고 있는 《기인기사록》 하권의 56화 중, 스물네 꼭지를 선집해 윤색을 하고 여기에 저자의 붓칠을 더해 강호에 내놓은 결과물이다. 《기인기사록》 하권의 출간이 1923년이고, 일제치하 금서 목록에 오른 것이 1941년이니, 반세기하고도 여남은 해를 넘겨 다시 대중에게 돌아온 셈이다. 이 작은 문헌에서도, 아직 저 일제강점기의 아픔이 그렇게 남아있다 생각하니 역사란 참으로 무섭다.

제번하고, 이 책을 내며 두 분의 도움이 절대적이었다. 필자에게 자료를 주고 학문을 독려한 남윤수 교수님께 삼가 고개 숙인다. 그리고 푸른역사 관계자 여러분들께도 고맙다는 말씀을 드린다. 《기인기사록》 하권 56화를 직역하고 각주를 붙여선 푸른역사를 찾아 출간을 청한 것이 작년 이맘때였다. 흔쾌히 원고를 훑은 푸른역사 백승종 선생님께서 필자에게 '고전의 대중화작업'을 말씀하셨다. 그렇잖아도 생각이 있었지만, 내 깜냥으로야 언감생심이던 차였기에 용기를 내었다. 그래, 《기인기사록》 하권의 원본 발간을 잠시 미루고 처음부터 다시 윤색을 하며 저자의 말을 드문드문 얹었다. 그 뒤 서사성을 갖춘 24화소만을 추리게 되었고 편제도 달리해 내놓은 것이 이 책이다. 책 한 권 내는 데도 이토록 사연이 구구하다.

"기인기사"검은 먹대로라면 맨 '별난 사람 별난 이야기'란 뜻이다. 허나 글줄을 따라잡다 보면 헛문서 같은 글이 아님을 알게 된다. '별난 사람 별난 이야기'로되, 삶의 꼼수와 기술을 터득한 축들이 여봐란 듯이 세상을 휘젓는 꾀부림 이야기가 아니다. 꾀만 꿍치거나 말로만 발라 맞추거나 반죽 좋게 이죽거릴 뿐이지 마음 씻김은 간 곳 모르는 생색만 내는 글도 아니요, 저만 잘났다 젠체하며 세상을 태질치거나, 교태질로 호리는 글은 더욱 아니다.

조금만 살피면 깔깔대며 주고받는 그저 우리네 이웃 사람들의 엇구수한 삶의 소리다. 여기에는 재주놀음하는 이, 풍치는 이, 바른 맘결을 가진 이들이 나와 저러한 세상을 조롱하기도 혼내기도 웃기기도 한다. 때로는 적당히 허구도 곁들였지만, 그렇다고 온통 스님 얼레빗질하는 흰소리만은 아니다. 여기엔 세상을 꼬느는 꼬장함도, 저기엔 고운 마음결로 평생을 눈물로 산 이들의 삶도 땀땀이 수놓아져 있기 때문이다. 때론 예리한 붓끝으로 사정없이 세상을 벼리고 불의를 산골散骨해, 문자의 표본실에 안치해 둘 만한 논객의 글발보다도 나은 글을 만난다.

야담은 우리네 삶의 실개천에서 건져 올린 초승달이다. 초승달은 음력 초사흗날 저녁에 서쪽 하늘에 낮게 뜨는 눈썹 모양의 달이다. '초승달은 잰 며느리가 본다' 한다. 어쩌다 산머리에 낫 같은 초승달이 걸린들 아무나 보는 게 아니다.

건강하게 하루를 보내고 고개를 들 줄 알아야만, 우련한 저 초승달을 볼 수 있다. 초승달이 앞서야 반짝이는 저녁별이 총총 나온다. 그래 별은 누구나 보지만, 초승달은 누구나 보는 게 아니다.

이 야담을 초승달에 비유해 본다. 그림으로 치면 엷은 담묵淡墨의 수묵화다. 그래 가만히 산머리를 치어다보고, 화지를 스치듯 지나간 엷은 붓 자국을 훑을 줄 아는 마음이 먼저 선손을 걸어야만 한다. 이렇듯 야담 속에 들어 있는 저 이들이 붓질한 삶은, 보는 이의 마음이 있어야만 통성명을 하고 따라잡는다.

이제 나는 야담을 고전이라 불러본다.

고전은 우리 삶에서 놓쳐서는 안 될 글이다.

고전은 창호문살에 우려든 아침 햇살이다.

　고전에는 여명 우려든 아침 햇살이 창호 살을 투과하며 빚어내는, 그 해맑고도 평안한 청안淸安함이 있다.

　힘 부치는 글을 썼다. 오죽장은 붓을 들어 나를 지켜봐 주는 분들, 이 책을 매만져 준 분들께 "고맙습니다" 한 자락 놓고, 횡허케 달아 난다.

2008년 5월 휴휴헌

간호윤

序

語에曰雖有美酒ㄴ不嘗ᄒ면不知其味ᄒ고雖有璞玉이나不琢ᄒ면不知其

爲寶라ᄒ니信矣哉라斯言이여惟人도亦然ᄒ니世雖奇士偉人이라도不觀

其平日之所行이면不知其爲奇也ㅣ라嗚呼라惟我朝鮮人物之盛이自古로

彬々可觀而君子淑女와名瑗才子之奇事異蹟이雜出於諸家之記錄者ㅣ不

一其類ㄴ然이나此記錄之行于世者ㅣ幾希矣라故로後人이不得以考其事

而窺其實ᄒ고世或有蒐集而刊行之者ㅣ然이나率多訛誤遺佚疎畧ᄒ야難可

以得其全豹之一般ᄒ니可勝惜哉리오何幸宋君勿齋ㄴ當時之一史家也ㅣ

라博聞强記ᄒ고篤學多智ᄂ世旣有定評而君之執筆於報壇也에以我東之

奇人奇事로將欲紹介於天下ᄒ야乃博採舊聞ᄒ고又蒐集諸家之雜說ᄒ야

或删削之ᄒ며或敷衍之ᄒ야以成篇ᄒ고名之曰奇人奇事錄

이라ᄒ니此書非特爲奇事奇譚也ㅣ라多有彰善感義之事ᄒ야使世人으로

可以敎可以法也ㅣ라誰可以稗史閒話로歸之也哉리오

壬戌菊月初二日　　　　崔　演　澤　序

一

속담에 이런 말이 있다.

"비록 좋은 술이 있으나 맛보지 않으면 그 맛을 알지 못하고, 비록 옥 덩이가 있더라도 다듬지 않으면 그것이 보배임을 알지 못한다." 이 말이 틀림없으니, 생각해 보면 사람도 그러하다. 세상에 비록 기이한 재주를 가진 선비나 위대한 사람이라도 그가 평소에 행한 일을 보지 않는다면 기이함을 알 수 없는 것이다. 아! 유독 우리 조선에는 인물의 성대함이 예로부터 훌륭하였다. 군자숙녀와 이름난 여인과 재주 있는 사내들의 기이한 일과 발자취를 볼 수 있는 것이, 여러 대가들의 기록에서 여러 번 나오니, 그 비슷한 것들이 하나둘이 아니다. 허나 이러한 기록이 세상에 돌아다니는 것은 거의 드문성싶다. 그러므로 훗날 사람들이 옛 일을 견주어 살피거나 그 실상을 제대로 볼 수 없다. 세상에 어떤 이가 이러한 것들을 수집하여 간행하려는 사람이 있지만도 대부분 그릇되었고, 또 없어져 소략하여 그 전체의 모양을 알기가 어려우니 안타까울 뿐이다.

송물재 군은 이 시대의 역사가이다. 송 군은 널리 듣고는 기억을 잘하고 독실하게 학문을 닦아 지혜가 많은 것이 정평이 나 있다. 이 송 군이 신문 지상에 집필하여 이로써 우리나라의 기이한 사람과 기이한 일을 천하에 알리려고 한 것이다. 이에 곧 널리 전에 들은 이야기를 채록하고 또 여러 대가의 이러저러한 이야기를 수집하여, 혹은 불필요한 글자나 글귀 따위를 지워버리고, 혹은 덧붙여서 자세히 설명하였으며, 혹은 양쪽의 좋은 점을 골라 뽑아 알맞게 조화시켜서 한 편을 만들고, 이름을 《기인기사록》이라 붙여놓았다. 이 책은 단지 기이한 일과 기이한 이야기만이 아니다.

그중에는 남의 착한 행실을 드러내고 의로움에 감동한 일이 제법 많으니 세상 사람들을 가르치고 모범이 될 만하다. 어느 누가 대수롭지 않은 일들을 기록하였다거나 한가한 이야기로만 돌리겠는가.

1922년 음력 9월 2일 최연택이 쓰다.

• 들어가는 글 _ 5

1. 정성만 다한다면 용꿈을 꾼단다
황룡을 꿈꾸고 장원급제한 이진항 _ 18

2. 귀신의 물건이 탄다
귀신을 섬기는 풍속을 막은 권부인 _ 24

3. 여기가 뉘 집이요
가짜 신랑이 진짜 신랑이 된 사연 _ 30

4. 질투가 심하다지만 미인 앞에서야 어쩌겠어요
미모로 본처의 혼을 빼놓은 평양기생 _ 40

5. 서생의 일을 잊으셨나요?
만호 벼슬을 얻게 한 현명한 아내 _ 46

6. 내 너를 죽이고 나도 죽어 원한을 풀리라
이름이 부끄럽지 않은 길정녀 _ 52

7. 너는 봄을 품은 여인, 나는 멋진 사내가 되면 어떠하냐

•• 농이 참이 되어 인연 맺은 송반 _64

8. 귀국을 흠모하여 초야의 백성이
되고자 한 지 오래되었소이다

•• 일본을 버리고 조선에 귀화한 사야가 김충선 _78

9. 기이하고 장엄한 일을 한번 보려느냐?

•• 천문지리와 기문둔갑에 정통한 박엽 _88

10. 호랑이를 시켜 공자를 구하게 했군요

•• 조상의 음덕으로 죽음에서 벗어나 아내를 얻은 서생 _96

11. 홀로 관서에 있을 옥소선이 들어와 마음자리에 앉았다

•• 옥소선을 찾아 천리 길을 간 도련님 _110

12. 청홍 부채 두 자루를 주며 실없는 농을 하였다

•• 부채를 예물로 아내를 얻은 양희수 _124

13. 검은깨를 한줌 집어 머릿속에
넣고는 천천히 빗질하니
•• '삼부오속의 차' 라는 말을 회자시킨 김니 _ 138

14. 나와 잠자리를 한 증표를
얻기 전에 못 내려갑니다
•• 산판에 가 잠자리 증표를 써달라는 신부 _ 146

15. 오늘에야 내가 죽을 장소를 얻었구나
•• 죽음을 각오하니 살아난 무변 _ 152

16. 법이 행해지지 않는 것은 위에서부터 범해서다
•• 조선의 공무원 김수팽 _ 170

17. 어찌 길에 떨어진 물건을 주어 제 것으로
만들 수야 있겠습니까
•• 주운 물건을 찾아주고 인생이 바뀐 염희도 _ 178

18. 가짜태수 놀이를 하는 것이 어떠하냐?
•• 가짜태수 놀이로 시집 간 다섯 자매 _ 190

19. 나는 한 번 방사를 하면 틀림없이
　　자식이 생긴다오
　　여인을 가까이하기만 하면 자식을 낳는 선비 _ 200

20. 이 움집에 혹 서울서 온 나그네가
　　묵고 계시는지요
　　여인을 잘 만나 벼슬길에 오른 김우항 _ 210

21. 대사가 만약 나를 이긴다면 내 처를 갖구려
　　아내를 걸고 씨름내기를 한 소년 _ 226

22. 아버지를 대신하여 전쟁에 나가겠습니다
　　조선의 영웅 부낭자 _ 236

23. 동그랗게 뜬 맑은 눈으로 한참을
　　말끄러미 바라보다가는
　　운명을 개척한 우하형의 소실 _ 250

24. 이것은 죽은 벗에 대한 예의가 아닐세
　　황고집이라 불린 황순승 _ 262

• 주석 _ 269

1

정성만 다한다면 용꿈을 꾼단다[1]

참판參判 이진항李鎭恒(1721~1787)[2]은 어릴 적부터 불우한 처지에 빠져 제때를 만나지 못했다. 하루는 전해 내려오는 말에 '용꿈을 꾸면 반드시 과거에 급제한다'는 소리를 듣게 됐다. 진항은 곧 반 칸의 좁은 방을 깨끗이 치웠다.

그 안에 들어가서는 집안일의 상관과 손님이 드나드는 것을 일절 허락하지 않았다. 대소변을 보는 일 이외는 드나들지도 않았다. 아침, 저녁 밥도 창문으로 들고나게 하며 밤낮으로 골독하니 생각하는 것은 오직 용뿐이었다. 용의 모습과 뿔을 생각했으며, 용의 비늘과 어금니를 생각했다. 심지어 용이 사는 곳과 즐기는 것, 변화하는 모습까지 상상하며, 손가락으로 그림까지 그리기를 한순간도 쉬지 않았다.

한 마리 커다란 황룡이 나타났다. 진항이 황룡을 잡으려고 오른쪽 팔로
휘감았으나 용이지 않았다. 용은 워낙 크고 힘이 대단했다.

이와 같이 한 지 사흘째 되는 날, 비로소 한 꿈을 꾸게 되었다. 한 마리 커다란 황룡이 나타났다. 진항이 황룡을 잡으려고 오른쪽 팔로 휘감았으나 용이치 않았다. 용은 워낙 크고 힘이 대단했다. 그래 진항이 온 힘을 모두 쓰고서야 간신히 옭아매놓고는 깜짝 놀라 깨어보니 꿈이었다.

진항은 크게 기뻐했다. 이후부터는 과거시험의 글 제목으로 합당한 '용龍' 자가 들어간 경사자전經史子傳[3]의 온갖 글을 훑었다. 그리고는 이를 모두 시나 글로 지으며 공력을 쌓아갔다. 하루는 때마침 정시庭試[4]를 본다는 임금의 명령이 내려졌다. 진항이 종이가게에 직접 가서 시험용 종이를 사는데, 오른손은 소매 속에 감추고 왼손으로 종이 두루마리를 살펴 최고 품질의 종이 한 장을 고른 후에 오른손으로 뽑았다. 그리고는 또 생각하기를 '형제는 같은 기를 타고 태어난 한몸이니 아우의 시험 종이를 내가 어찌 고르지 아니하리' 하고 앞서 한 방법과 같이 왼손으로 들추고 오른손으로 꺼내어 두 장을 갖고 돌아왔다.

드디어 시험 날이 되어 형제가 함께 시험장에 들어갔다. 잠깐 있으니 성균관의 관원이 임금이 친히 내린 과거의 글제를 펼쳐 걸었다. 과거 글제는 '초룡주장草龍珠帳'[5]이란 넉자였다. 진항이 오른손으로 붓을 잡아 과거 글의 한 체인 부체賦體로 글을 지어서는, 형제가 함께 시험지 두 권축을 차례로 제출했다. 얼마 뒤 시험지를 모두 제출한 뒤에 급제한 사람 두세 명의 이름을 불렀다. 그러나 진항의 이름은 부르질 않아 심히 초조한데, 잠시 뒤에 아우의 이름이 불렸다. 진항은 속으로 생각했다.

'내 비록 급제하지 못했으나 아우가 이미 급제했으니 한스러울 게
뭐 있어.'

그리고는 얼마 있으려니 진항의 이름을 불렀다. 과거 합격자 여섯 사
람의 이름을 써 붙인 방문 한 장에 형제가 나란히 경월卿月[6]의 반열에 오
른 것이었다. 진항이 늙어 그 자제를 대하면 늘 말했다.

"정성만 다한다면 용꿈을 꾸게 된단다."

진항은 1753년 정시 문과에 병과丙科로, 아우 진형鎭衡(1723~1781)은
을과乙科로 급제했다. 과거 합격자는 33명으로 이들을 다시 등수에 따
라 갑과, 을과, 병과 세 등급으로 나누었다. 갑과는 3등까지, 을과는 4
등부터 10등까지, 병과는 그 이하로 하고 각각 정8품과 정9품의 품계
를 주었다. 아우 진형이 을과이고 형 진항이 병과니, 아우의 성적이 한
수 위인 셈이다. 과거시험에는 이렇듯 형제가 같은 시험에 합격하는
경우가 종종 있었다. 이럴 때는 '연벽聯璧' '연중聯中' '쌍련雙聯'이라
쓴 후, 형제의 이름을 나란히 과방科榜에 적었다. 과방은 금방金榜이라
고도 하며 급제한 사람의 이름을 써서 거리에 붙이던 글이다.

진항이 과거에 급제한 것이 어찌 용꿈을 꾸어서겠는가. 오랜 시간
온 정성을 다해 용꿈을 꾸려 했기 때문이 아니겠는가? 위진남북조시
대 유협劉勰(465~522년경)이란 이가 있었다. 중국인들은 유협을 중국
최고의 문학 이론가 중 으뜸으로 꼽는 것을 주저하지 않는다. 그가

지은 《문심조룡文心雕龍》 〈지음知音〉이란 항에는 이런 구절이 있다.

무릇 천 곡의 악곡을 연주해 본 뒤라야 소리를 들을 수 있고　　凡操天曲而后曉聲

천 개의 검을 관찰한 뒤라야 검을 식별할 수 있다.　　　　　　觀千劍而后識器

이 역시 소리를 듣고, 검을 제대로 볼 줄 알기 위해서 끝없는 수천 번의 담금질, 즉 정성을 최고의 덕목으로 꼽고 있다. 용꿈이란, 그렇게 담금질에서 끊어오고, 정성을 당겨 매만져 놓은 구조물이다.

'정성' 이야기가 나왔으니, '천하명필' 이야기 한 자락 놓겠다.

옛날에 한 부자가 금병풍을 꾸며 놓고 천하명필에게 글씨를 받으려 했다. 한 무식꾼이 후한 대접을 해준다는 데 끌려 그만 명필인체해 찾아들었다. 허나 이 무식꾼, 명필은커녕 겨우 '한 일자[一]'만 알 뿐이었다. 재촉하는 사람들에게 '한 달 동안 정신을 가다듬어야 한다' 속이고, '먹을 간다' 하고 또 한 달을, '붓을 만진다'고 다시 한 달을 보내며 좋은 음식만 축냈다.

날이 가고 달을 보내며 걱정이 태산인 무식꾼, 일이 꼬여 그저 왼새끼만 꼬며 석 달을 보내자 이제는 핑계거리도 없고 하여 '한일 자'만이라도 써놓고 도망치려 했다. 그래 정신을 가다듬고 한 달 동안 매만진 붓으로 먹물을 흠뻑 묻혀 이쪽에서 저쪽으로 일획을 죽 그었다. 그리고는 냅다 뛰어 '오금아 날 살려라' 뺑소니를 놓다가는 그만 뜰에 뒹굴며 나자빠져 죽어버렸다.

주인은 좋은 병풍 잃고 송장치고 해 심기가 여간 사나운 것이 아니었다. 쓸모없는 병풍은 접어 광에다 처넣어버렸다. 그런데 그날부터 밤이면 상서롭지 않은 광채가 광에서 났다.

어떤 박물군자가 찾았기에 이 이야기를 하고 그 병풍을 보이니 깜짝 놀라며 말했다.

"천하명필이오. 사람 목숨 하나는 들였겠소. 밤마다 광에서 나는 빛은 이 글씨의 상서로운 기운 때문이오. 무식꾼이 석 달 동안 얻어먹으면서 노상 글씨 때문에 좀 걱정을 했겠소. 석 달이나 온통 글씨 생각만 골독하니 하다가 한 획을 그었으니, 그 '한 일자'에 온 정성이 다 들어간 것 아니오. 아, 그러니 남은 힘이 있겠소, 죽을 수밖에."

무식꾼도 한 군데 골독하니 정성만 쏟으면 명필이 된다는 이야기이다.

'오랫동안 병을 앓다 보면 자신이 의사가 된다'는 '구병성의久病成醫'라는 말도 곰곰 뜯어보면 그저 골독하니 들이는 정성이다.

나 역시 강산이 두서너 번 바뀌도록 국문학이라는 병을 앓고 있다. 헌데 나는 '의사'가 못 되려는지, 병이 꽤 깊어 명치에 박혔는데도 도통 진척이 없다. 그래도 이 고질병을 자꾸만 더 앓으련다. 정성을 다해 용꿈을 꾸려 오늘도 입을 앙다물고 당조짐을 해대며 끙끙 앓으련다. 그래 눈처럼 흰 설화전雪華牋 한 폭을 마음에 깔아놓고 '정성精誠' 두 글자를 써본다.

2

귀 물 탄
신 건 다
의 이

우재迂齋 이후원李厚源(1598~1660)[7]은 전라북도 전주全州 사람이다. 광평대군廣平大君(1425~1444) 여璵[8]의 육세 손이 대대로 높은 벼슬을 했으나 모두 제 목숨을 다하지는 못했다. 항상 큰아들이 일찍 죽어 자연 자손이 귀하게 됐다. 집안에서는 이 때문에 귀신에 아첨해 수명을 위한 굿이나 푸닥거리를 때마다 했다. 그러다 아예 집 안에 누각을 높여 귀신을 섬기는 사당을 지어놓고, 사계절의 온갖 음식을 갖추어 제사를 지냈다. 또 의복을 지어 잘 간직해 두고 베와 품질이 아주 좋은 비단을 문에 들어오는 사람이면 반드시 한 폭을 찢어서는 신전에 걸게 했다. 이렇듯 여러 대에 걸쳐 하다 보니 감히 그만두지 못하게 되었고 재산도 그만큼 줄어들었다. 그때 집안에는 다만 2대에 걸친 늙은

치성을 드리는 날이 됐다.
권씨가 사당에 물을 뿌리고 비로 깨끗이 쓸어낸 다음 음식을 차려놓았다.
음식이며 의복가지는 아주 넉넉하게 준비했다.

과부만 있었다. 손자가 점차 자
라 혼인할 나이가 되자, 짝을 충
청도에서 고르니 판서判書 권상유權尙游
(1656~1724)[9]의 딸이었다.

　신부가 시집에 들어간 지 사흘째 날에, 시어미가 모든 집안일을 신부
에게 맡겼다. 하루는 늙은 여종이 권씨에게 들어와 말했다.

　"아씨, 아무 날은 집안의 신에게 굿하는 날입니다. 여기에 쓸 물건
을 미리 준비하는 것이 좋을 듯합니다."

　"어떤 신이며 또 무슨 까닭으로 이렇게 치성을 드린다는 게요?"

　"이 신에 대한 치성은 이미 선대로부터 행한 지가 꽤 오래된 것입
니다. 치성을 드리면 집안이 평안하고 거르면 재해가 생기기 때문에
감히 그만두지 못합지요."

　늙은 여종이 코대답하니 권씨가 물었다.

　"그러면 한번 치성을 드리는 데 드는 비용이 얼마나 되오?"

　늙은 여종이 말눈치로 보아 생각하기를 '아씨가 처음 들어와 전에
어떻게 했는지를 아직 세세히 알지 못하는구나' 라 생각하며 깔보고
일일이 더해 대답했다. 그러자 권씨가 "올해는 앞에 한 것 이상으로
넉넉하게 하지요. 지난날보다 세 배를 들이는 게 좋겠어요"라고 하
며, 드디어 그 셈에 맞게 돈을 내놓으니 늙은 여종이 크게 기뻐하며
나갔다. 연로하신 시할머니가 이 이야기를 듣고 한껏 걱정하고 탄식
했다.

　"우리 집이 예전부터 신에게 치성 드리는 것을 하나의 집안 행사로

해 가세가 헤실바실 줄어들었다. 일껏 시골 부인네를 택한 것은 '반드시 비용을 절약해 옴니암니 따지리라' 생각해 혼인을 충청도에서 한 것인데, 이제 도리어 전날보다 세 배 이상을 더한다니. 이렇게 재산을 탕진하니 곧 집안 망하는 꼴이 닥치겠구나."

치성을 드리는 날이 됐다. 권씨가 사당에 물을 뿌리고 비로 깨끗이 쓸어낸 다음 음식을 차려놓았다. 음식이며 의복가지는 아주 넉넉하게 준비했다. 그러한 후에 권씨가 정결한 옷으로 갈아입고는 직접 제문을 국문으로 썼다.

그 첫머리에는 대개 사람과 귀신이 서로 섞이지 못하는 것으로 주장을 삼았고, 그 아래에는 부인이 시집에 새로 들어와서 지난 가법을 바꿔 풍성히 음식을 장만하고 후하게 예물을 바쳐 마지막 제사를 지내고는 영원히 보내겠다는 뜻을 알리는 제문이었다.

사람을 시켜 이 제문을 읽으라 하니, 모두 두려운 생각이 들어 감히 나서지 못하자, 권씨가 친히 분향재배하고 제문을 낭독했다. 그러한 후에 권씨는 소중히 간직해 두었던 의복과 비단붙이들을 하나하나 꺼내다가 마당에 수북이 쌓아놓고는 종들에게 말했다.

"이 물건들을 모두 태워버릴 것이오. 하지만 이것들은 이른바 하늘이 낸 물건이거늘, 그냥 없애버린다는 것은 차마 못할 짓이오. 그중에 햇수가 오래되지 않아 쓸 만한 것은 나부터 먼저 입을 테니, 그 나머지는 여러분도 찾아 입으세요."

그리고는 일일이 여러 종에게 쓸 만한 옷가지를 나누어주고, 그중 오래된 것은 태워 없애려 종들을 시켜 불을 가져오라 했다. 그러나 종들이 두려워해 얼굴만 서로 바라보고 감히 그 명령을 듣는 자가 없었다. 권씨가 스스로 불을 가져오니, 시어미가 이를 듣고 크게 놀라고 두려워해 급히 종을 시켜 그만두라고 했다.

"우리 집에서 신에게 치성을 드리는 것은 선대로부터 내려온 가법일 뿐만 아니라, 이 굿을 해 집안이 아무런 변고 없이 평안하게 지내거늘, 지금에 와서 단박에 이를 없애버린다면 후환을 장차 어찌하겠느냐."

"설령 재난이 있다손 쳐도 제가 모두 감당할 것입니다. 시집을 위해서 제가 이러한 폐단을 막겠습니다."

권씨가 듣지 않고 똑똑 자른 듯한 이러한 말씀을 종을 시켜 다시 여쭙게 했다. 늙은 여종이 분주하게 오가며 애써 만류하려 했지만, 권씨는 끝내 듣지 않고, 이것들을 불태운 후에 그 재를 모두 쓸어 사람 눈에 띄지 않는 으슥한 곳에 묻었다. 그 비단이 탈 때 비린내와 누린내가 코를 찌르니 종의 무리가 서로 놀라워하며 "귀신의 물건이 탄다"라고 했다. 이후로 집안이 평안하고 아무런 일도 없었다. 신에게 굿하는 데 드는 비용이 끝내 없어졌음은 물론이다.

오늘날에도 우리는 저러한 미신에서 자유롭지 못하다. 요즈음은 어떻게 된 일인지 백화점에까지 점술가가 등장했다. 어느 날은 점치려는 이들로 발뒤꿈치를 잇대고 서있는 행렬도 보았다. 저러한 혹술에 권부인과 같은 슬기로운 행동을 보인다는 게 예사로운 일은 아니다.

정약용丁若鏞 선생은 '오학론五學論'에서 저러한 것을 술수라 하며, "술수術數하는 학술은 학술이 아니고 혹술惑術이다"라고 배척했다.

우리나라 천문의 대가로는 관상감정觀象監正을 지낸 지관으로 유명한 이번신李藩臣, 풍운조화인 망기법望氣法을 터득한 박상의朴尙義, 《토정비결》을 지은 이지함李之菡 등이 일세를 풍미했다. 그중 역학·풍수·천문·복서·관상 등의 비결에 도통해 예언이 꼭 들어맞았다는 남사고南師古(1509~1571)의 주술 이야기를 해보자.

남사고는 조선 중기의 학자로 천문학 교수天文學敎授를 지냈다. 효행과 청렴으로 이름난 그는 수많은 일화를 남겼으며 예언서 《격암일고格庵逸稿》의 저자이기도 하다. 그가 1575년(선조 8)의 동서분당東西分黨과 1592년의 임진왜란을 예언한 것은 유명하다.

가끔씩 우린 저런 이들은 앞날을 꿰어 맞추니, 자기의 미래 또한 내다보지 않을까 하는 의문을 품는다. 그런데 천하기재 남사고도 향시鄕試(각 지방에서 보이는 과거의 예비시험)에 뽑히기는 했으나 끝내 낙제했다. 그래 어떤 이가 묻기를, "자네는 남의 운명은 잘 알면서 제 운명은 몰라서 해마다 헛걸음하는 겐가?"라고 물었다. 그랬더니 남사고 웃으면서 이렇게 말하더란다.

"사사로운 마음이 동하면 술법도 어두워진다네."

저를 위해 앞일을 보려니 길한 수를 얻으려는 사심私心이 들어가고, 사심이 들어가니 공평무사公平無私한 마음이 없어지니 어찌 정확한 궤를 얻을 수 있겠나. 《지소록識小錄》에 전하는 이야기다.

3

여기가 뉘 집이요

가짜 신랑이 진짜 신랑이 된 사연

이안눌李安訥[10]의 호는 동악東岳이고 나이 18세에 장가를 들었다. 그 뒤 정월 보름날 밤에 종로 네거리에서 종소리를 듣고 달맞이를 하다가 요릿집에 들어갔다. 한참을 술을 마시고 나와 취해서는 이동履洞(지금의 종로구 을지로 3가로 '신전골' 이라고도 한다)의 한 집 앞에서 쓰러졌는데, 갑자기 노비 한무리가 와서는 시끄럽게 떠들어댔다.

"아, 신랑이 여기 취해 쓰러져 있다!"

그리고는 그 집의 신방으로 들여보내졌다. 동악은 인사불성이 되어서는 취중에, 신랑이 신부 방에서 자는 의식을 치르게 되었으니, 자연스럽게 그 집의 신부와 함께 금침에 누워서는 남녀간의 사랑하는 즐거움을 누렸다. 그 이튿날 어스름 새벽 날이 채 밝지도 않은 때

동악이 문득 깨어나 보니 아, 자기의 방이 아니고 남의 집이 아닌가.
깜짝 놀라서는 곁에 누워있는 신부를 흔들며 "여기가 뉘 집이요?" 하고 물었다.

였다. 동악이 문득 깨어나 보니, 아, 자기의 방이 아니고 남의 집이 아닌가. 깜짝 놀라서는 곁에 누워있는 신부를 흔들며 "여기가 뉘 집이요?" 하고 물었다. 신부 역시 놀라 깨어서는 당황한 빛이 역력해 갈팡질팡 어찌할 줄 몰랐는데, 대략을 말하자면 이렇게 된 것이었다.

어제는 그 집이 갓 혼사를 치룬 지 사흘째 되는 날이었다. 신랑도 그 전날 밤 종소리를 들으며 놀러 나갔다가 밤이 깊도록 오지 아니해 노비들을 시켜서 신랑을 찾아오라 했는데, 그 비복들이 문을 나가다가 동악이 취해 쓰러져 있는 것을 보고 자기 집 신랑인 줄 오인하고 부축해 들였고, 신부도 이를 깨닫지 못했기에 마침내 이러한 우스운 일이 일어난 것이다.

동악이 머리를 방바닥에 처박고는 신부와 함께 계책을 강구했다. 그래 신부에게 뭐 뾰족한 수가 있느냐고 물으니 신부가 대답했다.

"일이 이 지경에 이른 것은 나의 꿈자리와도 딱 맞아떨어지고, 또 일의 형편으로 보아 두 사람의 연분이 아닐 수 없군요. 부녀자의 도리로 친다면 마땅히 죽는 것이 옳지마는, 나는 여러 대의 무남독녀에요. 내가 죽는 날엔 부모님께서 늙으셔서 의탁할 곳이 없을 뿐더러, 반드시 병으로 돌아가실 것이니 걱정입니다. 이후의 계책은 부득이 그때그때의 처지를 따를 수밖에는 없으니, 그대의 소실이 되어 부모를 봉양하려 해요. 그대의 뜻은 어떠신지요?"

"내가 간음을 일부러 범한 것도 아니요, 또 신부도 음란한 일을 하려고 한 것도 아니잖소. 그러니 우리 두 사람은 실로 하늘을 우러르고 땅을 굽어본들 정말 죄가 없는 것이오. 그대의 방법을 따르는 것이 좋겠소. 그러나 내가 아직 채 스물도 안된 한낱 어린 서생에 불과하고 가법 또한 엄하오. 과거 급제 전에 소실 두는 것을 부모님께서 허락지 않을 것이니, 이를 어찌하면 좋겠소.”

동악이 말하자 신부가 말을 받았다.

“그러면 당신의 친척 집이나 혹, 다른 곳에 저를 맡겨둘 만한 곳이 없습니까?”

동악이 생각해 보다가는 “있지요”라고 했다.

“그렇다면 함께 가서서 그 집에 저를 맡겨두세요. 그리고 두 집안에선 이 일을 알지 못하게 하고, 그대도 급제하기 전까지는 결코 왕래를 하지 않다가, 급제한 후에 양가 부모에게 사실대로 여쭙고 다시 한집안에 화목하게 모여 사는 게 어떠신지요?”

동악이 그 말을 따라 날이 밝기 전에 신부와 함께 어두컴컴한 문을 나서 곧장 교동校洞[11]으로 달아났다. 그리고는 과부인 이모 집에 가서 전후 사정을 설명한 후에 신부를 이곳에 숨겨두었다.

한편 신부의 집에서는 이러한 사실을 전연 몰랐다. 해가 높이 중천에 떠오르도록 신랑신부가 일어나는 기척이 없어 신부의 어머니가 문을 열어 보니 방 안은 텅 비어 아무도 없었다. 신랑신부도 어디로 갔는지 몰랐다. 그래 크게 놀라 신랑 집에 알아본 후에야 비로소 가짜 신랑과 함께 달아났음을 알았으나, 소문이 날까 두려워 두 집안은 이 일을 숨기기로 했다.

동악은 이후로 그 신부가 있는 이모 집에 발길을 끊고 밤낮으로 학업에 정진해 수년 후엔 문장이 크게 이루어져 과거에 급제하게 되었

다. 그때 가서야 부모님께 그 사실의 전말을 말씀드리고 또 그 신부의 친가에 가서 이 사실을 설명했다. 신부의 부모는 사대부의 가법으로 보아 신부가 야반도주한 것을 비밀에 붙여두었으나, 원래 무남독녀이기에 자연이 그 애끓는 정으로 딸을 생각하고 밤낮 슬퍼하다가 동악에게 이 사실을 들어 알고는 크게 기뻐했다. 그래 동악을 보고 "이 사람아 자네가 하늘일세"라고까지 했다.

두 집안은 다시 혼인식을 올렸다. 신혼 때 쓰는 붉은 이불 한 채와 비단옷 한 벌로 신표를 삼았는데, 이 비단은 신부의 집에서 지난날 명나라 황제에게서 하사받은 천하에 둘도 없는 것이었다. 부모가 신랑을 보고 슬픔과 기쁨이 뒤섞여 말했다.

"여보게, 우리 부부의 뒷일을 부탁하네."

그리고 그 집안의 모든 재산과 노비와 전답을 동악에게 주니 갑작스럽게 장안의 갑부가 되었다. 신부는 현명하고 또한 재질이 있어 집안을 잘 다스렸고 남편을 받드는 것이 모두 규범에 맞아 세간에서 현명한 부인이라 불렀다.

술로 인한 기이한 만남이다.

사실 이 술이란 게 여간 묘한 물건이 아니다. 술이 아슴아슴 취하면 동공이 풀려 눈에 콩깍지가 붙은 듯 아물아물하니 사물을 정확히 보지 못한다. 그런 상태로 앞에 이성을 두고 앉아있자면 사람인 이상 매력적으로 보이지 않을 수 없다. 그래 예로부터 이 술은 남정네와 여인의 사이에서 사랑을 작동시키는 기제로서 역할을 하는 경우가 꽤 되니, 이름해 '콩깍지 효과'라 한다. 서양에선 음주 후 이성에 대한 매력도가 증가한다는 사실을 밝혀내 '비어 고글 에펙트beer goggles effec', 즉 '술 한 잔 뒤 콩깍지 효과'라고 명명했다. 안타까운 것은 이 '콩깍지 효과'가 그리 길지 못하다는 사실이다. 그런데 저 이야기의 동악이란 소년, '콩깍지 효과'인지는 알 수 없지만 나이 겨우 18세에 술이 저리 취했어도 현명한 부인만 만나 해로했다 하니 부럽다.

각설하고, 대학에서 강의를 하다 보니 이 술에 대해 꼭 한 번은 짚고 싶었다. 여느 대학을 불문하고 1학기 중간고사 이후, 캠퍼스 마당엔 잔치판이 벌어진다[이를 '축제祝祭'라고 하는데, 우리의 문헌에서 '축제'라 함은 '제사 때에 읽는 신명神明께 고하는 글'이란 뜻이다. 따라서 '축제'란 '축祝'·'축문祝文', 혹은 '축문祝文과 제문祭文'을 아울러 말한다. 엄숙한 제사에 잔치판을 벌인다는 것은 언감생심이다. 오늘날 우리가 말하는 축제라 함은 일본말의 영향이다. 일본은 우리와 달리 제삿날 잔치판을 벌인다. 이에 대해 한글학자 이오덕 선생이 지은 《우리글 바로쓰기》(한길사, 1989, 172~173쪽)에 자세히 나와 있다]. 잠시 학업에서 벗어나 대학인으로 정신적 소요와 낭만을 찾는 것이야 나무랄 것이 없으나, 문제는 수업시간까지 술에 취해 들어오는 일을 종종 목격한다는 것이다. 출석부에 이름 석 자를

남기려는 강한 면학의지로 넘어가려 해도 냄새에 수면, 여기에 술 주
럽으로 인한 코골기까지 더하면 선생으로서는 참 고역이다. 한 명이
라면이야 그럭저럭 견디지만 서너 명쯤 되면 술주정酒酊이라 아니할
수 없다. 결국은 그 시간 수업을 작파할 수밖에 없으니 한 잔의 낭만
치고는 좀 고약하고 괘씸스럽다.

그래, 술을 먹는 사람들에게 당대의 내로라하는 술꾼이며, 강골한
선비요, 지사였던 동탁東卓 조지훈趙芝薰(1920~1968) 선생의 〈주도유
단론酒道有段論〉이란 글을 권한다. 조지훈 선생의 "술 마시는 데에도
단수가 있다"는 〈주도유단론〉의 서두는 이렇게 시작한다. "술을 마
시면 누구나 다 기고만장해 영웅호걸이 되고 위인偉人, 현사賢士도 안
중에 없는 법이다. 그래서 주정만 하면 다 주정이 되는 줄 안다. 그러
나 그 사람의 주정을 보고 그 사람의 인품과 직업은 물론 그 사람의
주력酒歷과 주력酒力을 당장 알아낼 수 있다. 주정도 교양이다. 많이
안다고 해서 다 교양이 높은 것이 아니듯이 많이 마시고 많이 떠드는
것만으로 주격酒格은 높아지지 않는다. 주도酒道에도 엄연히 단段이
있다는 말이다."

그리고는 술의 단수를 다음과 같이 18단으로 했으니, 보면 이렇다.

9급 불주不酒: 술을 아주 못 먹진 않으나 안 먹는 사람.

8급 외주畏酒: 술을 마시긴 마시나 술을 겁내는 사람.

7급 민주憫酒: 마실 줄도 알고 겁내지도 않으나 취하는 것을 민망하게 여기는
  사람.

6급 은주隱酒: 마실 줄도 알고 겁내지 않고 취할 줄도 알지만 돈이 아쉬워서 혼자 숨어 마시는 사람.

5급 상주商酒: 마실 줄도 알고 좋아도 하면서 무슨 잇속이 있을 때만 술을 내는 사람.

4급 색주色酒: 성생활을 위해 술을 마시는 사람.

3급 수주睡酒: 잠이 안 와서 마시는 사람.

2급 반주飯酒: 밥맛을 돕기 위해서 마시는 사람.

1급 학주學酒: 술의 진경을 배우는 사람[酒卒].

1단 애주愛酒: 술의 취미를 맛보는 사람[酒徒].

2단 기주嗜酒: 술의 진미에 반한 사람[酒客].

3단 탐주耽酒: 술의 진경을 체득한 사람[酒豪].

4단 폭주暴酒: 주도를 수련하는 사람[酒狂].

5단 장주長酒: 주도 삼매에 든 사람[酒仙].

6단 석주惜酒: 술을 아끼고 인정을 아끼는 사람[酒賢].

7단 낙주樂酒: 마셔도 그만, 안 마셔도 그만, 술과 더불어 유유자적하는 사람[酒聖].

8단 관주關酒: 술을 보고 즐거워하되 마실 수는 없는 사람[酒宗].

9단 폐주廢酒(涅槃酒): 술로 말미암아 다른 술 세상으로 떠나게 된 사람.

동탁 선생은 이어지는 글에서 9급 '불주'에서 6급 '은주'까지는 '술의 진경·진미'를 몰라서, 5급 '상주'에서 2급 '반주'까지는 '목적'을 위해 마시기에 술의 단수가 하급이라 한다. 비로소 술을 먹는 다함은 1급 '학주'부터다. 학주는 되어야 주도 초급에 술의 졸자라는 '주졸'이란 칭호를 얹어주며, 1단 '애주'의 반열에 들어야만 주도의 초단을 주고, 차례로 올라가서 9단인 '폐주(열반주)'가 된다. 흥미로운 것은 7단 '낙주' 이상은 술을 먹지 못하니, 술을 먹는 사람으로서 이상은 6단인 '주현'인 성싶다.

가만히 들여다보면 삶의 단수 또한 저 술의 등급과 대동소이하다. 그래 술주정은 대개 인생사를 터득 못 한 삶의 초짜에 많으니 삼가고 경계해야 한다.

사전을 펼쳐놓고 술에 관한 속담을 세어보니 '술 먹은 개', '술이 들어가면 지혜는 달아난다'니, '술 받아 주고 뺨 맞는다' 따위의 부정적 경우가 훨씬 많다. 술을 삼가고 조심해야 한다는 뜻이리라. 하지만 '술은 백약의 으뜸[酒百藥之長]'처럼 술을 알맞게 마시면 어떤 약보다도 몸에 좋다는 긍정적인 경우도 없지는 않으니, 적당히 주도를 지켜 마셨으면 한다.

이안눌을 원접사 종사관遠接使從事官으로, [홍명원洪命元이 마침 유고하여 종사관의 소임을 수행할 수 없으므로 이안눌을 대임으로 삼은 것이다. 이안눌은 이행李荇의 증손으로서 문장이 증조의 풍도가 있었다.] 오윤겸吳允謙을 문례관問禮官으로 삼았다.　　　　　　　　　　　—선조 143권, 34년(1601) 11월 8일

이수광李晬光을 홍문관 부제학으로, 강첨姜籤을 의정부 사인議政府舍人으로, 김원록金元錄을 예조 정랑으로, 유영근柳永謹을 사간원 정언으로, 이기설李基卨[효성과 우애가 있으며 담박한 자이다]·이안눌[문에 능하고 특히 시에 뛰어났으나 그릇된 행실이 있다]을 예조 정랑으로, 박엽朴燁[경솔하고 단정하지 못하다]을 성균관 직강으로 …….　　　　　　　　　　—선조 150권, 35년(1602) 5월 13일

청백리清白吏로 김상헌金尚憲·이안눌·김덕함金德諴·김시양金時讓·성하종成夏宗 등 5인을 뽑아 각각 가자하였는데, 하종은 무인이다.
[사신은 논한다. 이안눌은 자기가 갖는 데에는 청렴하고 남에게 주는 데에는 지나쳤다. 김시양은 본래 나타난 청렴의 조행이 없는데도 이 선발에 참여되었으므로 물의가 시원하게 여기지 않았다.]　　　　　—인조 32권, 14년(1636) 6월 8일

4

어쩌겠어요 미인 앞에서야 질투가 심하다지만

미모로 본처의 혼을 빼놓은 평양기생

상국相國 조태억趙泰億(1675~1728)[12]의 호는 겸재謙齋이고, 숙종肅宗 때 사람이다. 그 부인 심씨沈氏[13]는 본디 강짜가 심해 태억이 두려워하기를 범처럼 여겨 감히 바람을 피우지 못했다.

그 사촌 형 태구泰耉(1660~1723)[14]가 평안감사로 재직할 때 일이다. 태억이 승지承旨로서 명을 받들고 마침 관서지방[15]에 갔다가 평양에 들어가 영중에서 여러 날을 머물면서 비로소 한 기생에게 한눈을 팔았다. 심씨가 그 사연을 접하고는 강샘이 솟구쳐 즉시 길 떠날 채비를 서둘렀다. 그 오라비와 함께 곧장 관서로 가, 사람을 사서 그 기녀를 단매에 쳐 죽이려 했다. 태억이 이를 듣고는 얼굴이 하얗게 질려 기녀에게 급히 몸을 피하라고 하니 기녀가 말했다.

기녀가 용모를 단정히 하고 옷깃을 여미고 말 앞에 공손하게 서
니, 얼굴은 이슬을 품은 복사꽃이요, 허리는 하느작거리는 버들이
며, 비단 옷과 진주와 지옥으로 위아래를 꾸몄는데,

"소첩이 피신하지 아니해도 살아날 길이 있사오나, 다만 집이 가난해 돈을 변통하기 어려우니 안타까울 뿐이어요."

"무슨 좋은 꾀라도 있는 게냐."

"진주와 비취로 몸을 꾸미고자 하오나 돈이 없으니 어쩌겠어요."

"네가 만일 생때같은 목숨을 구할 길만 있다면 비록 천금이라도 내가 변통해 주마." 그리고는 즉시 돈을 마련해 주었다.

평양감사는 특별히 중화中和와 황주黃州[16] 사이에 비장을 보내 심씨 일행을 기다려 인사를 여쭙게 했다. 그리고 잠자리를 살피고 음식을 잘 대접하도록 일러 보냈다. 심씨가 황주에 이르자 비장이 문안을 드리고 음식을 잘 차려 내오니 심씨가 차갑게 웃었다.

"정승이나 임금의 명령을 받든 사신 행차도 아닌 이상에, 어찌 비장이 문안을 하는 게요. 또 나에게는 여비도 넉넉하니 이런 걸 받을 필요가 없소."

그렇게 말하고는 모두 물러가게 했다. 중화中和에 이르러서도 마찬가지였다.

그렇게 심씨가 송재원松栽院[17]을 지나 우거진 숲속으로 들어갈 때, 시절은 늦봄인 음력 3월 보리누름이었다. 10리에 걸친 긴 나무숲에 봄 기운이 바야흐로 짙고 계곡마다 갓맑은 물이 흐르니, 자연의 경치가 아름답고 고와 심씨가 타고 있는 가마의 발을 걷어올리고 이를 즐기면서 숲속을 지나갔다.

숲이 다해 바라보니, 이제는 하얀 모래가 흡사 명주요, 맑은 강은 거울과 같았다. 하얀 석회를 바른 성가퀴[18]가 강기슭에 둘려있고, 그

아래에는 장사치 배가 강가에 줄을 지어 정박해있었다. 연광정練光亭[19]
과 대동문大同門,[20] 을밀대乙密臺[21]의 누각은 단청이 환히 빛나고 가옥
과 건물은 아득히 멀었지만 사람의 눈길을 빼앗았다.

이 정경을 본 심씨가 탄식했다.

"금수강산錦繡江山이란 말이 과연 헛되이 퍼진 게 아니로구나. 마
땅히 '전해질 만한 까닭이 있어 전해진다' 하더니 정말이네."

이렇게 걸어가면서 경치를 즐길 때였다.

저 먼발치 모래톱에 홀연히 한 점 꽃이 아스라이 보이더니 점점 가
까이 왔다. 연두저고리와 해뜩발긋한 비단 치마를 입은 아리따운 한
여인이 준마에 타고 비단 채찍을 가볍게 들고
백사장을 가로질렀다. 심씨는 속으로 심히
기이해 가마를 멈추게 하고는 바라보고
있는데, 미인이 부인의 앞에 와서는
말에서 내려 새침하게 인사를 한 차례
구부리고는 꾀꼬리 같은 목소리로 입을
열었다.

"아무개 기생이 문안드리옵니다."

심씨가 그 이름을 듣자 홀연 자신도 모르는 사이
에 불길이 삼천 길이나 솟구치고 눈불이 쏟아졌다. 파르
스름하니 눈에 칼을 세우고 큰 소리로 꾸짖었다.

"네 년이 아무개 기생이냐. 그래 무슨 연유로 와서 입을 놀리는 게냐?"

기녀가 용모를 단정히 하고 옷깃을 여미고 말 앞에 공손하게 서니,

얼굴은 하야말개 탐스럽도록 매우 희고 맑은 것이 양볼에 살짝 발그레
한 빛까지 도니 정녕 이슬을 품은 복사꽃이요, 허리는 하느작거리면서
도 실팍하니 꼭 물오른 버들이며, 비단옷과 진주와 취옥으로 위아래를
꾸몄는데, 봄바람이 엷은 비단 치마폭을 살금 훑고 달아났다. 실로 비
할 데 없는 아름다운 여인이었다. 심씨가 자세히 뜯어보며 물었다.

"네 나이가 몇이냐?"

"열여덟이어요."

"네가 과연 일대 명물은 명물이로구나. 사내대장부로서 이 같은 명
기를 보고 가까이 하지 아니하면 가히 졸장부라고 불러도 되겠다. 내
가 이번에 와서 단연코 너를 죽이려고 했더니, 이제 너를 보니 실로
명물이라 내 어찌 손을 쓰겠느냐. 너는 곧 관아로 돌아가 우리 집 영
감을 잘 모셔라. 그러나 만일 영감이 너에게 지나치게 빠져 탈이라도
생길 경우에는, 그때에 너는 마땅히 죽어야 한다."

말을 마친 심씨는 관아에 들어가지도 않고 그 길로 말을 돌려 서울
로 갔다. 이때 평안도관찰사가 급히 사람을 시켜 전갈했다.

"계수씨께서 먼 길을 떠나오셔 이미 이곳에 도착했다가, 관아에는
들어오지도 않고 도중에 말을 돌리시니 어찌된 일입니까. 며칠만 관
아에 들어와 머물다가 돌아가시지요."

심씨가 웃으며 말했다.

"내가 걸태객乞駄客²²이 아니거늘 어찌 성에 들어가겠소."

그리고 서울에 있는 본집으로 돌아가 버렸다. 며칠 후 관찰사가 기
녀를 불러들였다.

"네가 어찌 그토록 대담하게 호랑이 입에 들어갔다가는 죽음을 면한 게냐?"

기녀가 요염하니 대답했다.

"제아무리 부인의 성정이 비록 질투가 심하다 한들, 나와 같은 평양 명물에게야 어찌 하수下手[23]하오리까."

이인직의 《鬼의 聲》 결말에서 '시앗 되지 마라 시앗시앗' 하는 시앗새의 울음소리는 언제쯤 그칠까 하는 생각을 하며 몇 자 적는다. '시앗을 보면 길가의 돌부처도 돌아앉는다' 라는 말이 있다. 첩의 순 우리말이 시앗이다. 남편이 첩을 얻으면 부처같이 퍽 점잖고 인자하던 부인도 시기하고 증오하게 됨을 비유적으로 이르는 말이다.

이 세상에서 가장 처참한 시앗에 관한 슬픈 낱말이 있다.

'인체人彘' 다. 인체는 '사람 돼지' 라는 뜻으로 《사기史記》〈여태후呂后記〉에 보인다. 여후呂后는 서태후西太后라 불리기도 하는데, 한漢 나라 고조高祖의 왕후로 투기가 가히 엽기적이었다. 고조가 척부인戚夫人이라는 여인을 가까이하자 질투한 나머지 척부인의 팔다리를 자르고, 눈알을 빼고, 귀를 지지고, 벙어리가 되는 약을 먹여 뒷간에 놔두고는 '인체' 라고 불렀다 하니 그 투기에 소름이 돋는다.

이 정도의 투기도 있으니, 심씨 부인의 저러한 행동이야 남편을 사랑하는 데서 오는 열정쯤으로 이해해야 하지 않을까 싶다.

5

서생의 일을 잊으셨나요?

만호 벼슬을 얻게 한 현명한 아내

그리 오래지 않은 옛날에 한 늙은 포수가 있었다. 다만 아직 15세가 못 된 딸 하나를 두었는데, 몹시 사랑하기를 손바닥 안의 보석같이 했다. 그는 한 가지의 선한 말이나 아름다운 일을 들으면 반드시 이를 외워 딸에게 전했다. 그 딸아이가 영민하고 또 덕이 있어 아버지의 말을 들을 때마다 마음에 새겨듣고는 간직해 이를 잊어버리지 않았다. 하루는 늙은 포수가 입직入直[24]할 때에 동료 중 한 소년이 늙은 포수에게 말했다.

"저에게 한 기이한 이야기가 있는데 들어보시겠는지요?"

"착하구나. 어디 나에게 말해 보거라."

소년이 이야기보따리를 풀기 시작했다.

아, 내가 가다가 도중에 뜻밖에 여러 개의 은 봉지를 주웠잖소. 가만 생
각해보니, 우리 집 형편이 입고 먹는 게 넉넉지 못한 처지이고

"옛날에 한 서생書生이 있었지요. 독서하기를 퍽이나 좋아해서는 집안일에는 추호도 관여치 아니하니, 집안의 형세가 자연히 빈궁해지지 않겠습니까. 굶주림과 추위가 뼛골까지 이르렀지요. 하루는 너무나 굶주린 나머지 부끄러움을 생각지 않고 어둠을 타 인가의 담을 넘어 들어갔답니다. 마침 어떤 부자 노인의 집이라, 다락 위에 올려둔 한 커다란 궤짝을 몰래 열어 백은白銀 열 봉지를 찾아내서는 다시 담장을 넘어 밖으로 나왔지요. 돌아오는 길에 돌다리 위에서 잠시 쉰 뒤에, 집에 돌아와 가지고 온 은을 세어보았더니 한 봉을 중도에서 잃어버렸는지 없었습니다. 그래 다시 오던 길로 가서 사방을 이리저리 둘러보며 샅샅이 찾았지요. 마침 다 떨어진 옷을 입은 자가 있다가 '무슨 일로 이곳에서 방황하십니까?' 라고 물었지요. 그 서생이 잠시 주저하다가 은을 잃어버린 일을 말하니, 거지꼴 차림을 한 사람이 수중에서 은 한 봉을 꺼내며 말했습니다.

'혹, 이것인지요? 이 봉지가 길 위에 떨어져 있기에 제가 주워 주인을 기다리고 있는 중입니다. 보아하니 당신이 이 물건의 주인인 듯하군요. 이를 갖고 가시지요' 하더랍니다.

서생이 크게 기뻐하며 그 물건을 받았으나, 홀연 양심에 깊이 느낀 바가 있었지요. 그래 속생각으로 '저이가 몹시 궁벽한 사람으로서 오히려 길 위에 떨어뜨린 물건도 줍지 아니하거늘, 하물며 나는 성인의 글을 읽고 성인의 말씀을 외는 사대부의 자식으로서 어찌 이와 같은 불의무도不義無道한 도적질을 저질렀단 말인가' 하고는 크게 뉘우치고, 한탄함을 그치지 못했답니다. 그렇게 동틀 때까지 앉았다가 그 은을 훔친 집에 가서, 전후의 일을 이야기하고 은을 돌려주었다더군요. 그러니 그 주인 또한 놀랍고 의아해 하다가 서생이 허물을 뉘우친 것을 지극히 칭찬했다 하니, 이 어찌 아름다운 일이 아니겠습니까.”

늙은 포수가 이 말을 맘속에 새겨들었다가 집에 돌아와서는 딸아이를 위해 이 이야기를 해주니, 그 딸아이도 크게 탄복해 칭찬하기를 그치지 못했다.

여러 날이 흘렀다. 늙은 포수는 함께 숙직을 하던 소년, 즉 기이한 이야기를 전하던 소년의 마음자리를 기특히 여겨 사위로 택해 딸을 시집보내었다. 부부는 아주 마음이 딱 맞았다. 그 소년은 어릴 적에 부모를 일찍 여의었고 외숙外叔이 돌보아 길러주었다. 얼마 후 외숙이 돌아가셨는데 남긴 자식이나 유산이 아무것도 없었다. 외숙의 기일忌日이 되자, 소년이 대를 이을 사람이 없음을 가련히 여겨 무덤에 가서 살펴보려 했다. 소년의 처가 그것을 보고 그 의로움에 감동해 채소와 과실, 물고기와 짐승의 고기 등 대략 차례지낼 음식을 갖추어 주었다. 소년이 이를 메고 산으로 올라가더니 오래지 않아 돌아왔다. 그래 처가 이상이 여겨 그 까닭을 물으니 소년이 대답했다.

“아, 내가 가다가 도중에 뜻밖에 여러 개의 은 봉지를 주었잖소. 가만 생각해 보니, 우리 집 형편이 입고 먹는 게 넉넉지 못한 처지이고, 이와 같은 재보를 얻었으니 이것으로 평생 먹고사는 밑천으로 삼아도 되겠기에 그래, 기쁨을 이기지 못해 곧 내려온 것이오.”

그 처가 왈칵 성을 내며 차갑게 얼굴색을 바꾸었다.

“당신이 전날에 제 아버지에게 이야기하던 서생의 일을 잊으셨나요? 옛사람의 말에 '이득을 보면 의를 생각하라見利思義' 했지요. 어찌 이러한 의롭지 않은 물건을 주워 우리의 것으로 삼으려는 것입니까? 속히 은을 가지고 그 주인을 찾아 돌려주면 그만이지만, 만일 그렇지 않는다면 저는 당신을 떠나겠어요."

소년이 부득이해 은을 소매에 넣고 습득한 길로 가 종일토록 그 주인을 기다렸지만, 여러 날이 되도록 찾는 사람이 없었다. 할 수 없어 그 은을 다시 가지고 오니, 처가 그러면 관가에 바치는 것이 좋겠다고 했다. 남편이 군수에게 바치니 군수는 감사에게 올리고 감사는 조정에 아뢰었다.

임금이 이 말을 들으시고 '여항의 상사람으로 이와 같은 아름다운 행실을 지녔으니 어찌 포상치 않겠는가' 라 하시고 특히 만호萬戶[25]라는 벼슬 자리까지 제수하시고 그 은까지 상으로 함께 내려주셨다.

'이득을 보면 의를 생각하라見利思義.' 이 말은 《논어論語》〈헌문憲問〉편에 나온다. 자로子路가 공자孔子에게 성인成人에 대해 물었다. 공자는 '지혜知慧 · 청렴淸廉 · 용기勇氣 · 재예才藝 · 예악禮樂을 두루 갖춘 사람' 이라 하고 다음과 같은 말을 덧붙였다.

"오늘날의 성인이 어찌 반드시 그러하겠느냐? 이로움을 보면 의로움을 생각하고, 위태로움을 보면 목숨을 바치며, 오래된 약속을 평생의 약속으로 여겨 잊지 않는다면, 또한 마땅히 성인이라 할 수 있다[今之成人者, 何必然. 見利思義, 見危授命, 久要不忘平生之言, 亦可以爲成人

矣]." 공자님의 〈성인론〉 말을 빌릴작시면, 저 부부가 바로 성인이다.
'베주머니에 의송 들었다'는 우리네 속담이 있다. 보기에는 허름한 베주머니에 기밀한 서류가 들었다는 뜻으로, 사람이나 물건이 외모를 보아서는 허름하고 못난 듯하나 실상은 비범한 가치와 훌륭한 재질을 지녔음을 비유적으로 이르는 말이다. 저 부부, 겉으로 보기에는 어수룩하여도 실제에 있어서는 남이 따라 하기 어려운 일을 행하기에 하는 말이다. 허나 많은 이들이 저 부부를 알아보지 못하고 '어리석다' 하고 얕잡아만 보니 딱하기 그지없다.

그래 저러한 것을 아는 것이 공부이기에, 공부에 대해 취언 한마디하고 맺겠다. 실상 공부를 해보니, 공부한 사람들 중에서 저 정도의 부부를 찾는다는 게 여간 어려운 일이 아니다. 공부한 이들 중엔 물질과 영예, 위선을 동무삼고, 더하여 네편내편을 갈라 담벼락을 쌓는 분들이 많다. 나보다 학문적 내공으로 열하고도 몇 뼘은 더 올라갈 분들이기에, 세상의 풍화작용에 저 이들의 고담준론高談峻論이 맥없이 스러지는 것을 목도하는 것은 참으로 슬픈 일이다. 그래 한무릎 공부하는 이들은 저러한 '구이지학口耳之學'이니, '위인지학爲人之志學'을 최대 경계로 삼는다. 그래 최악의 공부란, 공부를 하지 않는 것이 아니다. 공부를 머리에 넣어두기만 하고 실행치 않는, 즉 배움과 행동이 영 제각각일 때이다. 우리는 누구나 공부란, 저 공자의 〈성인론〉 글처럼 충·정의·양심 등 가치 있는 소중한 것들을 지키기 위한 인간으로서 최고의 지적 행위라는 것쯤은 안다. 한낱 공부기술을 습득하거나 남의 눈비음에 맞추기 위한 '공부꾼'과 '공부쟁이'를 양산하는 것이 공부라면 소도 웃을 일이다.

6

내 너를 죽이고 나도 죽어 원한을 풀리라

이름이 부끄럽지 않은 길정녀

길정녀吉貞女는 서관西關[26]의 평안북도 남동부에 있는 영변寧邊 사람이다. 그 아버지는 지방 관아의 고을 관리였으며, 길정녀는 첩의 몸에서 태어난 딸이었다. 그녀의 부모가 모두 돌아가시고 숙부에게 의탁했는데, 나이 스물에 아직도 출가치 않고는 천을 짜거나 바느질 품으로 생계를 꾸려나갔다.

이보다 앞서 경기도 인천에 신명희申命熙란 유생이 있었는데 자못 총명하고 준수했다. 명희가 소년 시절에 한 이상스런 꿈을 꾸었다. 한 노옹이 어떤 소녀를 데려왔는데, 나이는 대여섯 살에 불과하고 얼굴에는 '십일구十一口'라는 글자가 새겨져 있었다. 그 생김생김이 아주 기괴했다.

이때에 수령이 창틈으로 훔쳐보았다.
여인이 몸을 돌릴 때에 그 얼굴을 언뜻 눈 흘김질로 보고
매우 기뻐하며 어쩔 줄 몰랐다.

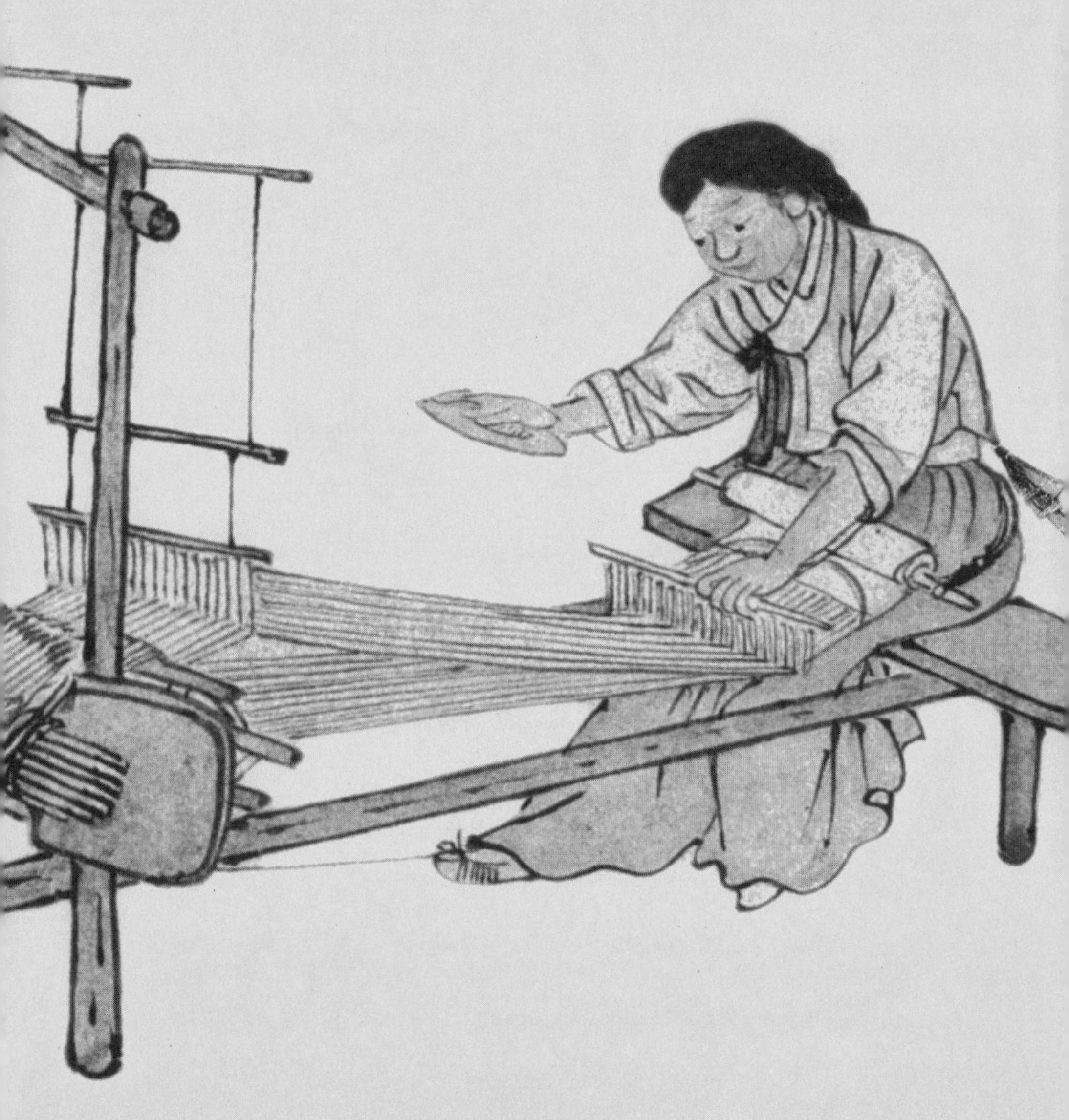

노옹이 신생申生에게 말하되 "이 아이가 훗날에 자네의 배필이 될 것이니 마땅히 백년을 해로하리라" 하고 이어 돌연 보이지 않았다. 생이 꿈을 깨서는 몹시 괴이하다고 생각했다. 나이 사십을 넘어 그는 아내를 잃었다. 부엌을 지키는 안주인이 없어 외롭고 처량하기 이를 데 없지만 중년의 나이에 아내를 여읜 뒤 다시 새 장가를 든다는 것은 어려운 일이었다. 여기저기 다시 아내를 얻을 마땅한 곳을 찾아보았으나 장애되는 일이 한둘이 아니었다. 그렇게 마음은 간절했지만 뜻대로 되지 않고 얼마간의 시간이 흘렀다. 그때 마침 오래 알고 지내던 사람이 영변에 벼슬아치가 되어 부임했기에, 신생이 따라 가서는 위문衛門[27]에서 어울려 노닐었다. 하루는 또 꿈을 꾸었는데, 전일에 꿈에서 보던 노옹이 다시 그 여자를 데리고 왔다. 여전히 얼굴에 '십일구' 자의 상처가 있고 전에 보았을 때보다 이미 장성해 있었다.

노옹이 생더러 말했다.

"이 여아가 이미 장성했으니 자네에게 시집보내노라."

생이 꿈을 깨서 더욱 괴이하고 의아함을 그치지 못했다. 하루는 관아의 안채에서 부사가 명을 내려 곱고 가늘게 짠 삼베를 사들이게 하니, 관리가 대답했다.

"본 읍에 사는 고을 처녀가 있는데, 곱게 베를 잘 짜 최고의 상품으로 지역에 이름이 높사오니 이를 사들이겠습니다."

그리고는 즉시 여러 필 사들였는데, 과연 그 품질이 가늘고 깨끗했으며 촘촘해 세상에 드문 것이었다. 보는 사람마다 칭찬하지 않는 자가 없었다. 마침 신생이 그녀가 서녀임을 들어 알자 돌연 첩으로 맞아들일 마음이 생겼다. 그래 그와 가까운 사람을 후히 대접하고 중매 서주기를 부탁했다. 중매인의 말을 들은 길정녀의 아버지는 처음엔 주저주저하다 마지못해 허락했다. 생이 기뻐 즉시 폐백을 준비하고 예를 갖추어서 그 집에 도착했다.

길정녀는 베를 짜는 솜씨만이 신통할 뿐 아니라 그 모습 또한 몹시 아름답고 고왔으며 행동거지 또한 조용하고 품위가 있어, 서울 안에 서 벼슬깨나 하는 집안 규수의 거동과 태도가 있었다. 생이 분에 넘 쳐 크게 기뻐하고 비로소 '십일구十一口' 자가 '길吉' 자인 줄을 알았 다.[28] 그리고는 전날 꿈의 기이함을 생각하고는 하늘이 정해준 인연 인 줄 믿어 정이 더욱 돈독했다.

그렇게 여러 달을 머무른 후에 고향으로 돌아올 때, 생이 길정녀에 게 오래지 않아 맞아 데려가기로 약조했다. 그렇지만 생이 집으로 돌 아온 뒤에 여러 일들로 약조를 질질 끌게 됐다.

이러는 사이 날이 가고 달이 흘러 3년이 지났다.

생은 전에 했던 약조를 옮기지 못했고 산 넘고 물 건너 저 멀리에서 소식조차 끊어졌다.

정녀의 친척들이 모두 말하기를, "신 생은 다시 만나지 못할 것이라" 하고 다 른 사람에게 시집보내기로 했다. 정녀가 이를 알고 지조를 굳게 하기를 더욱 독실 이 해, 비록 집 안의 뜰이나 마당을 출입할 때도 자세히 살폈다.

정녀가 사는 마을은 운산雲山[29]땅과 다만 한 산등성이만을 격했는데, 그녀의 5촌 당숙이 이곳에 살고 있었다. 이때에 운산의 수령은 무관으로 나이가 어린 자였는데, 정녀가 아름답다는 말을 듣고는 소실로 들이려 했다. 그래 여인의 당숙에게 물어서 정녀를 염탐하려 했고, 정녀의 당숙은 흔연히 이를 승낙하고 항상 관부官府에 출입하며 모략을 꾸몄다.

두 사람 사이에 일이 무르익더니, 급기야 혼인날까지 잡아놓게 되었다. 당숙은 운산 수령에게 비단과 수를 놓은 직물 등의 물건을 청했다. 이것을 정녀에게 전해 혼인할 옷가지를 만들게 하려는 꾀였다. 당숙은 모든 준비를 갖춘 뒤에 정녀에게 찾아가서는 의뭉스럽게 말했다.

"내가 며느리를 얻게 되었단다. 날짜가 멀지 않아 신부의 옷 치수를 재고자 하나, 집안사람의 바느질 솜씨가 너만 못하구나 잠시 와서 이를 도와다오."

"조카에게는 지아비가 있어요. 관아에 와서 머무르고 있으니, 제가 가고 못 가고는 반드시 그 이 말을 기다린 연후에 일이에요. 아저씨의 집이 비록 가깝다고는 하나, 이미 다른 동네이니 말씀을 따르기 어렵겠어요."

정녀가 어렵다고 하니, 숙부가 다시 말했다.

"만일 신생의 승낙을 얻으면 내 말대로 하겠느냐?"

"허락한다면이야 그래야겠지요."

당숙이 집으로 돌아와 신생의 글씨를 위조해 '가까운 집안이니 정의로써 가서 힘써 도와주라' 는 내용의 글을 써 정녀에게 보이며 함께 갈 것을 재촉했다.

그때에 신생은 인척의 관계인 상서尙書 조관빈趙觀彬[30]이 평안감사
로 있어 마침 평안감영에 와서 머무르는 터였고, 당숙은 신생이 오래
도록 오지 않아 정녀를 버린 줄로 미리 짐작하고 이와 같은 계략을
꾸민 것이었다.

정녀가 그 거짓 편지를 보고 부득이 당숙의 집에 가서 옷을 마르고
바느질하는 수고를 아끼지 않았다. 이와 같이 여러 날을 보냈으나 일
찍이 그 집 남자들과 말을 하지 않고 오직 그 일만 부지런히 할뿐이
었다. 하루는 당숙이 운산의 수령을 맞이해 장차 정녀의 용모와 안색
을 엿보게 하는 잔꾀를 내었다. 정녀는 본관사또가 왔다는 말을 귓결
에 들었으나 자기에게 마음이 있는 줄은 전혀 알지 못했다. 날이 저
물어 불을 켜니 당숙의 큰 아들이 정녀에게 물었다.

"누이가 늘 벽을 등지고는 등불만 보니 이 무슨 까닭이지? 수고한
지 꽤 여러 날이 지나갔으니 나와 잠시 상대해 대화를 나누는 것도
좋을 듯한데."

"나는 고단한 줄 모르니, 오라비나 앉아 말하시구려. 내 듣기는 하
지요."

그 자가 실없이 웃으면서 앞에 다가앉더니, 갑자기 손으로 정녀의
몸을 획 돌려 창 밖 쪽으로 마주 앉게 했다. 정녀가 몹시 놀래 얼굴빛
이 차갑게 변해서는 역증을 내었다.

"비록 가까운 친척 사이라도 남녀간 유별이 엄연하거늘 어찌 무례
하기가 이렇듯 심한 게요."

이때에 수령이 창틈으로 훔쳐보았다. 여인이 몸을 돌릴 때에 그 얼

굴을 언뜻 눈 흘김질로 보고 기뻐해 어쩔 줄 몰랐다.

정녀는 친척 오라비의 무례함에 애성이 나 문을 왈칵 밀치고는 나갔다. 마루에 나가 앉아있자니 분함이 다시 솟구쳤다. 그때 창 밖에서 남자의 소리가 들렸다.

"그러한 용모는 실로 내가 처음 보네. 비록 서울의 아름다운 여인이라도 능히 이 여인을 대적치는 못할걸."

정녀가 비로소 본관사또인 줄 알고 마음이 애통하고 기가 막혀서 혼절해 쓰러졌다가는 한참 만에 깨어났다.

날이 밝으려 하자 정녀는 분주하게 집으로 가려 했다.

당숙이 그제야 모든 사실을 일러주고는 달래었다.

"정녀야, 저 신생은 집이 거덜 나 배를 곯을 뿐 아니라, 또 나이까지 들어 오래지 않아 저승객이 되어 땅보탬이나 될 처지이다. 집 또한 멀어 한 번 가서는 오지 않으니 그야말로 꿩 구어 먹은 소식이요, 네가 버림을 당한 것이 명백하니 '끈 떨어진 뒤웅박' 신세 아니냐. 네가 아직 어린 나이고 또 그 자질로 왜 나이 젊고 부귀한 사람을 택하지 않는단 말이냐. 이제 본관사또는 젊은 무관으로 앞길이 만 리이니, 이 사람에게 시집가면 너의 복록이 무궁할 게다. 어찌 희망이 끊어진 사람을 헛되이 기다려 평생을 그르치려고 하는 게냐."

달콤한 말과 속이는 말로써 한 편으로는 꾀고 한 편으로는 협박해 댔다. 정녀가 이 말을 듣고 분함이 더욱더 하고 기세가 사나와져서 꾸짖는 것이 심하니, 당숙과 조카 사이를 생각지도 않았다. 당숙은 말할 도리가 없자 여러 아들과 작당해 정녀를 결박해 별실에 은밀히 가두게 했다. 자물쇠를 굳게 잠근 뒤에 겨우 아침저녁으로 먹을 것만 들이게 하고, 혼인날을 기다려서 본관사또로 하여금 겁탈하게 들여보내려는 것이었다.

정녀는 다만 방 안에서 울부짖으며 꾸짖었다. 그렇게 양식을 끊은 지 여러 날에 얼굴은 초췌하고 기운이 점차 쇠해 소리조차 내지 못하게 됐다. 정녀는 그 방 안 한구석에 삼이 많은 것을 보고 이것을 가지고 몸을 묶었다. 가슴에서부터 다리까지 이르렀으니, 이렇게라도 해변을 막으려는 생각이었다. 그러다 정녀는 다시 생각을 고쳐먹었다.

'내가 부라퀴 같이 흉한 저들의 손에서 개죽음을 당하기보다 차라리 흉적을 죽이고 함께 땅보탬이 되어 나의 원통함을 푸는 것만 못해. 며칠간 억지로라도 밥숟갈을 떠 기운을 먼저 차린 뒤 해야지' 하고 당숙을 찾았다.

"이제 제 힘이 이미 다 없어졌습니다. 오직 하라는 대로 따를 것이니, 나에게 후히 음식을 주셔서 오랫동안 굶주린 뱃속이나 낫게 해주세요."

당숙이 크게 기뻐해 맛이 좋고 잘 차린 음식을 문틈으로 넣어주는 한편, 여러 가지로 달래고 꾀였다. 이와 같이 한 지 여러 날을 지나자 정녀는 이제 기력을 되찾게 되었고, 혼인날이 되었다.

이보다 앞서 정녀가 잡혀 갇힐 때에 부엌칼을 몰래 품속에 숨겼는데 사람들이 알지 못했다. 혼인날, 수령은 남자가 거처하는 바깥방에 와서 머무르고 당숙이 비로소 문을 열고 끌어내려 할 때였다. 정녀가 바야흐로 몸을 묶은 틈에 부엌칼을 감추었다가 문이 열리는 것을 보고 급히 뛰어나갔다. 그리고는 칼을 빼 맏아들을 보자마자 찌르니 곧

상처를 입고 넘어져 엎어졌다. 정녀가 다시 소리를 지르고 껑충 뛰어 닥치는 대로 찌르며 오가는 것이 섬광 같았으며 눈에서는 눈불이 흘렀다. 사람들은 감히 억제하지 못했다. 정녀도 머리가 깨지고 얼굴이 찢어져 흐르는 피가 몸을 흥건히 적셨으니, 한 사람도 감히 그 앞에 나서지 못했다.

본관사또가 이 광경을 보고 넋이 나가고 간담이 모두 찢어져 문을 나서 내뺄 겨를도 없이, 다만 문 안에서 문고리만을 꼭 붙잡고 정녀가 들어오는 것을 막았다. 정녀가 문을 발길로 차며 손발로 치니 창문이 모두 부서졌다. 그리고는 칼을 가지고 들어가 '넋이야 신이야' 별렀던 말들을 거침없이 큰소리로 꾸짖었다.

"네가 국가의 은혜를 입어 한 지방을 다스리는 지위를 누렸으니, 마땅히 힘을 다해 백성을 어루만져야 하거늘, 생각이 여기에는 없고 읍내의 흉한 사람을 얽어매서 사대부의 부인을 협박한단 말이냐. 이것은 금수만도 못한 짓이요, 천지에 용납지 못할 죄다. 내 너를 죽이고 나도 죽어 원한을 풀고 말리라."

하나 하나 짚는 분명한 말이 칼날과 같고 냉엄함이 찬서리며, 눈발과 같았다. 꾸짖는 소리가 사방 이웃에까지 진동하니 보는 자들이 담장처럼 주위를 둘러싸고 애통하며 놀라고 탄식하지 않는 사람이 없었다. 어떤 이는 몹시 분해 혹 팔을 걷어붙이기까지 했다. 그러자 본관사또는 정녀 앞에 엎드려 머리를 수그리고 온갖 짓으로 애걸했다.

"나는 죄가 없소. 다만 어리석은 사람의 말에 기만을 당해 이 지경에 이른 게요. 내 마땅히 저 사람을 징계해 다스리고 부인에게 사죄할 터이니 너그럽게 용서해 주시오."

그리고 형리를 불러 그 당숙을 잡아끌어다가는 몹시 매를 때린 후에 급히 내빼어 관가로 돌아갔다. 이때에 이웃 사람들이 정녀를 위해 그녀의 집에 알려 즉시 정녀를 맞아 가게 하고, 또 그 일의 전말을 감사監司와 신생에게 달려가 알렸다.

감사가 이 말을 듣고 또한 놀라고 애처롭게 여겨 즉시 조정에 아뢰어 운산雲山 수령을 파직시켰다. 또 그 당숙 부자를 급히 잡아와서는 문초를 엄격히 시행했다. 그러한 후에 잔칫상을 성대히 차려 정녀를 맞았다. 정녀가 관아에 도착하자 운산수령은 심히 탄복하며 칭찬을 더하고 금품을 후히 내렸다. 신생은 곧 정녀와 함께 서울에 올라가 아현리阿峴里[31]에다 살집을 정하고 종신토록 해로했다고 한다.

맹구우목盲龜遇木이란 말이 있다. 풀이하자면 '100년에 한 번 물위에 떠오른 눈먼 거북이가 나무의 구멍을 만나는 것과 같다'는 뜻으로 만남을 얻기 어려움을 비유한 말이다. 이 말은 《잡아함경雜阿含經》 15권 406경인 〈맹구경盲龜經〉에 나온다. 눈먼 거북이가 망망대해서 나무토막 만나기도 어렵거니와 더하여 구멍까지 나있다면 그 가능성은 극히 희박하다. 그래, 이 맹구우목은 '사람 인연이 좀처럼 얻기 어렵다' 라는 뜻으로도 쓰인다. 이 글의 신생과 길정녀의 만남에 정녕 꼭 들어맞는 말이다.

고소설을 연구하다보니 꽤 재미있는 사실을 발견하였다. 두 남녀간, 이러한 맹구우목의 만남에서 여성 쪽이 결코 남성 못지않다는 사실이다. 저 옛 여인들은 남자를 사랑하는 데 세 가지 공식이 있었다. 하나는 자신의 직감을 믿는다는 것, 하나는 대화를 통해 상대를 신뢰한다는 것, 또 하나는 자신을 잊지 않겠다는 불망기不忘記를 약속 받는다는 것이다. 이 세 가지가 충족되면 여인들은 마음을 주어 그날이라도 잠자리를 허락하고 사내에게 신사信士라 부른다. 물론 여인들이 선택한 신사는 절대 배신하지 않는다. '신사효과'라고 이름 한들 부족하지 않을, 이 '신사'란 '믿음직스런 선비'라는 뜻이다. 흔히 젠틀맨gentleman으로 번역되는 신사紳士와는 글자부터가 다르다.

만남의 경위야 다르지만, 오지 않는 남편에 대한 길정녀의 신뢰는 한결같다. 훈남 본관사또의 접근에도 길정녀는 미동도 않으니, 정숙한 여인이란 뜻의 '정녀貞女'라는 이름과 썩 잘 어울린다. 물론 그 바탕에는 신생에 대한 길정녀의 마음자리가 있어서겠다. 결국 길정녀는 자신의 믿음에 대한 응분의 보상을 받는다.

좀 이야기가 다르지만 《기인기사록》 원본에는 이런 이이야기도 있어 소개한다.

〈서울에 분을 파는 할미〉 이야기인데, 동리 소년이 자신에게 준 마음을 간직하고 수절한다는, 내용은 좀 싱겁지만 또 맹탕 맹물은 아닌 이야기다.

서울에 분을 파는 할미賣粉嫗가 있었다. 어렸을 때엔 제법 자색이 남달라 동리의 한 소년이 정을 주니 여자가 말했다.

"담에 구멍을 뚫듯 여인을 탐내어 남의 집에 몰래 들어가는 짓은
안 될 말이어요. 부모께서 계시니 만일 나를 얻고 싶거든 제 부모님
께 정식으로 구혼하세요. 부모께서 허락하시면 일이 잘될 거여요."

소년이 이 말을 듣고 부모를 졸라 매파를 세웠으나, 여인의 부모는
차갑게 거절했다. 소년이 이 뒤로 여인을 생각하며 답답하고 슬퍼하
다가 오래지 않아 죽어버렸다.

여인이 이 이야기를 듣고는 울면서 말했다.

"내가 저 사람을 죽인 것이야. 내 비록 저이에게 몸을 허락치는 않
았어도, 이미 마음자리를 내 주었거늘, 죽었다 해 어찌 마음을 바꿀
수 있겠어. 저 사람은 나를 사모하다 죽었는데. 암, 이것을 저버리면
개, 돼지만도 못하지."

그리고는 시집을 가지 않겠다고 맹서하고는 분 파는 것을 생업으
로 삼아 늙어 죽었다.

'만남은 쇠로 된 산이 비단옷깃에 다 닳아질 정도의 시간을 거쳐
이뤄지는 것' 이라고 한다. 모쪼록 남녀, 서로 간 만남을 소중히 여겨
야겠다.

7

나는 멋진 사내가 되면 너는 봄을 품은 여인, 어떠하냐

농이 참이 되어 인연 맺은 송반

판서判書 송반宋盤[32]은 태종太宗 때 사람으로 고려 문하시중門下侍中[33]을 지낸 인仁[34]의 후손이다. 어렸을 때부터 총명하고 이해가 빨라 글을 잘했고 시에도 능했으며 손에서 책을 놓지 않았다. 여덟아홉 살 무렵 글방을 다니며 학업을 닦을 때였다. 하루는 글방 선생이 여러 학동學童을 한곳에 모으고 각자 그 기상이 어떠한지를 알아보려 했다.

"사람이 살아가며 '평소에 가장 두려운 것이 무엇' 인지, 이것으로써 시제詩題를 삼고 각자 한 구씩 지어보거라."

한 아이가 급히 대답했다.

밝은 달 빈 산 비추는 한밤중에   明月空山夜

네가 시를 알았다 하니, '유녀회춘 길사유지有女懷春 吉士誘之(봄을 품은 여인이 있어, 멋진 사내가 꾀어 가네)'라는 구절을 해석하겠느냐?

큰 호랑이 부르짖고 앞에 닥쳤네   大虎當前吼

또 한 아이가 지었다.

어둑어둑해진 달 없는 한밤중에   沉沉無月夜
큰 귀신이 피투성이로 서 있네   大鬼蒙血立

다음에 공(송반)의 차례가 됐다.

"제 시는 앞의 두세 명이 지은 의도와는 매우 다르옵니다. 조금도 같은 게 없사옵니다."

글방 선생이 말했다.

"시라 하는 것은 자기의 뜻을 말함이니 걱정할 게 뭐 있느냐."

공이 이에 한 구의 시를 지어 올리니 그 시는 이러했다.

처신을 삼가 조심하지 않는다면   處身不謹愼
고을 사람들에게 죄를 짓는다네   得罪鄕黨人

글방 선생이 크게 탄복하고 칭찬을 더하며 말했다.

"장원급제를 할 것이요, 후일에 상서尙書[35] 벼슬을 할지로다."

그리고 먼저 글을 지어낸 두 학동에게 말했다.

"'큰 귀신이 피투성이로 서 있네大鬼蒙血立'라고 한 시구는 기상이 심히 좋지 않으니 반드시 단명을 면치 못할 게다. 또 '큰 호랑이 부르

짖으며 앞에 닥쳤네大虎當前吼’ 운운의 시구는, 기상면에선 앞서 아이
보다 조금 낫다마는 의사가 너무 예사로워 별로 나아지는 희망이 없
구나. 벼슬과 녹봉을 누릴 그릇은 아니니, 허옇게 센 머리로 몸을 마
칠 것이다. 그래도 다행인 것은 천수는 잘 마치리라.”

훗날 과연 그 말과 같이 일일이 꼭 들어맞았다.

하루는 선생이 ‘종이연紙鳶’으로 시제를 정하고 ‘흉풍중胸風中’의
세 압운押韻을 두어 칠언절구七言絶句[36] 한 수를 지어보라 명하니, 공
이 즉시 시를 지어 읊었다(마지막 두 구는 유실되었다).

댓가지 종이 몸이 가슴 가득 달을 안고	竹骨紙身月滿胸
실오라기 바람타곤 두둥실 날아 오르네.	飄然飛上一絲風

이것을 보고 선생이 크게 칭찬했다.

“시를 짓는 법이 사람을 놀랠 만해 내가 미칠 바가 아니라.”

그 뒤 스무 살 때에 충북 진천鎭川을 떠나 서울에 올라가 유학을 하
며 장차 과거에 응시할 준비를 했다.

그때 한 노재상이 있었다. 노재상이 공의 문장과 재덕을 아껴 이에
자기 집으로 예의를 갖추어 맞아 눌러 있게 하고 독서를 권했다. 공
이 그 덕에 감격해 부형으로 섬기고 별실에서 독서하기를 그치지 않
았다. 그 노재상은 일찍이 맏아들이 일찍 죽고 나이 오십 되는 해에
뒤늦게 아이를 하나 두었을 뿐인데, 그해 일곱 살이었다. 공은 친 아
우와 같이 이 아이를 어루만져 사랑하며 늘 가르치고 일깨우기를 게

을리 하지 않았다. 그 노재상의 맏며느리는 청춘과부였다. 외로이 홀로 시간을 보내면서 길게 혹은 짧은 탄식으로 마음 갤 날이 없는 처지였다.

때는 춘삼월 중순이었다. 따스하고 화창한 기온이 피어오르며 미풍은 산들산들 부는데, 온갖 꽃은 다투어 뽐내고 봄날에 온갖 생물이 나서 자라 흐드러졌으며, 보랏빛 제비는 쌍쌍이 날고 노란 꾀꼬리는 앵앵 울 때였다. 이런 계절은 실로 즐거운 자는 더욱 즐겁고 서러운 자는 더욱 섦은 시기라 청상과부가 뒤뜰에서 배회하며 봄빛을 감상하니, 새의 지저귀는 소리와 꽃의 색색이 모두 슬픈 마음을 부추기지 않는 것이 없었다. 그래 처연히 눈물이 흘렀다.

마침 공도 봄의 흥취를 타고 그 집 뒷산에 올랐으니, 이곳은 곧 서울의 동쪽 마을인 낙산駱山[37]이라. 청상과부가 갑자기 공의 풍채를 보았으니, 꽃답고 애틋한 마음자리의 흔들림을 차마 견디기 어려웠다. 과부는 꽤 오랫동안 공을 몰래 훔쳐보았다. 그리고 공이 돌아가기를 기다렸다가, 심복 계집종을 시켜서 은밀히 편지를 공에게 보내었다.

그 편지의 대략은 '공의 문장과 재주와 덕망 및 풍채와 도량을 기리고 칭찬한다는 것과 마음속으로 기쁘게 여기어 사모하기를 그치지 못했으나 다만 안팎의 문과 벽이 첩첩해 은밀함을 얻지 못한 것은 실로 두 사람에게 있어 너무나 한스러운 일'이라는 내용이었다. 그리고 이런 말로 끝을 맺었다.

"오늘밤 삼경三更이 되어 적적하니 사람자취 없는 때를 타서 중문을 열어놓을 테니, 군자께서는 제가 홀로 거처하는 별방으로 몸을 굽혀 찾아와 주시어요. 그러신다면 제가 오래전부터 품어온 소망을 다할 것이에요."

어젯밤 동풍 불고 가랑비 내릴 때지요,	昨夜東風細雨時
복사꽃 한 송이 문설주에 가득 찼어요.	桃花一朶滿門楣
오늘밤 달 밝은 이경 쯤이 되거들랑,	今宵明月二更夜
저도 임 맞으려니 임이여 사양 마세요.	我且邀君君莫辭

편지의 말미에는 또 위와 같은 칠언절구 한 수를 적어놓았다. 공이 이 편지를 펼쳐보고 크게 놀라 속으로 말했다.

'내가 지금까지 노재상께서 감싸주고 보호하는 은혜를 입어 이곳에 머무는 것은 훗날 앞길을 펴고자 함이거늘, 지금 이러한 부정하고 음란한 여인에게 엿보임을 당했으니, 이곳은 오래 머무를 곳이 아니라. 이러한 것은 군자가 멀리 할 것이야.'

급히 행장을 꾸려 노재상에게 작별의 말을 할 겨를도 없이, 다만 떠난다는 뜻으로 편지 한 통을 써서는 책상에 놓아두고 바삐 문을 나서 다른 곳으로 옮겼다.

훗날 공이 과거에 급제해 청직淸職[38]의 직책을 여러 번 거쳐 병조판서兵曹判書에 이르렀다. 공은 성품이 굳고 곧은 말을 받아들이며 항상 공명정대함으로 처신했다. 조정의 신하 가운데에 공을 미워하는 자가 많았으나 공은 터럭만큼도 이를 개의치 않았다.

그 뒤에 여러 차례 직언을 해 임금의 뜻을 거스르다가 마침내 쫓

겨나 회양도호부사淮陽都護府使[39]가 됐다. 공이 회양군에 부임한 지 여러 해에 백성을 예의로 가르치며 농업과 상업으로써 근면케 해 한 고을이 크게 다스려졌다. 백성들이 사랑하기를 부모와 같이 해, 덕을 찬양하는 소리가 길에 들렸으며 여러 사람들이 공덕비를 세웠다.

공이 어느 날 배우지 않았는데도 침을 놓고 뜸을 뜨는 기술이 신의 경지에 들어갔다. 중한 병에 걸린 자가 있으면 지위의 높고 낮음, 귀하고 천함에 구애받지 않고 몸소 치료해 준 경우가 자못 여러 번이었다. 하루는 형방에 속한 구실아치인 형리의 아내가 두풍증頭風症[40]에 걸려 되살릴 길이 없다는 말을 듣고 바로 아전을 불렀다.

"자네 처가 방금 중환에 걸려 탕약과 침이 무효하다 하니, 내가 능한 것은 아니지만 나의 침술로써 시험함이 어떠한가?"

형리가 "황송하옵니다" 했다.

공이 즉시 형리의 집에 직접 가서 머리 뒤에 침술을 시술하니, 얼마 시간이 지나지 않아 완전히 나았다. 이러니 형리 일가가 모두 그 신이함에 놀라 탄식하고 백배 치사했다. 그때 이 형리에게 한 딸아이가 있었으니 이름은 매희梅姬였다. 나이가 열네 살인데 재주와 성품이 뛰어나고 용모가 아름다웠으며 시서詩書를 통해 문구를 읽어서 글을 잘 지었다. 예쁘디예쁜 모습과 마음자리가 평온한 기쁜 낯으로 공에게 두 번 절하며 말했다.

"사또께서 어머니를 살려주신 큰 은혜, 이승에서건 저승에서건 장차 무엇으로 갚어요?"

그리고는 귀찮을 정도로 번거로이 감사를 표하는데, 행동거지가 편안하고도 한가하며 음성은 환히 밝았다. 공이 한 번 보니 그 용모와 말하는 것과 몸동작이 외딴 시골 천한 가문의 여식이 아니요, 서울 재상가의 처녀라도 능히 미칠 것이 아니었다. 공이 심히 기특히 여겨 그의 머리를 쓰다듬었다.

"착하구나. 네가 나이 어린 여자아이로 인사범절이 극진하니 실로 기특하다. 그래 네가 책은 읽을 줄 아느냐."

"《시경詩經》을 읽었사옵니다."

공이 웃으면서 우스개로 말했다.

"네가 시를 읽었다 하니, "유녀회춘 길사유지有女懷春 吉士誘之〈봄을 품은 여인이 있어, 멋진 사내가 꾀어 가네〉"[41]라는 구절을 해석하겠느냐?."

"어찌 글 뜻을 풀지 못하고 읽을 수 있겠어요."

공이 웃으며 "그러면 너는 봄을 품은 여인이 되고 나는 멋진 사내가 되면 어떠하냐?"

"소녀는 아직 봄을 품을 때에 미치지 못했고 사또는 이미 여인을 꾀실 때가 지나셨어요."

매희의 말에 공이 더욱 놀라고 크게 칭찬을 하고, 얇은 비단으로 만든 쥘부채 한 개를 주었다.

"이것으로써 신물信物[42]을 삼으니, 훗날에 너는 나의 별실이 되거라."

"사또께서는 지금 하신 말씀을 저버리지 마셔요. 소녀도 모친을 살려주신 은혜를 갚으려면 사또를 받들어 모시는 것이 좋은 방책이라고 생각하옵니다."

공이 관아로 돌아올 때에 형리에게 일렀다.

"내가 매희의 재주를 아끼어 잠시 농을 한 것이니, 장성한 후에 자네는 마땅한 배필을 택해 출가시키게나."

형리가 "예예"하고 물러갔다.

세월이 흘러 2년 뒤, 매희는 꽃다운 나이인 열여섯 살이 됐다.

그녀의 아버지가 좋은 신랑감을 택하려고 가까운 일가붙이와 의논했다. 매희가 이것을 알고는 몹시 놀라고 허둥대며 아버지에게 달려갔다.

"소녀는 이미 이태 전에 이 고을 사또의 신물을 받고 별실이 되기를 정녕 맹서했습니다. 여자는 남자와 달라 한 번 몸을 다른 사람에게 허한 이상에는 그 뜻을 변치 못할 것입니다. 만일 이 뜻을 변한다면 이는 청렴결백한 몸에 씻어내지 못할 더러운 욕됨을 가하는 것입니다. 소녀는 차라리 죽을지언정 금수의 행동은 하지 못하겠습니다. 또 그뿐 아니라, 모친을 다시 살리신 것은 사또의 큰 은혜이니 사람의 자식이 되어 어찌 이러한 막중한 은혜를 만에 하나라도 보답지 않겠습니까. 이미 소녀는 사또와 약조한 신의를 저버릴 수 없고 그 큰 은혜에 보답하기 위해 기추의 첩箕箒之妾[43]이 되고자 마음을 굳혔습니다. 그뿐 아니라, 그때에 아버지께서도 곁에 계셔서 친히 이 말을 들으셨으니 기억나실 것입니다. 그런데 지금 와서 갑자기 전의 약조를 고쳐 다른 사람에게 시집을 보내려 하시니, 저희 집안이 비록 천한 가문이라 할지라도 여자가 정조를 지키는 것은 상하귀천을 막론하고 하등의 차이가 없을 것이거늘. 어찌 이처럼 옳지 않은 일을 하십니까."

그리고는 의연한 태도로 그 아버지의 옳고 그름을 가리니 말의 갈래
며 조리가 정연했다.

그녀의 아비는 좋은 말로 어르고 달랬다.

"네 말이 실로 이치에 닿지 않은 것은 아니다만, 지난 일은 사또가
너의 재주와 용모를 아껴 잠시 희롱하는 말을 한 게다. 진정에서 나
온 것이 아니거늘, 어찌 이로써 약조한 말이 정녕
이라고 하겠느냐. 또 그때에 사또가 나에
게 말하기를, '장성한 후에 마땅한 배필
을 택해 출가케 하라' 라고 한 말이 아직
도 내 귀에 쟁쟁하다. 또 설령 네 말과 같
이 맹서한 말이 있다 할지라도, 나이가
서로 걸맞지 않은 이상에 어찌 그의 별실
이 되기를 바라겠느냐. 사또의 은혜는 장
차 다른 것으로 보답함이 마땅하다. 어찌
네가 시집가 사또를 따른 뒤라야 그 은혜
를 갚는 것이라 말하겠느냐. 그러니 맘을 돌려 먹도록 해라."

그리고는 여러 가지로 정성껏 타일렀으나 매희는 죽기를 작정하
고 저항하며 따르지 않았으니 말만 귀양보내는 꼴이었다. 형리는
이렇게 되자, 도저히 그 딸의 뜻을 잡아 돌리지 못할 줄 알고 관아
에 들어가 이러한 사유를 일일이 고했다. 공이 놀랍고 괴이해 한때
희언戲言한 것이 심히 후회되었다.

"옛사람의 말에 '나온 말은 쏘아놓은 화살이라 돌이키기 어렵고 한 번 입에서 나온 말은 주워 담을 수도 없다' 라고 하더니, 과연 지당한 격언이네. 내가 직접 자네 여식을 만나 간절히 깨우칠 터이니 즉시 관아로 데려오게."

형리가 대답하고 가서는 매희에게 사또가 부른다는 뜻을 전하니, 매희가 정색했다.

"제가 비록 사또의 별실로 서상西廂의 약속[44]을 정했을 지라도 납폐納幣[45]해 혼례를 치루기도 전에 사내와 사사로이 만나는 것은 예를 아는 가문에서 안 될 일입니다. 만일 사또가 말씀하실 것이 있으면 글을 보내는 것이 좋을 것입니다. 저는 감히 부르심에 나아가지 못하겠습니다."

형리가 다시 그 말을 돌아가서 고하니 공이 그 지조의 비범함을 깊이 감탄하고 매희에게 편지를 써 보내었다.

보거라.

이제 네 아비에게 전한 말을 들으니 네가 신의를 지키고 의를 지키고 예를 지키는 것은 실로 가상하다. 명문가 숙녀의 행실을 진실로 천한 가문에서 보는구나. 그러나 재작년에 내가 한 말은 곧 한때의 희롱하는 이야기였다. 어떻게 이를 진짜라고 생각해 고집불통이 이와 같은 게냐. 하물며 또한 네 나이는 이제 열여섯이니 앞길이 만리요, 내 나이는 쉰이 다 되가니 늙은 나이라. 낫살깨나 먹어 몸이 이미 쇠했으니, 어린 아이를 늙은이의 배필로 삼는다는 것은 인두겁을 쓰고서는 할 짓이 아니다. 이는 이치를 거스르는 짓이니, 어찌 앞길이 만리인 사람의 평생을 그릇되게 하겠느냐. 세 번을 더 생각하고 네 좋은 신랑감을 택해 인연을 맺어 종과 북처럼 금슬지락琴瑟之樂을 길이 누리도록 하라.

매희가 편지를 보고 또한 답글을 보내었다.

보시옵소서.

남녀 사이에 희롱하는 말을 주고받는 게 아닙니다.

하물며 혼인에 관한 일보다 중대한 일은 없는데, 어찌 희언으로 청백처럼 티끌한 점 없는 처녀를 욕되게 하시는 것이옵니까? 사또는 예를 아시는 군자시니, 제가 비록 천한 집안의 처자로 태도 나지 않는 하찮은 삶이지만, 또한 처녀의 정조가 있음은 아실 것입니다. 이렇듯 예를 아시는 군자로 소첩을 어찌 보시고 딴전을 붙이며 노리갯감으로 여기십니까? 소첩이 이미 신물을 받은 처지에, 나이가 맞지 않는다 함은 더 이상 논할 가치도 없습니다. 소첩은 죽으면 죽었지 변치 않는 마음을 이미 굳혔으니 사또는 깊이 생각하소서.

공이 매희의 답장을 보고 그 뜻이 이미 견고해 되돌리지 못할 줄 알았다. 형리도 또한 딸의 본디 성품을 아는 터이기에 이러하다가는 생떼 같은 목숨을 앗겠기에 어찌하기 어려워 매희를 공에게 시집보낼 일을 간절히 청했다. 공이 낙심해서는 한참을 있다가 입을 열었다.

"자네 딸의 뜻은 맹분孟賁과 하육夏育[46]의 용력으로도 빼앗지 못할 거 같네. 그 뜻대로 굽혀 따를 밖에 없을 것 같으이."

그리고 이어 좋은 날을 잡아 폐백을 납채納采[47]하고 예를 일렀다.

파리한 얼굴 허연 머리의 늙은 신랑과 검은 머리 발그레한 얼굴의 어

린 소녀는 흑백이 서로 비춰 바라보고, 구경꾼들은 담과 같이 둘러서
서 매희의 지조를 이러쿵저러쿵 칭찬하지 않는 사람이 없었다.

매희가 내아로 들어 온 뒤로 매우 삼가고 조심해 목소리를 낮추어
부드러운 음성으로 정실 김부인金夫人을 섬기었다. 또 공의 뜻을 잘
따랐으며 의복과 음식을 몸과 입에 맞게 하니 공이 날로 더욱 총애해
오래도록 만년의 즐거움을 누리었다. 그 뒤에 매희는 공보다 3년을
앞서서 세상을 떴다.

기이한 인연이다. 글을 번역하며 금아 피천득(1910~2007)의 빼어난
수필 〈인연因緣〉이 떠올랐다.

금아 선생은 〈인연〉에서 '인연' 의 끝자락을 이렇게 놓았다.

그리워하는 데도 한 번 만나고는 못 만나게 되기도 하고,

일생을 못 잊으면서도 아니 만나고 살기도 한다.

아사코와 나는 세 번 만났다.

세 번째는 아니 만났어야 좋았을 것이다.

〈인연〉이란 수필에는 '인연' 이 없다. 남녀간 '인연' 은 하늘에서 마
련한 '연분緣分' 이거늘, 연분이 없는 인연은 인연이 아니다. 그래 〈인
연〉의 끝자락에 와서 가슴이 짠하다. 〈인연〉의 제목은 '헤어질 리離'

와 '인연 연緣' 로 된 "이연離緣"이어야 하지 않을까?

　다행히도 이 글의 두 연인은 인연을 맺어 아름다운 해로를 한다, "너는 봄을 품은 여인, 나는 멋진 사내가 되면 어떠냐?"라는 송반의 말처럼.

8

귀국을 흠모하여 초야의 백성이 되고자 한 지 오래되었소이다[48]

일본을 버리고 조선에 귀화한 사야가 김충선

과거의 조선은 원래 '동방예의의 나라'로 불리었다. 예악禮樂과 문물文物이 찬연히 구비되었으며 인륜은 위에 밝고 교화는 아래로 행해져 풍속의 아름다움이 중화中華와 거의 흡사함으로, 조선을 칭해 '소중화小中華'라 했다.[49] 이러한 것은 이미 선현의 정평이 났다. 이와 같이 자랑해 빛나게 할 만한 예의에 관한 가르침의 풍속은, 다른 나라 사람이라도 마땅히 기쁘게 여기어 사모해 귀화한다 하여 족히 괴이할 바가 아니다.

그러나 사람의 선한 것을 사모하고 의로움을 따라, 그 근본을 잊은 자는 김충선金忠善(1571~1642)[50]이 그 사람이다. 김충선은 본래 일본 사람으로 선조 임금 임진壬辰[51]에 우리나라에 귀화한 사람이니 원래

소장이 비록 재주가 보잘 것 없고 지략이 서투르나 귀국에 귀화할 의사는 일조일석에 일어
난 것이 아니오이다. 이것은 저 지난날부터 일찍이 품은 뜻이며 오래 묵힌 계획이었소

이름은 사야가沙也可이다. 호는 모화당慕華堂이니 '조선을 사모한다'
해 별호를 삼은 것이었다.

어릴 때부터 총명하고 재주가 많았으며, 뜻이 크고 기개가 있어서
남에게 얽매이거나 굽히지 않았고 박학다재博學多才해 문장도 크게
성취했다. 날마다 성현의 글 읽기를 즐겼으며, 또 용력이 다른 사람
보다 뛰어나고 슬기 있는 꾀가 매우 깊어 문무文武에 걸쳐 재주가 있
었다. 조선과 영토가 다르고 언어가 불통하나 일찍이 조선이 예교禮
敎의 나라임을 듣고 가슴에 흔연히 사모하는 생각이 느즈러지지 않
았다.

선조 임진년에 관백關白 풍신수길豊臣秀吉이 가등청정加藤淸正[52]과
평행장平行長[53] 등으로 대장을 제수해 30만의 대군을 거느리고 와서
침공할 때였다. 뱃머리와 꼬리가 서로 잇달아 바다를 덮고 군대의 깃
발이 천리에 걸쳤다. 청정이 평소부터 충선을 매우 아끼었는데, 이때
청정을 따라 군에 들어오니 그의 나이가 이제 막 22세였다. 충선은
강개해 곧잘 사람들에게 말하곤 했다.

"원래 조선이 예의로써 이름이 있어 세상 사람이 소중화라 칭하는
나라이거늘, 이제 명분 없는 군사를 일으켜 이웃나라를 해치려 하나.
나는 차라리 죽을지언정 종군치 아니하리라."

이렇게 확실히 스스로 딱 잘라 결정을 했다가는 문득, '한 번 조선
에 나아가 예악문물을 보는 것도 내가 원하는 게 아니던가' 하는 생
각이 들었다.

그래 충선은 군대를 거느리고 조선에 남보다 먼저 도착했다. 충선

이 부산 뭍에 내린 뒤에 비로소 조선의 문물과 의관을 보고 크게 기뻐했다.

"오늘에야 내가 알맞은 자리를 얻었도다. 어찌 이와 같은 예의의 백성들과 전쟁을 하리오."

즉시 글을 지어 일반 민중에게 알렸다.

내가 조선을 본래부터 사모해 당신들의 나라를 공격해 정벌할 뜻이 없고 또 그대들을 침범할 뜻이 없도다. 그대들은 각자 마음을 놓고 즐겨 생업에 종사하고, 혹여 달아나 숨어 우리 병사를 피하지 말라. 만일 우리 병사들이 그대들에게 한 사람이라도 잔인하게 굴고 재산을 빼앗는 자가 있으면 목을 베어 그대들에게 사죄하리라.

이 유고문諭告文이 일반에게 널리 알려졌다. 사람들이 그의 말을 믿어 밭을 가는 자는 쟁기를 걷어치우지 않고 장사하는 자도 그대로였다. 이때에 이르자, 충선이 귀순할 마음이 날로 더욱 간절했다. 먼저 밀사密使를 경상병사慶尙兵使 김응서金應瑞에게 보내어 항복할 것을 약조했다. 밀서의 내용은 이러했다.

내가 일찍이 귀국을 흠모해 초야의 백성이 되려 한 지 이미 오래되었으나 아직까지 그 기회를 얻지 못했소이다. 이제야 군대를 이끌고 귀국의 국경을 딛고서야 조선의 문물제도를 보고 귀화할 마음이 용솟음치는 듯하오. 삼가 부하 3,000명을 인솔하고 그대의 병영에 투항해 작은 정성을 다해 조그마한 공이나

마 세우고자하니, 바라건대 내치지 말기를 바라오이다.

응서가 편지를 보고 심중으로 심히 기뻤다. 서찰을 가지고 온 사신을 후하게 대접하고 즉시 회답을 지어서는 말을 달려 보내니, 부하 여러 장수가 일제히 장막에 들어와서 말렸다.

"저 적은 원래 간사하게 속이는 것이 많습니다. 어찌 한 사람의 편지를 접하고 이를 가벼이 믿어 저 간계에 떨어지려고 하십니까."

응서가 말했다.

"그 편지의 뜻이 정성스럽고 정이 두터운 것을 보건대, 거짓 없는 본마음에서 나온 것으로 결코 간사함이 들어 있지 않다. 옛사람의 말씀에 '스스로를 믿는 사람은 남을 의심하지 않는다[自身者 不疑人]' 했다. 사람이 성심으로 나에게 기댈진대, 어찌 나 또한 정성스런 마음으로 받아주지 않겠는가."

그리고 여러 장수들이 간하는 말을 받아들이지 않았다. 여러 장수들은 의혹이 가시지 않아 여전히 그 불가함을 힘써 말하는 자가 많았지만, 응서는 여전히 듣지 않고 다시 글을 보내어 날짜를 약속해 나가서 맞을 준비를 하라고 했다.

약속한 날이 되었다. 충선은 다짐을 지켜 자기가 거느리고 온 3,000명의 군사를 이끌고 응서의 군영에 이르렀다. 응서가 10리 교외에 나가 충선을 영접하니, 충선이 응서에게 존경의 뜻으로 몸을 굽히고 예를 극진히 행했다.

"소장이 비록 재주가 보잘 것 없고 지략이 서투르나 귀국에 귀화할 의사는 일조일석에 일어난 것이 아니오이다. 이것은 저 지난날부터 일찍이 품은 뜻이며 오래 묵힌 계획이었소. 이제 어리석음을 버리고 밝음에 투항하려 하오니, 내치지 말고 우리들을 조선 군대에 넣어주면 보잘것없는 힘이나마 끝까지 충성을 다하겠소이다."

응서가 크게 기뻐하고 손을 잡고 돌아와 상좌에 앉히고, 특별히 예로써 후하게 대했다. 그 뒤 응서와 충선이 함께 작전을 수립하면, 그 한 가지 한 가지 꾀하고 계획을 세운 전략들이 적을 섬멸할 비밀한 계책이 아닌 것이 없었다.

충선이 본래 대포와 조총을 만드는 방법을 익히 알고 있었는데, 이때에 아주 많이 제조했다. 또 휘하의 쇠를 잘 다루는 자를 각 진영에 보내어 그 방법을 가르쳐서 익히게 하니, 조선에 비로소 쇠로 만든 총과 탄약을 만드는 기술이 성행하게 된 첫출발이다.

임금이 이를 들으시고 명을 내려 충선을 부르셨다. 충선이 궁중에 도착하니 무예를 시험하고는 크게 칭찬하시며 상을 내리셨다.

"옛 훌륭한 장수의 기풍이 있도다."

이렇게 말씀하시고 곧장 가선대부嘉善大夫[54]를 내리니, 정한 등급을 뛰어서 벼슬을 내린 것이었다. 이때에 청정이 동래東萊[55]와 기장機張[56]을 함락시키고 곧바로 산으로 달아나 증성甑城[57]에 주둔했다. 충선이 응서와 더불어 군사를 데리고 나아가 성을 포위했다. 충선의 부하는 날랜 군사들로 모두 화포와 검술에는 기이한 재주를 지닌 자들이었으니, 가는 곳마다 나무나 풀이 바람에 쓰러지듯 굴복치 않는 자가 없었다.

마침내 적군을 대파했다. 그러나 얼마 지나지 않아 적이 또 크게 이르러 평안남도 증성甑城에 주둔하고 대단한 위용을 떨치며 우리 군대를 위협했다. 충선이 용감히 나아가 맨 먼저 적의 성으로 쳐들어가 좌충우돌 싸워 크게 무찔렀다. 적이 드디어 갑옷을 버리고 병장기를 끌고선 달아나기 시작했다. 충선이 쫓겨 달아나는 적군을 크게 무찌르니 쌓인 시체가 산과 같고 흐르는 피가 도랑을 이루었다.

이러한 첩보가 내달려 서울에 이르자, 임금이 크게 기뻐해 '충선忠善' 이란 이름을 하사해 포상하시고, 또 후히 상을 내려 그 공로를 드날리시었다. 충선은 소를 올려 은혜에 감사했다. 충선이 군대의 종군한 지 7년 동안 전쟁터에 나가면, 항상 놀랄 공을 세워 한 번도 싸움에 진 일이 없었다. 공을 세운 뒤에도 일찍이 그 전과를 뽐내고 자기의 능력을 우쭐대거나 뻐기지도 않았다.

충선은 나라의 어지러움을 평정한 후에 물러나 대구 삼성산三聖山[58] 아래 우록友鹿 마을에 살 곳을 정했다. 그리고 아내를 얻어 자식을 낳고 명리名利에 욕심이 없어 오직 산수와 사냥을 즐기면서 생을 마칠 계획을 세웠다.

그후에 북쪽 오랑캐가 여러 차례 침범해 들어왔다. 충선이 변경의 근심이 날로 급함을 듣고는 개연히 굳게 마음을 다져먹고 떨쳐 일어났다. 그리고 소를 올려 스스로 대장이 되어서는 근심거리를 쓸어 없애기를 자원했다. 조정에서도 이를 허락하니 충선이 다시 활과 칼을 힘써 잡았다. 충선이 우록마을로 돌아 온 것은, 그로부터 10년이 지나 변방의 근심이 잦아진 뒤였다. 조정에서는 그 공을 칭찬해 정헌대부正憲大夫[59]의 벼슬로 승진시켰다.

이괄李适(1587~1624)[60]이 난을 꾀하다가 반역 죄인으로 죽임을 당했다. 그의 부장 서아지徐牙之는 원래 일본인으로 이괄의 장수가 됐다. 용맹이 무쌍해 말을 타고 달리면 사람이 감히 그 앞에 가까이 가지 못했다. 이를 안 충선이 창을 잡고 뛰어올라, 한 번 출병에 서아지를 선채로 베어 그 머리를 바치니, 조정에서 아지의 노비, 논밭과 집을 그에게 하사해 공을 치하했다.

그후 인조 병자丙子(1636)에 청나라 군사가 크게 닥침에 조정과 민간이 몹시 흔들렸다. 이때에 충선이 비록 연로했으나 충성스럽고 용맹함은 전일에 비해도 쇠하지 않았다. 밤낮으로 길을 더해 서울에 올라가니 임금의 수레는 이미 서울을 떠나 남한산성으로 피란한 뒤였다.

충선이 곧장 쌍령雙嶺[61]에 이르러 청병을 맞아 싸우는데, 용력이 갑절은 전보다 더한 듯했다. 적군의 형세가 크게 어지러워지고 적병이 각자 도주해 흩어졌다. 충선이 이때를 놓치지 않고 진격해 적을 대파해 수천여 명의 머리를 베고, 싸움용 자루에다 적의 코를 베어 꽉 채웠다. 이것은 임시로 임금이 거처하는 곳에 바치려는 것이었다.

충선이 남한산성에 이르렀다. 그러나 조정에서 청나라와 화해하는 논의가 이미 이루어졌단 말을 듣고는, 코를 담은 자루를 땅에 던지며 분해하고 성을 내며 크게 곡을 했다.

"당당한 예의의 나라로서 저와 같은 추한 오랑캐에게 굴복하려 하다니. 춘추존양春秋尊攘의 의리[62]가 어디에 있는가. 나의 한 창이 족

히 백만의 군사를 대항할 것인데, 지금 이 지경에 이르렀으니 장차 어디에 쓰겠는가."

그리고 곧 창을 던지고 의기가 복받치어 원통하고 슬퍼함을 이기지 못하다가 마을로 돌아와 그 뜻을 《모화기慕華紀》에 적바림해 두었다.

충선은 또 가훈과 향약 등도 지었다. 한때 충성과 절의로 이름 높은 이덕형李德馨, 이정암李廷馣, 김명원金命元, 이시발李時發, 김성일金誠一, 곽재우郭再祐, 이순신李舜臣, 김덕령金德齡, 정철鄭澈 등 여러 사람이 모두 매우 그를 공경을 하고 예를 다해, 나라 사람이 모두 그 풍모와 위의를 사모해 생각하지 않는 사람이 없었다 한다.

대구 시내를 벗어나 야트막한 산줄기에 둘러싸인 평범한 농촌 마을, 대구시 달성군 가창면 우록友鹿(사슴을 벗하며 산다)마을이다. 이곳에는 김충선의 생전부터 지금까지 줄곧 사성김해김씨賜姓金海金氏의 후예들이 집단으로 거주하고 있다. '사슴을 벗하며' 살려 했던 김충선의 뜻은 그렇게 400여 년을 이어 장려한 화폭으로 남아있다. 200여 호 가운데 50여 호가 이 가문이요, 전국에 흩어져 살고 있는 후손들까지 따지면 약 4,000명 가량이 될 것이라 한다.

우록마을 입구에서 1백여 미터를 걸어가면 녹동서원이 나온다. 서원 뒤엔 김충선의 위패를 모신 사당 녹동사가 있고, 해마다 3월이면 유림들이 모여 제사를 지낸다. 언급한 바, 이 녹동서원과 사당은 김충선이 세상을 뜬 뒤 유림들이 조정에 소를 올려 지은 것이다. 그리고 1992년부터 이 마을에는 일인들의 방문이 줄을 이으며, '한일 우호 평화의 마을' 로 활성화되었다. 아울러 일본에서 그에 대한 재조명 작업도 눈에 띈다.

9

기이하고 장엄한 일을 한번 보려느냐?

감사監司 박엽朴曄(1570~1623)은[63] 광해조光海朝 때 사람이다. 일찍이 천문지리와 기문둔갑奇門遁甲[64]의 술수에 정통했으며, 또 무예가 절륜해 당당히 옛날 재주와 꾀가 많은 훌륭한 장수의 기풍도 있었다.

광해조에 일찍이 평안감사가 되어 10년이 되도록 다른 벼슬자리로 옮기지 않고 위엄이 서북지방에까지 떨치니 북로北虜[65]가 엽을 두려워해 감히 가까운 변방에는 쳐들어오지 못했다.

이때에 청나라가 세력을 뻗쳐 항상 우리나라의 허실을 엿보았다. 하루는 엽이 막객幕客[66]을 불러 분부했다.

"내가 술과 안주를 갖추어줄 것이니, 너는 이것을 가지고 중화中和[67] 구현狗峴[68] 아래에 달려가 몇 시각을 그곳에서 기다려라 반드시 8

잠시 뒤에 징소리가 나며 홀연 오랑캐 말 십 만 대병이 산과 바다와
같이 장사진長蛇陣을 치며 땅을 감아말며 밀려들어왔다.

척 장신의 외모가 흉하고 영악한 두 건장한 사내가 말을 타고 이곳을 지나칠 게다. 너는 이 두 사람에게 나의 뜻을 전하기를 '너희들이 우리나라에 몰래 왔다간 것이 이미 여러 번이다. 너희들이 비록 은밀히 했으나 나는 천리를 분명히 보는 사람이라, 너희들의 속내와 무엇을 하고 다니는지를 아주 소상히 알고 있다. 내가 어질고 후덕한 마음으로 너희들이 여행하는 괴로움을 위로하련다. 그래, 많이 차리지는 못했다만 술과 안주를 갖추어 보내니, 이것으로 한번 실컷 취하게 마시고 배불리 먹고는, 즉시 발을 돌리어 돌아가라. 만일 그렇지 않다면 결코 용서치 않으리라' 하는 말을 전하고 저들의 행동을 잘 살펴본 연후에 돌아오너라."

막객이 그 사유가 어떠한지는 이해하지 못하고, 다만 엽의 분부에 따라 즉시 술과 안주를 갖추어 구현狗峴에 당도해 그 고개 위에서 기다렸다. 얼마쯤일까, 과연 두 사람의 몸집이 큰 사내들이 허름한 조선인의 복장으로 말을 타고 지나갔다. 막객이 맘속으로 심히 기이하게 여기고 엽의 그 귀신같음에 경탄했다. 그리고는 두 사람을 불러 세워 엽이 말한 것을 일일이 전한 후에 술과 안주를 내놓았다. 막객의 말을 듣자 두 사람이 서로 돌아보더니 얼굴빛이 하얗게 변했다.

"말눈치로 보아 이 사람은 실로 귀신같은 사람일세. 우리들의 행동을 이미 박 장군이 알아챘으니, 계획이 깨어져버렸네."

"만일 저이의 명령을 어긴다면 도리어 우리 몸에 화가 미치는 것을 면치 못하겠는걸."

둘은 보자기를 싼 푸른 실을 풀어서 술을 흠뻑 마셔 모두 취해서는 곧 말머리를 돌려 돌아갔다.

이 두 사람은 즉 청나라 장수인 용골대龍骨大[69]와 마부대馬夫大[70]였다.

두 사람은 우리나라에 몰래 들어와 그 허실을 정탐할 때, 여러 번 복색을 바꾸었다. 혹은 장사치 차림으로, 혹은 승정원承政院 벼슬아치의 하인 복색으로 변장한 일도 있었다. 사람들이 모두 이를 알지 못했으나 엽 한 사람만이 홀로 저러한 눈치를 챘던 것이다.

엽이 일찍이 한 기생을 매우 깊이 사랑했다. 하루는 엽이 기생에게 말했다.

"네가 나를 따라 가서 기이하고 장엄한 일을 한번 보려느냐?"

기생이 말했다.

"원하옵니다."

밤이 되자 푸른 당나귀를 끌어내어 말안장을 준비한 뒤에 기생을 앞에 태우고, 엽은 뒤에 타 양손으로 기생을 안았다. 그리고 기생으로 하여금 눈을 감게 하고는 "절대 눈을 뜨지 말라!" 했다. 말에 채찍을 더하니 귓가에 다만 차디찬 바람소리만 들릴 뿐이었다.

오래지 않아 한 곳에 도착해 채찍을 멈추며 눈을 뜨라 했다.

기생이 정신을 수습해 바라보니, 광막한 야외에 구름처럼 모여 있는 군막이 하늘에 잇닿을 듯하고, 등불과 촛불이 휘황했다. 엽이 기생에게 장막 속의 평상 아래에 엎드리게 하고는 우뚝하니 좌판 위에 앉았다.

잠시 뒤에 징소리가 나며 홀연 오랑캐 10만 대병이 산, 바다와 같이 장사진長蛇陣을 치며 땅을 감아말며 밀려들어왔다. 그 가운데에 한 대장이 말에서 내려 검을 짚고 막중으로 들어와 엽에게 말했다.

"네 녀석이 과연 왔구나."

"그러하다. 나 엽이 왔다."

"오늘은 검술 재주를 겨뤄 자웅을 결정함이 어떠한가?"

엽이 "좋다"하고 칼을 잡아 오랑캐 장수와 평원에서 마주섰다. 검으로 서로 찌르고 치고 하는 상황이 이어지더니, 오래지 않아 홀연 두 사람이 변해 두 줄기 흰 무지개가 되어 공중으로 솟구쳐 올라갔다. 무지개는 가물가물 작아지고 아득해지더니 아예 보이지 않았다. 다만 치고받는 소리만 허공에서 들릴 따름이었다.

얼마 후 오랑캐 장수가 먼저 땅에 떨어져 엎어졌고, 엽이 곧 날아내려와 오랑캐 장수의 가슴을 덮쳐눌렀다.

"내 검술 솜씨가 어떠하냐?"

오랑캐 장수가 용서를 빌었다.

"지금부터는 감히 그대와 우열을 다투지 못하겠소이다."

엽이 웃으며 "아무렴, 그래야지" 하고 장막으로 함께 들어가 술을 내오라해 서로 주고받았다. 오랑캐 장수가 먼저 일어나 "이만 가야겠소"라고 하자, 여러 군사들이 앞뒤를 에워싸서는 올 때처럼 가버렸다.

엽이 기생을 불러 함께 돌아오니 이 오랑캐 장수는 김한金汗(금칸, 淸 太宗)[71], 즉 누르하치[72]요, 그 장소는 곧 누르하치가 무예를 연마하던 곳이었다.

기생이 이 이야기를 세상에 전파했다.

"등불이 방안으로 들어오자 밤이 밖으로 나가버리네[燈入房中夜出外]."

박엽이 어릴 적 쓴 시다. 식감이 있는 자들은 어릴 때 쓴 시에서 종종 미래를 읽곤 한다. 박엽은 저 시처럼 광해군의 폭정을 몰아낸 인조반정仁祖反正으로 비참한 최후를 맞았다. 기록에 따르면 박엽은 학정의 죄를 쓰고 죽임을 당해 효시梟示(목을 베어 높은 곳에 매달아놓아 뭇사람에게 보이는 것)되었으니, 혹 저 시에 그의 앞일을 보인 것이 아닌가 한다.

박엽에 대한 역사의 포폄은 분분하다. 《인조실록》에 보면 "효시되는 날에 이르러서는 한 도의 백성들로서 서로 경하하지 않는 자가 없었으며, 심지어 그의 관을 쪼개고 시신을 난도질하는 자가 있었다고 한다"라고 한 반면, 같은 실록에 "병자년의 난리에 사람들이 '박엽이 만일 살아 있다면, 반드시 이익되는 바가 있을 것이다'고 했습니다"라는 기록도 보인다.

다음은 이덕무의 《청장관전서》 제53권 〈이목구심서 6〉의 기록이다.

박엽의 자는 숙야叔夜니, 사람됨이 호걸스러웠다. 어릴 때 공치기를 좋아했으며 재간이 있어 귀신같이 일을 헤아렸다. 일찍이 신인神人을 만났는데 엽에게 말하기를, "천 사람을 살리면 잘 죽을 수 있다"한 것을, '천 사람을 죽이라'는 말로 잘못 듣고 살육殺戮을 자행했다. 광해군을 섬겨 10년 동안 평안 감사平安監使가 되기를 허락받아 8년을 지냈다. 계해년에 인조가 정난靖難(광해군을 내쫓고 왕위에 오른 인조반정을 말함)한 뒤 사신을 보내어 죽였다.

엽이 죽인 사람이 무려 999명이었는데 마지막 사람에게 형형刑을 가할 적이었다. 큰 아이 하나가 대동강가로 지나가고 있었는데 엽이 머리를 돌려 꾸짖어서 물로 들어가라 하니 아이가 피하지 못하고 물에 뛰어들어 죽었으므로 천 명을 채웠다. 위령威令이 서도西道에 행해져서 건주建州의 오랑캐가 창궐했으면서도 감히 침범하지 못한 것은 엽의 힘이었다.

일찍이 자객刺客을 보내 건주 오랑캐 추장의 모자에 있는 구슬을 훔쳐와 번시番市(오랑캐 시장)에다 팔았는데 오랑캐가 이를 두려워해 복종했다. 죽음에 임해서 탄식했다.

"왜 나를 10여 년만 더 살려 두지 않는가."

아마 박엽은, 정축년의 환란을 미리 알았던 것 같다. 일찍이 장인匠人을 불러 집을 지으면서 대들보를 올리려 할 때에 그 중간에 구멍을 뚫게 했는데, 사람들이 그 까닭을 몰랐었다. 그 뒤 엽이 새문안 대궐을 맡아서 짓는데 대들보가 없었다. 어떤 사람이 엽의 집 대들보가 가장 크다고 해 공장工匠이 가서 기와를 벗겼으나 구멍이 뚫려 있는 것을 보고 그만두었다. 그 집이 아직도 회현방會賢坊에 있다.

권율이 장계狀啓하기를, "입공자효立功自效의 처분을 받은 김응서金應瑞의 치보馳報 내에 '함안에 주둔한 적을 밤에 무찌른 뒤에 원수의 전령에 의하여 군사를 거느리고 장차 운봉雲峯으로 향하려고 할 때 항왜降倭에게 줄 상물賞物을 가지고 온 선전관宣傳官 인원침印元忱을 통하여 소명召命이 있다는 말을 듣고 길을 멈추고 행장을 꾸리던 즈음에 또 왜적 만여 명이 운봉에서 함양으로 넘어 들어가서 곧바로 산음·삼가 등지로 내려가고 있다고 하므로 응서가 곧장 군병과 항왜를 거느리고 더러는 지름길로, 더러는 바른길로 나누어 달려가니 …… 명병과 항왜 등의 참급斬級은 많게는 70여 급인데 분주하게 진퇴하는 동안에 거의 다 흩어져 없어졌으며, 명병은 두 급을 베고, 검첨지僉僉知 사고여무沙古汝武는 두 급을 베고, 훈련 부정訓鍊副正 이운李雲·항왜 동지同知 요질기要叱其·항왜 첨지僉知 사야가·항왜 염지念之는 각기 한 급씩을 베었습니다.' 그리고 왜기倭旗 홍백·흑백의 크고 작은 것 3면面과 창 1병柄 칼 15병, 조총鳥銃 2병, 소 4마리, 말 1필과 포로되어 갔던 우리나라 사람 1백여 명을 빼앗아 오기도 하였다.

—선조 94권, 30년(1597) 11월 22일

10

호랑이를 시켜 공자를 구하게 했군요

그리 오래지 않은 옛날 한 재상이 있었다. 내외가 한평생 의좋게 살며 늙었고 집에는 어린 계집종을 두었다. 나이는 열일고여덟쯤 되었고 얼굴이 하야말가 아름다우며 성품과 도량 또한 곱고 넉넉했다. 부인은 이 계집종을 심히 총애해 수양 딸을 삼았다.

그러나 재상은 이 계집종을 가까이하고 싶어, 날마다 눈빗질로 계집종을 훑으며 몰래 자신의 잠자리까지 시중들게 해 치근대며 갖은 말로 꼬드겼다. 계집종은 재상의 명령을 따르지 않고 부인에게 울며 달려갔다.

"이 천한 년은 이제 죽어야 할까 봐요."

부인이 몹시 놀라 그 연유를 물으니 계집종이 대답했다.

손자는 막 낮은 울타리를 넘어 뛰어 넘었을 때였다.
홀연 한 호랑이가 나타나 울타리 밖에 있다가는 갑자기 손자를
입에 덥석 물고는 가버렸다.

"대감께서 여러 차례 저로 하여금 천침薦枕[73]케 하세요. 만일 명을 따르지 않으면 필경 대감의 매 아래에서 죽을 것이요, 만일 명령을 복종한다면 자식 같이 길러주신 은혜를 입은 몸으로 제가 어찌 부인께 '눈 안에 못'이 되겠어요. 이리저리 여러 가지로 궁리해도 죽는 수밖에 다른 방도가 없으니 저는 이제 죽고자 해요."

부인이 그 뜻을 가련히 여겼다. 그래 상자 속에 잘 넣어 두었던 백은白銀, 청동靑銅과 기타 비녀, 귀고리 등속을 꺼내었다.

"네 말을 들어보니 일의 형세가 실로 이러기도 저러기도 어렵구나. 사람으로 태어나 어찌 헛되이 죽는 것이 옳겠느냐. 내 특별히 네 한 몸을 지탱할 만한 재물을 나눠줄 테니, 너는 이곳에 있지 말고 네 마음대로 어디든 가고 싶은 곳에 가 이것으로 생활을 꾸려나가도록 해라."

그리고는 닭이 울 때를 기다려 대문을 살그머니 열어서는 계집종을 내보내었다. 어린 계집종은 그 은혜에 감동하며 드디어 삼십육계三十六計[74]인 줄행랑을 놓았다. 계집종은 어려서부터 재상 집안에서 양육되었으므로 문 밖에 나가서는 동서를 분별해 판단치 못했다. 오래도록 방황하다가 곧장 큰길만 따라갔다. 남문을 나와 한강진 나루에 점점 가까이 가니 하늘빛이 이미 밝았다. 어디선가 말방울 소리가 나더니, 한 장부가 성큼 뒤를 따라 와서는 계집종에게 말했다.

"네가 어느 곳에 사는 처녀로 이와 같은 식전바람에 홀로 어디로 가려 하느냐?"

"내가 원통한 일이 있어 장차 강에 몸을 던져 죽으려 가오."

"네 나이 보아하니 청춘이거늘 헛되이 죽으려는 게냐. 죽는 것보다 내가 아직 장가를 들지 못했으니 나와 연분을 맺어 사는 것이 어떠하냐?”

계집종이 눈을 슬쩍 들어 그 사람의 용모를 살펴보았다. 나이는 한 서른쯤 되어 보이는데 용모가 맑으면서도 빼어난 것이 깎은선비였다. 머뭇거리지도 않고 허락하니 그 사람이 크게 기뻐해 계집종을 말 위에 앉혀 데려갔다.

그 뒤에 재상 내외가 모두 죽고 자식도 또한 일찍 죽었다. 그 손자가 점점 자랐는데 그동안 집안은 영락해 스스로 생각해 보아도 살아갈 길이 막막했다. 하루는 손자가 ‘평소 선대의 노비가 각처에 흩어져 있다는 말을 들었으니, 지금 만일 추노推奴[75]를 하면 재물을 얻을 길을 있으리라’ 하고 생각했다. 그리고는 단신으로 길을 나섰다. 어떤 곳에 이르러서 여러 사내를 불러들여 놓고 호적을 보여주며 말했다.

“너희들은 모두 우리 선조 때 종붙이었다. 그동안의 세금을 거두려고 왔으니 마땅히 너희들은 남녀 머릿수에 따라 세세히 갖추어 내라.”

여러 사내들이 입으로는 비록 응낙했으나 마음으로는 좋지 않은 생각을 품었다. 그래, 손자에게 방 하나를 골라 저녁밥을 차려주며 머무르게 하고는 그날 밤 무리를 모아 죽이고자 으밀아밀 모의했다. 이러한 짬짜미를 알 턱이 없는 손자는 먼 길을 걸었기에 깊이 잠들었다가, 홀연 한밤중에 여러 사람의 발소리와 수런수런하는 소리가 나 얼핏 잠이 깼다. 손자는 속으로 괴이하게 여기며 벽에 귀를 바짝 붙이고는 몰래 들어보았다. 곧 여러 사람이 문을 열고 먼저 계획한 일을 받고 채기로 서로 떠넘기며 미루는 것이 아닌가. 손자가 비로소 그 계획을 깨닫고는 크게 놀라 몰래 몸을 일으키어 북쪽 벽을 차 넘어뜨리고는 나와 줄행랑을 놓았다.

　이를 안 여러 사내들이 우끈하며 어떤 이는 칼을 들고, 어떤 사람은 커다란 막대를 갖고, 어떤 이는 문 안에서 후다닥 뛰어 나오며 뒤를 쫓아오니, 손자는 생때같은 목숨을 구할 뾰족한 묘책이 없었다. 손자가 막 낮은 울타리를 뛰어 넘었을 때였다. 홀연 한 호랑이가 나타나 울타리 밖에 있다가는 갑자기 왈칵 달려들어 손자를 입에 덥석 물고는 가버렸다. 여러 사내들은 손자가 호랑이에게 물려 가는 것을 보고 서로 돌아보며 가가대소해댔다.

　"우리들의 손을 수고로이 하지 않으려고 제 발로 호랑이에게 물려 가버렸어. 이 아니 하늘 뜻인가."

　이때에 호랑이가 비록 손자를 물어 가기는 했으나, 다만 옷의 뒷덜미만을 물어 휙 돌려 등 위에 업은 것이었다. 그렇게 밤새도록 몇 십 리를 달렸는지 알 수가 없었다. 한곳에 가서 손자를 번쩍 들어 땅에 떨어뜨렸다. 손자의 살가죽은 털끝만큼도 상처를 입지 아니 했으나 정신은 혼미하고 숨이 막힐 지경이었다. 그래 인사불성이다가 잠시 후에야 놀란 가슴을 진정하니 정신이 살아났다. 눈을 뜨고 둘러보니 한 커다란 촌락에 인가가 즐비한데, 자기는 어떤 대문 앞에 누워있고 호랑이는 아직도 그 곁에 주저앉아 있었다. 날이 새려는지 어둠에 밝은 빛이 서서히 얹혔다.

　이때에 그 집 사람이 물을 긷기 위해 문을 열고 나오다가 갑자기 땅위에 쓰러진 사람과 커다란 호랑이를 보고는 화들짝 놀라 급히 집 안으로 달려 들어가며 소리쳤다.

"커다란 호랑이가 방금 문 앞에 와서 사람을 물어 죽였다."

집 안 사람들이 늙거나 젊거나 제각각 큼지막한 몽둥이를 가지고 뛰어 나왔다. 이를 본 호랑이가 비로소 느릿느릿 몸을 일으켜 하품을 하고 기지개를 켜면서 천천히 달아났다. 여러 사람들이 쓰러져 있는 사람을 보니 별로 부상을 당한 곳은 없었다. 부축해 일으킨 후에 그에게 자초지종을 물으니, 손자가 그제야 정신을 수습한 후에 사실의 전말을 죽 털어놓았다.

그 집 사람들이 하 이상한 이야기에 모두 탄식함을 그치지 못했다. 그 집의 주모主母[76]가 와서 손자를 한참 바라보다가 그의 얼굴 생김에서 무엇인가를 알아차린 듯 집의 안채로 들어오게 했다.

"그대가 혹 서울 아무 마을에서 사시던 아무개 판서判書의 장손으로, 어릴 때 이름이 아무개가 아닌가요?"

손자는 깜짝 놀랐다.

"나는 과연 아무개 판서의 손자이거니와 노파가 어찌 나를 아시는 게요."

늙은 여인이 슬픔과 기쁨이 뒤섞여 손자의 손을 잡고 눈물을 흘리며 슬피 울고서야 말을 이었다.

"내 어릴 때 귀댁의 계집종이 되어 공자의 할머니께 은혜를 받았지요. 오늘날 이와 같이 유복하게 살아가는 것도 모두 부인의 은덕이 아닌 게 없답니다. 내 나이 이제 오십이 멀지 않지만, 한시인들 왕대부인王大夫人[77]의 은혜를 잊은 적이 없지요. 다만 서울과 시골이 떨어져 있어, 소식이나 편지가 뚝 끊어진 지 이미 30여 년이 지났지

만서도. 그 사이에 대감 내외 두 분께서는 필연 세
상을 뜨신 지 이미 오래되셨을 테고. 아버님께서
는 살아계실지라도 이미 예순의 나이에 가까우
실 테고. 공자가 벌써 장성해 이와 같이 노성해
점잖고 의젓하시지만, 아직 어린 시절 모습이
남아있어 내가 공자인줄 기억했나보군요. 공
자의 가계가 매우 어렵게 되어 이러한 위태함
을 만났으니, 실로 옛날 일을 생각하니 눈물만 납

니다. 그러나 큰 난리 가운데에 떨어졌을 때에, 만일 범이 아니었더
라면 공자가 어찌 화를 피하야 이곳에 왔겠는지요? 실로 천고의 기
이한 일입니다. 왕대부인이 살아계셨을 때에 남들에게 적선한 일이
많으시더니. 이는 크고 넓으신 하늘이 묵묵히 도우시려고 산군山君
(범을 달리 이르는 말)을 시켜 공자를 구한 듯싶군요. 또 우리 집에 도
달케 한 것도, 나로 하여금 옛 은혜에 보답케 하려는 것이고요.”

　이렇게 말하고 한 편으로는 매우 기뻐하고 한 편으로는 탄식하더
니, 여러 아들을 두루 불렀다.

　“이 공자는 옛날 나의 상전이니 너희들은 일일이 현신現身(아랫사람
이 윗사람에게 처음으로 뵘)하도록 해라.”

　그리고 또 여러 며느리와 딸들을 불러 또한 현신케 한 후에 음식을
성대히 차려 잔치하고, 또 새로운 옷을 지어 입힌 뒤에 여러 날을 머
무르게 했다. 늙은 여인의 여러 아들들은 모두 씩씩하고 성질과 심성
이 괄괄하니 거칠고 사나워 무부武夫의 기풍이 있었다. 또 많은 재산

을 가지고 있어 한 고을 안에서는 큰소리깨나 치는 자들로 어느 누구
도 감히 어찌하지 못하는 지위에 있었다. 그런데 이제 돌연 뜻하지
않게 그 어머니가 일개 빌어먹는 걸인을 맞아들여서는 '상전'이라
부르고, 저희들은 모두 저 사람의 종이라 하니, 만일 '이것이 다른 사
람들에게 새어나가기라도 한다면 반드시 고을 안의 수치가 되리라'
해 분노가 그득했다.

그러나 그 어머니의 성품과 도량이 심히 엄격해, 감히 그 뜻을 어
기지 못하고 어쩔 수 없이 명을 따르는 것이지만, 속으로는 딴 생각
을 품었다. 그렇게 하루를 묵고는 손자가 늙은 여인에게 말했다.

"내가 집을 떠난 지 이미 오래되었소. 돌아갈 마음이 화살과 같으
니 나를 속히 돌아가게 해주시게나."

"아직 며칠만 더 머물러 계시는 것이 좋겠습니다."

그리고 그날 늦은 밤에 여러 아들들이 깊이 잠든 것을 보고 여인이
손자에게 은밀히 말했다.

"공자께서는 내 여러 아들의 기력을 보지 못했는지요. 저 아이들이
비록 나의 명으로 부득이 앞에서는 따르나 그 마음을 속속들이 헤아
리기는 어렵습니다. 공자가 만일 단신으로 집에 돌아가시다가 중도
에서 혹 뜻밖의 사태를 만나 화를 만나실지 알 수 없는 일이에요. 공
자는 깊이 생각해 보세요."

생의 얼굴색이 창백해졌다.

"그러면 장차 이 일을 어찌하면 좋겠소."

"나에게 한 계책이 있어요. 이 꾀로 공자의 근심을 구할 도리가 있

는데 공자께서는 제 말을 따르시겠는지요?"

"아, 나를 구할 방도만 있다면이야, 어떤 것인들 따르지 않겠소."

"나에게 늦게 얻은 딸아이가 있는데, 이름은 홍낭紅娘이라 합니다. 나이가 열여섯을 넘었는데 제법 자색이 있답니다. 제 집안이 비록 한 골 나가는 양반은 아닙니다만, 다행히도 딸 아이의 사람 됨됨이가 그윽하고 덕과 아름다운 모습은 군자의 좋은 짝이 되는데 부끄럽지 않지요. 아직 사윗감을 택하지 못했으니, 이 아이를 공자에게 시집보내어 소실로 삼게 하려는데 어떠하신지요?"

손자가 갑작스레 이 말을 듣고 우물쭈물 즉시 대답하지 못하니 늙은 여인이 말했다.

"공자가 내 말을 들으면 목숨을 구할 것이나 그렇지 않다면 반드시 뜻밖의 화를 면치 못할 겝니다. 공자는 깊이 생각하세요. 내가 옛 주인의 은혜를 갚기 어려워 이러한 꾀를 생각한 것이랍니다."

손자가 급히 깨달은 바가 있어 만면에 기쁜 빛을 띠고는 이를 허락했다.

홍랑의 꽃다운 나이는 열일곱 살이었다.

어릴 때부터 총명하고 용모가 뛰어난 것이, 얼굴이 아름답고 고왔다. 또한 성품과 도량이 온화하고도 순해 미인의 색과 숙녀의 덕을 아울러 갖추었다. 이러한 일이 있기 여러 날 전에 홍랑이 한 꿈을 꾸었는데, 손자가 대극방천관大極方天冠을 쓰고 보랏빛의 노을 옷을 입고 파려선玻瓈扇[78]을 부치고 신선이 타고 다닌다는 오색의 구름을 그린 수레인 오운거五雲車를 타고 홍랑의 집으로 들어오더니, 곧장 그녀가 거처하는 별방으로 향해 대청 아래에 수레를 멈추었다. 그리고 성큼 대청마루 위에 올라서서는 별방으로 쑥 들어와 싱긋 웃는 얼굴이 두 손으로 움켜쥘 수 있을 만큼 가까이 다가오니, 손자의 눈동자 속에 놀라는 홍랑의 눈부처가 완연히 보였다.

홍랑이 깜짝 놀라 일어섰다.

"아니, 어떤 외간 남자가 남녀의 예를 알지 못하고 감히 인가의 여인 방에 들어와 처녀를 맞대하려는 게요."

그러자 생이 대답하기도 전에 한 붉은 옷을 입은 시녀가 홍랑의 앞에 와서 존경하는 마음으로 몸을 굽혀 두 번 절했다.

"소저는 어찌해 낭군 되실 분을 알지 못하시나요. 이 공자는 소저와 삼생三生[79]의 아름다운 약속을 맺으신 군자이십니다. 어서 공자와 수레를 함께 타고 길을 떠나세요."

홍랑이 이 말을 듣고 홀연 두 뺨이 발그스름해지며, 수줍고 부끄러워 감히 머리를 들지 못했다. 손자가 홍랑의 손을 잡고 나가서 수레 위에 함께 앉자, 바람에 가볍게 팔랑 나부껴 질풍과 같이 달아나버리는지라 홍랑이 애걸했다.

"제가 그대를 따라서 갈지라도 저의 모친에게 이러한 뜻을 고백하고, 또한 떠나는 인사치레를 한 뒤에 함께 가셔야 하지 않겠어요."

그러나 손자가 이 말을 들은 척도 않아서, 홍랑이 얼굴을 가리고 크게 울다가 놀라 깨니 곡소리가 아직도 입에 그대로 있는 듯했다.

이때에 홍랑의 어머니가 밤늦도록 잠을 이루지 못하다가 홍랑이 크게 가위눌리는 소리를 듣고 급히 홍랑의 방에 뛰어 들어가니, 딸이 이제 막 몸을 일으키어 등불을 켜려는 중이었다. 홍랑의 어머니가 까닭을 물으니 홍랑이 꿈 이야기를 하나도 숨김없이 고백하고는 어머니에게 물었다.

"꿈에 나타난 일이 이렇듯 괴이해요. 어머니, 생게망게한 이 꿈이 길몽이에요, 흉몽이에요?"

"이것은 길몽이란다. 머지않아서 네 천생배필을 맞게 될 꿈이야."

이러한 이야기를 주고받은 지 하루가 지나 뜻 밖에 범이 손자를 업어 왔고, 또 그 모습이 홍랑이 꿈속에서 보았던 공자와 꼭 같았던 것이다. 홍랑의 어머니는 크게 기뻤다. 큰 은혜가 되는 옛 상전을 만난 것도 기쁨이거니와, 겸하야 상전 사위를 얻게 되었으니 환희의 속내가 과연 어떠했겠는가. 그래 홍랑의 어머니는 이런 꿈자리에다가 여러 아들이 마음속에 불평을 품어 장차 손자를 해코지하려는 것을 눈치 채고, 홍랑을 시집보내려 한 것이다. 그래 은밀히 홍랑과 짜고 지금 손자에게 의논성 있게 이러한 말을 붙인 것이었다. 늙은 여인이 생에게 청해 승낙을 받은 후, 다음 날 여러 아들들을 불러 말했다.

"내 상전댁 공자를 보아하니, 비록 가난해 의지할 곳이 없는 처지에 있으나 그 용모가 준수하고 풍채가 조용하고 품위가 있는 것이 높은 대감大監의 지위에 오를 상이다. 신랑감으로는 이 사람보다 나을 자가 없으니 홍랑을 이 공자에게 시집보내 백년가약을 맺게 하련다. 노비였던 신분의 딸로 주인의 짝이 되는 것은 분수에 지나치는 일이기는 하나 이는 하늘이 맺어준 연분이니, 사람의 힘으로 좌우치 못하는 게다. 또 우리 집으로서는 더할 수 없는 영광 아니냐. 너희들은 이

틀 안으로 여러 가지 혼인할 준비를 갖추되, 더 이상 딴말 마라."

여러 아들들이 목소리를 이어 대답하고 물러나와 혼사 용품 일체를 풍부하게 준비해, 당일로 대청에서 전안성례奠雁成禮[80]를 한 후에 걸판진 잔치를 벌였다. 인근 마을의 노인들을 불러 크게 대접하고 신혼부부는 삼일신방三日新房[81]을 차리게 했다.

홍랑의 어머니가 사위를 넌지시 불렀다. 짬짜미를 하려는 셈이었다.

"공자가 이미 제 딸과 혼인한 이상에는, 예법에 따라 사흘 후면 신부를 데리고 시집에 들어가지 않으면 안 될 것입니다. 그러나 지금 공자는 집안이 망해 스스로 생계를 꾸리시기 어려운 상태에 있습니다. 제가 이와 같이 부를 누리는 것은 모두 공자 할머니 은덕이라, 제 재물을 반분하야 공자에게 드리리다. 이 정도면 족히 농사나 장사를 하지 않더라도 풍족하게 평생을 지내실 수 있을 것이니 사양치 마세요."

그리고는 상자 속에 간수해 두었던 토지문권을 꺼내 똑같이 반분했다. 생은 사양하지 못해 드디어 그 문권을 받아 품속에 소중히 넣었다. 홍랑의 어머니가 또한 여러 아들에게 명했다.

"상전주인이 내일 장차 돌아가실 때 홍랑도 함께 간다. 공자가 탈 말 한 필과 가마와 가마를 끄는 말 한 필, 그리고 짐 싣는 말 여러 필을 속히 준비해 대기시켜라. 그리고 너희들 중 아무개와 아무개도 함께 상경했다가, 돌아올 때에 상전주인의 친필 서찰을 받아 와 나에게 보여 평안히 행차한 것을 알게 해라."

이러하니 여러 아들이 분주히 명을 받들어 자질구레한 것까지 낱낱이 준비했다. 새신랑은 홍랑을 데리고 무사히 서울에 도착한 후에 편지를 써서 돌아가는 사람에게 주었다. 이후 신랑의 집안형편이 넉넉해졌다. 금과 비단이 창고에 넘치고 일을 부리는 자들은 넉넉했기에 북촌北村[82]의 대가로 불리게 되었다.

여러 해 뒤에 신랑은 문과에 급제해 직위가 이조정랑吏曹正郎[83]에 이르렀으며 부부간의 금슬이 좋았다. 두 부부는 이렇게 즐거움을 누린 지 30여 년이 지나, 몇 해를 전후해 각기 이 세상을 떠났다.

'은혜' 갚는 이야기는 참 많다.

딸의 목숨을 살려준 은혜를 풀을 묶어 갚았다는 '결초보은結草報恩'의 유래나, '은혜 갚은 두꺼비', '은혜 갚은 까치' 등이 그렇다. 이 이야기에서는 재상 부인의 은혜를 입은 여인이 그 손자에게 은혜를 갚는다.

"남모르게 덕을 베풀면 반드시 그에 따른 복을 받고 남모르게 덕을 행했다면 반드시 환하게 드러난다[有陰德者 必有陽報 有隱行者 必有昭明]."

이 말은 기원전 1세기 전한前漢의 유학자 유향劉向이 지은 《신서新序》라는 책에 보이는 손숙오孫叔敖의 이야기에 나오는 것이다. 흔히 들 '음덕양보陰德陽報'라 한다.

손숙오가 어릴 때 일이다. 하루는 오가 밖에 나가 놀다 집에 와서는 밥을 먹지 않고 걱정에 빠져 눈물만 글썽거렸다. 그래 그 어머니가 물으니 "제가 오늘 머리가 둘 달린 뱀을 보았습니다. 옛날부터 이런 뱀을 보면 죽는다고 했으니 곧 저는 죽을 것입니다"라고 하더란다. 아마 저 때에는 머리 둘 달린 양두사兩頭蛇를 보면 죽는다는 속설이 있었나보다. 그래서 어머니가 그 뱀이 어디에 있느냐고 물으니 손숙오는 이렇게 말했다.

"그 뱀을 또 다른 사람이 보면 죽을까 걱정이 돼 묻어버렸습니다."

"남모르게 덕을 베풀면 반드시 그에 따른 복을 받고 남모르게 덕을 행했다면 반드시 환하게 드러난다"는 이때 오를 달래며 어머니가 한 말이다. 물론 손숙오는 죽지도 않았고 공부를 해서 후일 초나라의 재상이 되었다.

11

홀로 관서에 있을
옥소선이 들어와
마음자리에 앉았다

그리 오래되지 않은 옛날에 한 재상이 있었다. 일찍이 관서백關西伯[84]이 되어 부임할 때, 외아들을 함께 데리고 갔었다. 그 아들이 책방에 앉아서 학업을 닦다가 하루는 봄 경치를 감상하기 위하야 방자를 데리고 털빛이 검푸른 당나귀를 타고는 부벽루浮碧樓[85]에 갔다. 모란봉牡丹峯[86]과 능라도綾羅島[87]를 손가락으로 가리키며 경치를 찾아 이리저리 서성이다가 돌아가는 것을 잊어버렸다.

그때 문득 바라보니 영명사永明寺[88] 앞으로 열여섯쯤 되는 예쁜 아가씨가, 계집종 한 명을 데리고 자박자박 걸음을 옮겨 부벽루로 향하다가 생이 있는 것을 보고 돌연 걸음을 돌려서는 살짝 곁눈질하며 머뭇거렸다.

한 식경쯤 흘렀을까, 조심스럽게 방문이 열리더니 얼굴을 단장한 옥소
선이 나와 휘움한 난간 위에 오도카니 서서는 설경을 감상했다.

생이 이를 보니 정신이 하나도 없어 어찌할 바를 모르다 고개를 돌려 방자를 쳐다보며 물었다.

"저 여자가 사대부집의 처녀이냐? 아니면 기생이냐?."

"사대부가의 처녀로서야, 어찌 이와 같이 번화한 백주대로에서 산보를 하겠습니까. 물을 것도 없이 필시 이 성내에 있는 기녀가 틀림없습니다."

생이 방자의 말을 듣고는 크게 기뻐했다.

"저 여인이 만일 네 말마따나 기녀이고 보면 내가 특별히 가까이하는 것이 결코 어려운 일은 아닐 터, 너는 내 명이라 하고 저 여인을 불러오너라."

방자가 "예예" 대답을 하고 곧장 그 어린 기생의 앞에 성큼성큼 가서는 생의 분부를 전했다. 이 시대는 지금과 같지 않아 방백方伯 수령의 자제일지라도 한 도와 군 안에서는 위세와 권력이 당당하야 감히 그 명령을 어기는 자가 없었던 터였다. 그 어린 기생의 이름은 옥소선玉簫仙[89]이었으니, 아름다운 자질과 총명한 재주는 무리에서 출중했다. 또 시서詩書를 이해하고 노래와 춤을 잘 했다.

이때는 춘삼월 상순께였다. 봄을 맞은 성에 꽃은 흐드러지게 피어 있고 만물은 소생해 한창 자라나니, 강산의 기이하고 빼어난 경치는 형형색색이 되었다. 비록 병이 든 자라도 다시 숨을 돌리어 웅크리고 있던 몸을 일으키게 하고, 근심에 싸인 자조차도 즐거움으로 족히 바꿔놓을 만했다.

이와 같은 좋은 때를 맞아 옥소선도 봄을 감상하는 마음과 사내를 그리워하는 춘정이 자기도 모르는 새에 발끈 솟구쳤다. 그래 시비를 데리고 을밀대를 거쳐 모란봉에 올랐다가 영명사를 지나서 부벽루로 향하려던 차였다.

갑자기 방자가 생의 명령을 전하니 생게망게 한 것이 정신이 어찔해 깜짝 놀랐으나, 한 도의 방백아들이 부르니 감히 이를 어기지 못할 것이었다. 부득이 방자의 뒤를 발맘발맘 따라 가 생의 앞에 몸을 살짝 구부리고 두 번 나부시 절해 처음 뵙는 예를 행했다.

이때에 생의 나이 아직 채 스물이 못 되었으며 또 아내를 맞이하지도 않았다. 생이 옥소선을 한 번 보니, 기쁜 마음이 가슴 저 아래서부터 세차게 솟았다. 드디어는 옥소선에게 가까이 지내기를 바라니 옥소선도 생의 풍채가 준수한 것이 깎은서방님임을 보고 또한 흠모했다. 옥소선이 생에게 좋은 말로 화답하고는 생을 이끌어 자기 집으로 돌아왔다. 이로부터 꽃 피는 아침과 달 밝은 밤엔 멋스럽게 놀고 즐겁게 지내었다.

이와 같이 한 지 여러 달이 되자 관서백도 이를 알게 되었으나, 외아들을 지나치게 사랑했기에 과히 깊이 책망치는 않았다. 그렇게 얼마간의 시간이 흐르고 관서백이 벼슬을 내놓고 돌아가게 됐다. 관서백이 하루는 그의 아들이 옥소선에게 정을 끊지 못할 것을 근심해 외아들을 불러들였다.

"듣자하니, 네가 이미 어느 기생에게 정을 두고 있다더구나. 허나 네가 사내라면 사랑쯤은 단 칼에 벨 줄 아는 결연함이 있어야 하느니라."

"아버님께서는 너무 걱정 마옵소서. 나이 어린 남아의 잠시 풍류호사에 불과하옵니다. 어찌 한갓 사랑 따위에 마음이 끌려 잊지 못하겠습니까.”

　관서백이 이 말을 듣고 속으로 다행히 여겼다. 생은 떠나는 날에도 옥소선과의 이별을 애틋하게 여기는 마음이 조금도 없어 보였으며, 서울에 돌아오자 관서백은 아들을 한 산사에 보내어 세 해 겨울 나기를 기약하고 글공부에 부지런히 힘쓰게 했다. 생은 조용히 산방에서 책을 읽었다.

　하루는 낮부터 내리던 소담스런 눈이 막 그친 저물녘이었다. 흰 눈 위에 흰 달빛이 가만사뿐 얹히자 생의 마음에는 소선이 얽힌지라, 책을 덮고 쓸쓸히 밖에 나와 홀로 난간머리에 의지해 눈과 달의 경치를 감상할 때였다. 밤이 깊어 아주 고요하니 온갖 소리를 거두어 가고 사방을 둘러보아도 사람은 그림자도 없었다. 산은 은으로 단장한 듯하고 숲은 옥으로 만든 떨기 같았다. 구름 사이의 외로운 학은 무리를 잃고 슬피 울고, 바위 골짜기의 외로운 짐승은 짝을 부르는 듯 아프게 부르짖었다. 생이 이러한 자연의 오묘함을 곰곰 새겨보니, 철에 따라 자연의 변함을 느끼는 심회가 처연했다.

　홀연 관서의 옥소선이 마음에 들어와 앉았다. 어여쁜 모습하며 단정하고 아름다운 얼굴이 어릿어릿 눈 가운데에 있어, 그리움이 샘 솟듯 했다. 머리를 두어 번 세차게 흔들어 떨치려 해도 잊지 못하며, 암만 생각하지 않으려 해도 저절로 떠오르니 맹분孟賁과 하육夏育의 용맹[90]으로도 가히 억제치 못할 것이었다. 생이 이렇게 밤을 하얗게 지새우고 동녘 하늘이 희붐하니 먼동이 틀 무렵, 주변 사람들 몰래 혼자 가시지팡이에 짚신을 신고 약간의 노잣돈만 가지고는 산문을 나서 곧장 관서로 가는 큰길을 향해 떠났다.

다음 날에 산방의 여러 중들과 그의 함께 공부하던 사람들이 크게 놀라 사방을 찾아보았으나 끝내 생의 모습은 없었다. 급히 생의 집에 사람을 보내 전갈하니 온 집안이 놀라서 또한 두루 찾아보았으나 찾지 못해, 끝내는 호랑이나 표범에게 잡아먹힌 줄로 알고 슬프고 원통해하는 참상은 이루 말로 표현하기 어려웠다.

집안이 저러할 때, 생은 험한 길을 떠난 지 육칠일 만에 평양에 도착했다. 옥소선의 집을 찾아가니 그녀는 보이지 않았다. 다만 그녀의 노모만 있다가 생의 행색이 초라한 것을 보고 차디차게 째지는 눈흘김질을 주는 것이, 어째 전혀 반기는 마음이 없었다. 생이 민망함을 겨우 참고 물었다.

"그대의 딸이 지금 어디에 있소?"

노모가 쌀쌀맞게 말대답했다.

"몇 개월 전부터 신관 사또 자제의 수청을 들러 한 번 관아에 들어간 후로는 아직까지 밖으로 나오지 못하나이다. 그런데 서방님은 어찌 천리 먼 길을 걸어 오셨소?"

"내 서울에 간 뒤에도 옥소선을 잊기 어려워 간장이 마디마디 모두 끊어지려 하기에, 지금 천리를 멀다 않고 허위허위 달려온 것이오. 오로지 한 번만이라도 얼굴을 보았으면 해서요."

옥소선의 어미가 냉소했다.

"천리타향에 공연히 헛걸음질만 하셨소 그려. 나는 이곳에 있었지

마는 아직도 딸년 얼굴조차 보지 못했는데, 하물며 서방님께서야 어
떠시겠소. 일찍이 속 차리는 것만 못하니, 속히 돌아 갈 길에나 오르
시는 게 낫겠수.”

그리고 쌀쌀맞고 매섭게 치마똑을 싹 여미며 돌아서니 안으로 맞
아들일 뜻이 조금도 없었다.

생이 “아아!” 탄식하고 문을 나왔으나 갈 곳이 없었다. 한참을 우두
커니 서 있다가 문득 감영의 이방과 친숙한 일을 떠올리고는 즉시 그
의 집을 찾아 문간을 들어서니 이방이 놀라 일어나 맞았다.

“아니, 도련님 같은 귀공자께서 천리 먼 길을 걸어서 이렇게 행차
하실 줄은 실로 꿈에도 생각지 않았습니다. 무슨 까닭으로 이곳에 오
신 것입니까?”

생이 이에 측연히 눈물을 떨어뜨리며 그 이유를 죄다 털어놓았다.
이야기를 다 들은 이방은 머리를 흔들어댔다.

“어휴, 이것은 실로 큰 어려움이오이다. 지금 새로 오신 사또의 자
제가 이 기생을 총애하야 잠시의 틈도 떨어지지 않으니 말입니다. 여
하간 지금은 얼굴을 볼 방법이 전혀 없고, 소인의 집에서 며칠만 머
무르시면 만나볼 기회를 엿보겠나이다.”

이방은 접대를 아주 관대하게 했다. 생이 이방의 집에서 무료하게
여러 날을 보낸 어느 날이었다. 하루는 큰 눈이 몹시 쏟아지는데 이
방이 생을 불렀다.

“알 수 없습니다만, 오늘은 거의 한 번 볼 기회가 있을 듯합니다.
그런데 글방물림인 도련님이 이 일을 하실까 모르겠나이다?”

"만일 내가 옥소선의 얼굴을 한 번 볼 도리만 있다면 죽음도 피하지 않을게요. 하물며 그 밖의 일이야 말해 무엇 하겠소."

"눈이 오셨으니 내일 아침에 읍내에서 인부를 선발해 관가 마당의 눈을 쓸어낼 것입니다. 소인이 도련님으로 하여금 책방의 눈을 쓰는 일을 맡길 것이니, 이와 같이하면 혹여 이때를 타서 잠시 만나 볼 기회를 얻을 수도 있을 듯싶으이다."

생이 흔연히 이 말을 따라 천인의 복장으로 바꾸어 입고는 눈을 쓸러 들어가는 인부들 무리에 섞여 들어가 책방의 뜰을 쓸어낼 때였다. 눈을 쓰는 척하며 슬쩍, 힐끗, 자주 대청 위를 보았으나 시간이 흘러도 옥소선의 발꿈치조차 보지 못해 마음속으로 심히 번민했다.

한 식경쯤 흘렀을까, 조심스럽게 방문이 열리더니 얼굴을 단장한 옥소선이 나와 휘움한 난간 위에 오도카니 서서는 설경을 감상했다. 생이 비질을 멈추고 눈을 맞추니, 옥소선이 생을 보고 홀연 얼굴색이 변해서는 방 안으로 들어간 뒤에 다시 나오지 않았다. 생이 맘속으로 심히 한스러워 무료히 나오니 이방이 맞았다.

"도련님, 그 기생을 보았소?"

생이 "휴우"하고 긴 한숨만 지었다.

"잠시 얼굴을 볼 기회를 얻었으나, 저가 나를 보더니 본숭만숭 방 안으로 들어가서는 다시 나오지 않습디다. 아니 사람이 어찌 이렇게 몰인정한 게요."

"도련님도, 기생의 마음은 본래 이와 같은 겝니다. 인정이 후함과 박함을 겉으로 드러내어, 옛것은 가차 없이 보내고 새것을 맞이하는

것이 저들의 본색이거늘 책망할 것까지
야 뭐 있겠습니까."

생이 속으로 생각하니 모양새가 우스워
진퇴가 모두 다 어려운지라, 마음이 번거롭고
답답하니 괴로웠다.

옥소선은 생의 얼굴을 잠깐 보곤, 곧 생이 서울
에서 이곳까지 온 이유가 자기 때문인 줄을 겉짐작했
다. 마음대로라면이야 한달음에 나와 생의 손이라도 잡고
싶었으나 책실冊室[91]이 잠시도 떨어지지 못하게 해 어찌 하기가 곤란
했다. 생을 그렇게 보내고는 백방으로 몸을 빼낼 생각을 하다가 한 계
책을 얻었다.

그래서 책실을 대해 갑자기 눈물을 흘리며 비통한 모양을 하니, 책
실이 놀라서 물었다.

"네가 무슨 까닭으로 이와 같이 슬퍼하는 것이냐?."

옥소선이 얼굴을 가리고 대답했다.

"소첩은 형제도 가까운 친족도 없답니다. 그래 집에 있을 때는 이
렇게 눈이 오는 날이면 제가 친히 돌아가신 아버지 묘소의 눈을 쓸어
드렸지요. 이번 큰 눈은 쓸어줄 사람이 없으니 이 때문에 슬퍼하는
겁니다."

"그러면 내가 지금 관가 노비를 시켜 눈을 쓸게 하지."

옥소선이 만류하며 말했다.

"이것은 천부당만부당합니다. 이것이 관가의 일이 아닌 이상에 이

추운 날에 부당히 소첩의 선산 눈을 쓸게 하다니요. 그뿐 아니라 소첩이 친히 행한 후에라야 돌아가신 아버지에 대한 효성이지요. 돌아가신 아버지의 묘가 성 밖 오리쯤에 있으니 오고가는 시간이 몇 시간에 불과하니, 소첩이 가서 눈을 쓴 뒤에 돌아오겠습니다.”

책실이 그 정성을 칭찬하고는 즉시 이를 허락했다.

이때 옥소선이 책실에게 고하고 곧장 자기 집으로 가서 어미에게 물었다.

“어머니, 서방님이 이곳에 오지 아니했는지요.”

“수일 전에 왔다가 네가 없기 때문에 즉시 돌아가라고 말했지. 그 뒤에는 다시 만나지 못했다.”

“어머니도, 왜 이곳에 머무르시게 하지 않으셨어요?”

“네가 이미 없는데, 무슨 잇속이 있다고 데리고 있으란 말이냐?”

“그렇다면 어느 곳으로 가신다고는 말했습니까?

“나도 묻지 않고 저도 말하지 않고 갔으니, 어디로 갔는지 내 어찌 안단 말이냐.”

옥소선이 “아아!” 탄식하고 발끈 화를 내며 모로쇠로 잡아떼는 그 어미를 책망했다.

“인정이 어찌 이와 같으세요. 저이가 재상가의 귀공자로 천리 먼 이곳에 오신 것은 온전히 소녀를 위한 것이거늘, 어머니께서 어찌 저이를 잡아두시고 소녀에게 몰래 소식을 넣어주지 않았습니까? 어머니가 그토록 쌀쌀맞게 대하시니 저이가 어떻게 이곳에 머무를 수 있겠어요?”

눈물을 흘리면서 생이 있는 곳을 찾으려 했으나 물을 곳조차 없었다. 그러다 홀연 이전 사또시절 이방이 늘 책실 도련님과 친근하던 일을 생각하고 속가량으로 '혹여 이곳에서 머무르시지나 않나' 했다. 이에 황망히 걸음을 옮겨 찾아가보니 과연 생이 이곳에 있었다.

생은 옥소선이 온 것을 보고는 엎어지고 넘어지며 나가 맞았다. 두 사람은 슬픔과 기쁨이 뒤얽혀 손을 답삭 움켜잡고는 이냥 서있었다. 한참을 있다가 눈물을 훔치고 옥소선이 결심한 듯 입을 열었다.

"얼마나 고생하셨는지 눈이 다 때꾼해지셨네. 제가 서방님을 보고서 돌아선 것은 사정이 여의치 않아서였어요. 이제 이대로 손을 잡고 도망하는 게 좋겠어요."

둘이 함께 그녀의 집으로 돌아왔을 때, 마침 어미는 없었다. 옥소선이 궤짝에 넣어두었던 오륙 백쯤 되는 은돈을 꺼내어 보자기에 싸서 다시 이방에게 가서 한 필의 말을 세내 달라했다.

"말을 세내는 것은 오고갈 때에 종적이 드러나기 쉽답니다. 마침 우리 집에서 기르는 두 필의 좋은 말이 있으니 이것을 쓰세요."

이방은 이렇게 말하고 또 40냥을 내어 노자로 삼게 했다. 생이 이방에게 두터이 인정 베풂을 사례하고, 즉시 옥소선과 함께 길을 나서 양덕, 맹산[92]의 지경에 들어와 맑고 한갓진 곳에 방 하나를 구해 머물게 되었다.

이때에 신 감사의 아들은 옥소선이 오래 지나도록 오지 아니함을 괴이하게 여겼다. 그래서 사람을 시켜 탐문했으나 모습이 없어 옥낭자의 어미에게 물었다. 그 어미 또한 놀라서 사방으로 찾았으나 찾지를 못했다.

저쪽에서 애타게 찾을 때쯤, 옥소선은 집안일을 정돈하고 생에게 말했다.

"서방님께서 부모님을 등지고 이곳에 오신 것은 부모에게는 죄이지요. 속죄할 방법은 오직 과거에 급제하는 것이요, 과거에 급제하는 방법은 학업에 있어요. 의식의 근심은 첩에게 맡기시고 지금부터 학업을 닦으셔서 과거를 보러갈 준비를 하세요."

생이 이 말을 따라 밤낮으로 글공부에 힘쓴 지 몇 해 뒤, 마침 조정에 경사가 있어 과거를 설치하고 선비를 뽑는다는 말이 돌았다. 옥소선이 생에게 권해 이 시험에 응시케 했다. 생이 집을 떠나 상경했으나 그의 집에 들어가지 못하고 객사에 머물렀다. 과거 날이 되자 시험장에 나가 과제를 보고는 써서 시험지를 내고 방이 붙기를 기다렸다. 착실히 한무릎공부 한 보람이 있었는지 과연 장원으로 선발되었다. 임금이 생의 아버지인 이조판서를 불러들였다.

"내 일찍이 들으니 경의 외아들이 산사에서 독서하다가 호랑이에게 물려갔다 들었는데, 지금 새로운 장원을 보니 분명히 경의 아들인 듯 하오만. 아비의 직함을 대사헌이라 적었으니 이것이 한 의문이구려."

"신도 또한 의아스러우나 신의 아들이 결코 살아있을 리가 없사옵니다. 세상에 혹여 같은 성명의 사람이 있지 않은 바는 아니나, 아비와 자식까지 이름이 같다는 것은 실로 드문 일이옵니다.

임금이 과거에 급제한 사람을 명해 부르셨다. 생이 명을 받고 입시함에 이판이 보니 정말 그의 아들이 아닌가. 부자가 상봉하고 눈물을 흘리며 안정치 못하니, 임금이 책상을 두드리며 "거참, 기이하도다. 기이해"라고 하시며 말했다.

"네가 패자悖子[93]가 아니로구나 과거에 급제해 아비의 이름을 드러 냈으며 아비 하는 일을 이었으니 효자로고. 그리고 옥소선의 지조와 마음 씀씀이 또한 저리도 뛰어나고 착하니 참으로 이든한 여인이로 고. 천한 창기의 부류가 아니로다."

그리고는 특별히 신분을 올리어 부실副室[94]을 삼게 했다. 생이 그 은총에 감사하고 아버지를 모시고 집에 돌아온 후, 즉시 옥소선에게 길 떠날 채비를 해 데려와서는 부실을 삼었다. 온 집안에 경사스럽고 기뻐하는 모습이 안팎으로 넘쳤다.

그 뒤에 생은 옥소선과 검은 머리 파뿌리가 되도록 함께 했다고 한다.

"나무는 한 번 자리를 정하면 절대 움직이지 않는다."

김하인의 《국화꽃 향기》라는 연애소설에 나오는 구절이다.

사랑은 정신의 승낙 없이 시작해, 선택의 추인을 강요하는 무례한 녀석이다. 도련님의 가슴속에 턱하니 자리 잡은 옥소선에 대한 사랑 도 그렇다. 아무런 상관없는 '사람'에서 '저 사람'으로, 저 사람에서 '그 사람'으로, 그 사람에서 '이 사람'으로, 급기야는 각막에 맺힌 상이 가슴으로 내려와 둥지를 틀고 앉아 '내 사람'이 된다. 이것을 우리는 사랑이라 부른다. 이 사랑이 바로 마음이다. 그래 《맹자孟子》

〈고자告子〉 상에 공자의 이런 글귀가 있다.

"잡으면 있고 놓으면 없지. 나고 드는 것이 시도 때도 없으니 그 향방을 알 수 없는 것은 오직 마음이란다[操則存, 舍則亡. 出入無時, 莫知其鄕, 惟心之謂與]." 이런 무뢰한이요, 만무방인 사랑, 즉 마음을 끝내 어르고 달래어 지켜준다는 것은 꽤 어려운 일이다.

두 연인, 신분으로 따지자면 애당초 말이 되지 않는 소리다. 저 당시, 양반 댁 도련님과 기생의 관계다. 사랑이란 언감생심이다. 변심한들, 연인이 아니었으니 어불성설이다. 해, 나는 저 도련님의 사랑을 '지고지순至高至純' 이라 부른다. '더할 수 없이 높고 순수하다' 는 '지고지순' 말이다.

12

청홍 부채 두 자루를 주며 실없는 농을 하였다

부채를 예물로 아내를 얻은 양희수

봉래蓬萊 양사언楊士彦(1517~1584)[95]의 아버지는 유람하는 버릇이 있었다. 일찍이 말 한 필과 한 아이만을 데리고 멀리 북관北關[96]을 유람하다가 백두산白頭山에 올라 신비한 경치를 보고 돌아오는 길에 안변安邊[97]을 지날 때였다. 말에게 꼴을 먹이려 객줏집을 찾으니 집집마다 문짝을 모두 닫아 걸어놓았기에 이리저리 둘러보며 방황했다. 길가 서너 발자국쯤 냇가 바위가 조용한 가운데 한 작은 집이 있었다. 닭과 개 소리가 섞어작으로 들렸다.

양이 집 앞에서 문을 두드리니 한 나이 어린 낭자가 안에서 나왔다. 나이는 십이삼 세쯤이고 아리잠직한 몸매에 용모가 아름답고 행동거지가 온화하고 부드러웠다.

내가 다만 맏먹이를 청했거늘, 사람에게까지 먹을 것을 주는 것은 어찌된 연유인고.

"나는 먼 길을 가는 사람이다. 우연히 이곳을 지나다가 말에게 꼴을 먹이려고 했더니 집집마다 객줏집 문이 모두 닫혔으므로 돌아다니다 이곳에 온 것이란다. 그래, 네 집 주인은 어디 계시냐?"

"오늘 마을에서 수계修契[98]하는 날이므로 모두 문을 닫고 이 계 모임에 가셨어요. 제 아버지께서도 여기에 가셨고요."

"어허 이것 참, 먼 길에 사람은 고달프고 말도 노곤하니, 예서 먹을 것을 좀 구하려 한다만……."

"이는 심려치 마셔요. 제가 비록 예의를 알지는 못하오나 손님을 모시고 말먹이는 것을 도와드리겠어요."

그리고 즉시 부엌에 들어가 말죽을 안치고 솥에 불을 때 말에게 먹였다.

양楊은 이때 날씨가 무더워 옷을 풀어헤치고 나무 그늘에서 쉬고 있었다. 잠깐 있으니 낭자가 새로 만든 돗자리를 나무 아래에 펼쳐놓고 부엌으로 들어가더니 얼마 안 되어 밥을 차려 내왔는데, 산나물 안주와 들나물이 아주 정결했다.

양이 처음에 그 대접하는 것이 자상하고 민첩하며, 행동거지에 법도가 있음을 보고 맘속으로 심히 감탄했다. 더욱이 돌연히 맞이한 손님을 갖추어 접대함에 그 조리가 있는 것을 보고는 놀라며 낭자에게 말했다.

"내가 다만 말먹이를 청했거늘, 사람에게까지 먹을 것을 주는 것은 어찌된 연유인고?"

"말도 저렇게 노곤한데, 어찌 사람이 굶주리지 않았겠어요. 또 말은 먹을 것을 주는데 사람에게 음식 대접을 하지 않는다면, 이 어찌 사람을 천히 여기고 짐승을 귀하게 여기는 것이 아니겠어요?"

양이 더욱 낭자의 말이 고와, 나이는 얼마이며 부모의 내력을 조근조근 물어보았다.

"소녀의 나이는 열셋이고 부친은 촌사람으로 농사를 짓지요."

이러하니 양이 속으로 '허참, 이와 같은 궁벽한 시골 농사꾼의 집에 어찌 저와 같은 단정하니 아름답고, 영리한 여자 아이가 있음을 생각이나 했겠는가' 했다.

양이 길을 나서면서 말먹이 값을 어림셈 쳐주려 하니 낭자가 굳이 손사래를 치며 받지 않았다.

"손님을 접대하는 것은 사람 사는 집이라면 응당 해야 할 일이에요. 만일 그 값을 받는다면 풍속이 아름답지 못할 뿐만 아니라, 부모의 꾸중 또한 면치 못할 거여요."

양이 상자 속에 넣어두었던 청홍 부채 두 자루를 주며 실없는 소리를 했다.

"이 쥘부채를 너에게 채단綵緞[99]으로 주려는데 받겠느냐?"

낭자가 이 말을 듣고 즉시 방 안으로 종종걸음 쳐 들어가서 상자 속의 붉은색 보자기를 꺼내가지고 와서는 양의 앞에 풀어놓으며 말했다.

"이것이 채폐綵幣[100]라 하신다면 막중한 예물일진대 어찌 손으로 주고받겠어요."

양이 더욱 탄식했다.

"먼 시골 촌가에 어떠한 여인이 이토록 영형寧馨[101]한 아이를 낳았
는고?"

그 뒤에 양이 집으로 돌아와 승지承旨[102]로 재직할 때였다. 하루는
한 시골 사람이 뜰 아래 와 절했다.

"소인은 안변에 사는 아무개 촌사람이옵니다. 영감께서 어느 해,
어느 때에 안변 아무 곳을 지나다가 아무 촌가에 들어가 말에게 꼴을
먹이시고 그 집 소녀에게 청홍 부채를 준 일이 있으신지요?"

"그러한 일이 있었네만, 자네는 누구이며 그 일을 어찌 아는가?"

"그때 그 아이는 제 여식이옵고, 저는 그 아이의 애비 되는 사람이
옵니다. 그 아이가 금년에 열다섯이 되어서 장차 혼인을 의논하려 하
니 딸아이가 말하기를 영감에게 폐백을 받았다 하고는 죽기로 다른
사람에게 시집가기를 받아들이지 않습니다. 여러 방법으로 꾸짖고
책망을 해도 끝내 죽어도 마음을 변치 않는다하니, 소인이 그 뜻을
돌리지 못하겠기에 지금 한양 천리를 마다 않고 온 것입니다."

양이 "허허" 웃었다.

"내가 이미 반백일세. 어찌 어린 낭자에게 뜻이 있어 그러했겠는
가. 다만 그 영민함을 아끼고 또 말먹이 값을 받지 아니 하기에 다만
줄부채를 준 것일세. 내가 말한 이른바 '예물이라' 함은 한때의 헛된
말이거늘, 어찌 이를 곧이 믿는단 말이냐. 설령 자네의 딸을 나에게
시집보낸다 할지라도, 내가 아침저녁 사이로 죽는다면 어린 낭자의
꽃다운 나이가 어찌 애석하지 않겠는가. 자네는 돌아가 내 뜻을 말하
고 좋은 사윗감을 택해 시집보내고, 다시는 망령된 생각을 하지 못하

게 하게나.

촌사람이 "예예" 하고 듣고는 돌아갔는데, 열흘쯤 뒤에 다시 찾아왔다.

"소인이 영감의 뜻으로 백방으로 구스르고 얼르기도 하며 이해하도록 타일렀으나 끝내 듣지 않고 저렇게 죽음으로써 오금을 박는구먼입쇼. 저도 실로 어찌할 도리가 없어 난감할 뿐이니, 원컨대 이 아이를 데려와 영감의 소실로 두셨으면 합니다만."

양이 별 도리가 없어 이를 허락하고 그 딸을 들여 소실로 삼았더라.

양은 주부主簿 벼슬을 지낸 양희수楊希洙이니 천품이 순후하고 자질과 성품이 단아하고 깨끗한 군자였다.

홀아비로 산 지 10여 년에 아내를 얻을 생각이 없고 여인을 가까이 하지도 않았다. 그는 오직 거문고와 글로 스스로 즐기며, 평생에 근실함이 없었다. 그저 산수간을 여기저기 돌아다니는 즐거움에 빠져 집에 돌아가는 것조차 잊고 지내는 게 일이었다.

그런데 '우연히 장난삼아 한 말이 사실이 되는 격'으로 한때의 빈말이 마침내 백년의 가약을 맺게 된 것이다. 허나, 안변 낭자의 굳은 뜻을 어기기 어려워 부득이 소실을 삼았다고는 하나 가까이 하지는 않았다. 안변 낭자가 소실이 되어 들어온 뒤에 다만 그 지조가 가상함을 칭찬하거나, 또 먼 곳에서 온 뜻을 위로하는 정도에 그칠 뿐이었다. 조금도 정을 두터이 하려는 빛을 보이거나 한방에 함께 머무르지도 않았다. 안변 낭자가 사랑채에 홀로 머무른 지 여러 개월이 지났어도 무심하니 그렇게 세월만 보냈다.

하루는 가묘家廟[103]에 참배하고 내당에 들었다가, 집 안의 뜰이며 정원에 물을 뿌리고 빗자루질을 해 청결한 것하며, 가구와 그릇이 가지런히 정돈된 것이 너무나 살림살이가 깔끔해 며느리에게 물었다.

"몇 달 전만해도 우리 집은 아침저녁 끼니때우기가 어려운 처지여서 온갖 것이 모두 거칠고 지저분하니 다스려지지 않았는데, 요즈음에는 돌연히 전의 모습이 없어졌구나. 또 나에게 맛있는 음식을 주는 것이 끼니때마다 한 번도 빠지지 않으니 어떻게 해 이렇게 된 게냐?"

"모두가 안변 서모의 덕입니다. 안변 서모가 온 뒤부터 아버님 말씀대로 이렇게 변했습니다. 안변 서모는 여자이지만 바느질과 방적은 오히려 그리 중요치 않은 일에 속하고, 집을 다스리는 모든 것이 결코 예사 사람이 아니었습니다. 닭소리와 함께 일어나 종일토록 부지런히 움직여 시나브로 형편이 펴더니 요사이 부쩍 집안 살림이 이렇듯 풍요롭게 된 것입니다. 그러니 모두 서모의 공이옵니다. 또 서모는 그 성품과 행동이 순박하고 후덕해 말과 행동에 품위가 있으며 얌전하십니다. 제가 평소에 여러 여염집의 여인들을 보았습니다만, 일찍이 서모와 같은 분은 보지 못했습니다."

그러며 칭찬을 입에 다 담지 못했다.

양이 그 말에 감격해 그날 밤에 소실을 불러 앞에 앉히고 시험해 이야기를 나눠보았다. 며느리의 말처럼 행동하는 것이 그윽하면서도 한가로우며 맑고도 정숙한 모습은 보통 사람이 넘볼 일이 아니었다. 더욱이 그 현숙하고 총명 민첩한 식견은 옛사람에 비해도 조금도 손색이 없었다.

이때부터 심히 사랑하고 중히 여겨 한방에서 거처했다. 그렇게 함께 지낸 지 몇 해가 되자 두 아들을 연년생으로 낳았다. 두 아들은 모두 생김새가 단정하고 총명해 깨달음이 빨라 모든 일을 나이에 비해 올되게 하니, 양도 두 아이를 애지중지했다.

"내가 만년에 즐거움을 누린 것은 모두 다 안변 소실의 덕이다."

그 큰 아이는 이름을 사언士彦이라 하고 둘째 아이는 사준士俊[104]이라 했다.

사언은, 즉 양봉래이니 형제가 점차 장성하야 각기 팔구세가 됐다. 소실이 하루는 집을 지어 각기 따로 머물기를 청하고는 자하동紫霞洞[105] 푸른 시내가 휘감아 흐르는 산골짜기 경치 좋은 곳에 집을 이어 그 어귀에 문을 높고 큼직하니 세워달라 했다.

양이 그 뜻은 자세히 알지 못했으나 허락했다. 하루는 중종中宗[106] 께서 날씨가 갓맑고 화창한 때를 타서 여러 사람을 데리고 자하동에 행차하시어 봄 경치를 감상하고 돌아가는 길에 때마침 폭우를 만났다. 흐르는 물이 더욱 불어나니 임금이 부득이 한 집으로 몸을 피해 들어갔다. 집 안이 깨끗하고 퍽 많은 꽃과 초목이 활짝 피어 맑은 빛은 눈길을 뺏고 은은한 향기는 코끝을 스쳤다. 임금이 누구의 집인지를 물으니, 수행하던 벼슬아치가 모르겠다고 했다.

잠시 후에 두 어린 아이가 보였다.

용모가 준수하며 옷차림이 산뜻하고 뚜렷해 천리마처럼 뛰어났는데, 중종의 앞에 달려와 몸을 굽혀 두 번 절을 올려 예를 갖추었다. 임금이 어린아이들이 사랑스러워 뉘 집 자식인지를 물으니 즉 양희

수 소실의 딸이였다.

　임금이 언뜻 보시고도 선풍도골임을 칭찬하시고 그 학업 닦은 것을 물어보니 이미 《논어》와 《효경》을 통달했고, 또 문장이 물 흐르듯 해 글의 품격까지 제법 갖추었다. 또 운을 불러 시를 짓게 하니, 부르는 대로 거침없이 응대해 조금도 막히거나 걸리는 것이 없었다.

　임금이 크게 칭찬을 더했다.

　"이 두 아이의 학문의 진전은 어림하지 못하겠구나."

　잠시 뒤에 임금을 모시는 사람들이 모두 비를 처마 끝에서 피하다가 서로 돌아보며 머뭇거리면서 말을 하지 못하고 입만 달싹대거늘, 임금이 그 까닭을 물으니 수행하던 벼슬아치가 말했다.

　"주인집에서 장차 음식을 내려고 해 아뢰옵니다."

　"그래, 그럼 올리라 하려무나."

　말이 떨어지자 곧 음식을 정성스레 한상 차려 내왔다. 음식은 모두 담박하면서도 먹음직하고 맛깔스럽게 차린 찬으로 맛 또한 매우 좋았다. 임금이 짧은 시간에 음식을 갖춰 내온 것을 놀라워하시며 상을 후하게 내리셨다. 이것은 안변 소실이 선견지명이 있어 그날 저러한 일이 있을 줄 미리 알고, 자하동에 집을 짓고는 두 아이와 함께 이곳에서 거처한 것이니, 후일 두 아들이 조정에 이름이 알려져 출세하기를 바라서였다.

　임금이 환궁하실 때에 사언의 형제를 함께 데리고 궁으로 돌아오신 후에 동궁東宮[107]을 불렀다.

　"내가 오늘 나들이를 나가 두 사람의 신동을 얻었구나. 이 아이들의 풍채가 준일하고 미목이 청수하야 세속의 기운을 벗어났으니, 후일 너를 보필할 만한 신하감이다. 자라거든 반드시 크게 기용해 공적이 뚜렷한 사업을 이룰 수 있도록 해라.”

이렇게 말씀하시고 춘방春坊[108] 가어사假御使를 제수하게 하신 후에 궐 내에 오래도록 머물게 하셨으니 동궁과 나이가 엇비슷해서였다. 그러나 사람이 총명하고 준수해 가슴에 큰 뜻과 큰 재주를 담고 있을지라도 운수가 기이하고 때가 이롭지 않으면 또한 어찌하기가 어려운 것이 사람 사는 세상이라. 세상 사람들이 다 인정하는 평판이 있고, 또 명종明宗 임금에게는 속마음이 통하는 친한 벗이 되었으나 운명과 재수가 기구해 높은 벼슬자리에 올라 이름을 세상에 드러내지는 못했다. 다만 후일 문과에 급제해 벼슬이 겨우 안변 부사에 이르렀다.

사언이 일찍이 그 불우함을 탄식해 시를 지었으니 이러했다.

구슬 같은 미인 삼신산[109]에 떨어져 있고	美人如玉隔三山
강호 10년에 수염만 허옇게 뒤덮여버렸네	十載江湖鬢雪斑
원컨대 밝은 달밤에 속마음 부치고 싶어서	願寄衷情明月夜
부드러운 바람 옥으로 된 난간에 불어대네	和風吹入玉欄干

이 시는 그가 자신의 불우함에 슬퍼져서 속이 상해 지은 것으로 생각을 의탁함이 꽤 깊다. 한 시대의 헌걸찬 선비로 이와 같이 불행한 환경에 빠져 때를 만나지 못한 것은 실로 애석한 일이다.

이러한 일이 있은 후에야 비로소 사언의 어미가 돌아와 희수에게 그 사실의 전말과 자하동에 집을 지은 까닭을 죽 이야기하니 희수가 심히 놀라워했다.

"당신은 실로 뒷일을 밝게 보는 지혜가 있구려. 내가 능히 미칠 바가 못 되는구려."

여러 해 뒤에 희수가 알 수 없는 병에 걸렸다. 사언의 어미는 밤에도 허리띠를 풀어놓지 않고 의원을 맞아 약을 조제해서는 달이는 데 지극 정성을 다했다. 그리고 약을 달이는 짬짬이 몰래 상자 안에 감추어 두었던 작은 칼을 꺼내어 숫돌에 갈았는데 집안사람들은 이를 알지 못했다. 얼마 뒤 희수가 마침내 불귀의 객이 되었다.

사언의 어미는 몹시 슬퍼했으니, 예법을 지나쳐 삼일이 지나도록 한모금의 물조차 입에 넣지 않았다. 성복成服[110]하는 날이 되고 일가붙이가 모두 모였다. 사언의 어미가 목을 놓아 곡을 하다가 자리에 나아가 친척들에게 말했다.

"오늘 많은 문상객들이 모두 이 자리에 모이시고, 여러 상제들도 있는 자리에서 제가 한마디 부탁할 일이 있습니다. 여러 분들은 제 말을 옳이 여겨 따라주시겠는지요?"

"아, 서모께서 현숙함으로 우리에게 부탁하시는 것인데, 어찌 따르지 않을 이치가 있겠소."

상제들과 일가붙이가 모두 이렇게 말하니, 사언의 어미가 한숨을 크게 내 쉬며 서글프게 말을 이었다.

"내가 다행히도 이 집에 소실로 들어와 두 아들을 두었지요. 아시다시피 아이들은 됨됨이가 비록 준수하지는 못하나 그리 우매한 편도 아닙니다. 그러나 우리나라의 법이 천한 출신은 문중의 대열에 서지 못하고 또한 청현淸顯[111]의 직책을 얻을 수 없다하니, 이 아이들이 비록 성인이 된들 장차 어디에 쓰겠어요. 이 자리에 계신 여러분들이 비록 은혜와 사랑을 베풀고 허물없이 가까워 내 살아생전에는 차별이 없다 하지만, 내가 죽은 후에는 서모의 복[112] 밖에 입지 못할 것이요, 이렇게 되면 적자와 서자가 분명히 드러날 것이니 이 아이들이 어찌 세상에 행세함을 얻을 수 있겠어요. 내가 마땅히 오늘 자결하여, 대감의 상중에 임시변통으로 함께 치루면 적서의 차별은 없을까 싶군요. 원컨대, 여러분들은 이 사람을 애처롭고 가엾게 여기어 첩으로 하여금 죽어 구천 바닥에서 한을 품게 하지 말아주셨으면 하오."

이러한 말을 들은 상제들과 일가붙이들이 모두 한마디씩 했다.

"이 일은 우리들이 마땅히 좋은 도리로 상의해 차별이 없게 할 것입니다. 어찌 죽음으로써 다짐장을 놓으시려는 겁니까."

사언 어미는 여전히 눈물을 흘리며 구슬피 말을 받았다.

"여러분들의 말씀은 너무나 고맙소만, 아무래도 내 한 번 죽음만이야 하겠는지요."

말을 마치자 어찌해 볼 틈도 없이 품속에서 작은 칼을 꺼내어 양공楊公의 관 앞에서 자결했다.

여러 사람들과 일가붙이들이 모두 크게 놀라 애달파 안타깝게들 여겼다.

"이 분이 현숙하신 성품으로 천금같은 당신 몸을 죽여, 뒷일을 이처럼 간절히 부탁하셨으니 그 유언을 우리가 저버리지 말아야 할 것일세."

그리고 이에 일가붙이들이 상의해 봉래를 서모에게서 난 아우로 대하지 않고 양씨 집안에서 적서의 차별을 철폐했다.

그래 이러한 어미의 심긴 사연으로 봉래가 장성한 후에 이름이 천하에 넉넉히 알려졌어도, 세상 사람들은 그가 서자임을 알지 못했다고 한다.

양사언의 집안은 이후 조선 팔도에 '출세한 서자庶子의 가문' 으로 널리 알려졌다. 양사언은 서자 신분으로 이례적으로 문과에 급제한 조선시대 대표적 서예가다. 사람들은 양사언과 두 아우인 사준士俊, 사기士竒를 '삼걸三傑' 이라고 불렀다. 양사언의 아들인 양만고楊萬古(1574~1654)도 문과에 급제했다. 또 양사언이 평창, 강릉 등 여러 고을의 수령으로 돌며 선정을 해, 떠나는 고을마다 모두 송덕비가 세워졌다 한다. '건너다보니 절터' 라 한다. 저 이야기만 듣고도 그 성품을 대략 짐작할 수 있다.

물론 이 모든 것은 어머니의 사랑 때문이다. 따지자면 자신의 목숨과 아들의 인생길을 바꾼 어머

양사언의 〈비飛〉

니의 사랑이 어디 양사언에 한하겠는가. 마땅히 이 땅에 뿌리박고 살아가는 모든 어머니된 자들은 저러할 것이거늘, 구차한 필설로 감당 못해 이만 놓는다. 대신 곁다리 글로 양사언하면 떠오르는 시조, 지금도 인구에 회자되어 초등학생까지도 줄줄 외는, "태산이 높다하되 하늘 아래 뫼이로다. 오르고 또 오르면……"라는 작품에 대한 새 학설이 있어 소개한다.

이 시조는 조선 중기의 유명 학자인 일재一齋 이항李恒(1499~1576)의 것일 개연성이 많다. 이항의 《일재집》을 보면 책 말미에 유사遺事 부분에 다음과 같은 글이 있다(이종묵, 《조선의 문화공간》 2, 휴머니스트, 2006, 107쪽 참조).

"선생(일재 이항)께서 일찍이 노래歌를 지으셨는데 수업을 하는 짬짬이 글 배우는 아이들에게 그것을 부르게 해 공부를 열심히 하게하고 신명도 나게 했다. 그 노래는 이러하다.

'누가 태산이 높다고 말했나? 그 또한 하늘 아래 있는 산일뿐인 걸. 오르고 또 오르면 그 꼭대기에 오를 수 있는 것을. 사람이 스스로 오르지는 않고서 항상 태산만 높다고 하네[誰云泰山高 自是天下山 登登復登登 自可到上頭 人旣不自登 每言泰山高]."

'삼부오속의 차' 라는 말을 회자시킨 김니

참판 김니金柅(1540~1621)[113]의 호는 유당柳塘이니 선조 때 사람이다. 어려서부터 총명하고 영특했다. 10여 세쯤, 서재에서 책을 읽다가 무료함을 달래려 여러 아이들과 함께 시냇가에서 노닐 때였다. 어떤 사람이 큰 잉어를 낚시질했는데 흰 수염에 붉은 색 비늘이 덮였으며 큼지막한 입에 몸은 길쭉한 것이 어른 팔뚝만큼은 했다. 어부가 잉어를 모래 위에 놓으니 몸을 뒤쳐 펄떡이며 유당을 향하야 완연히 눈물을 떨어뜨려 구해주기를 바라는 모양을 지었다.

유당이 이를 보고 가엾고 불쌍한 마음이 일어났다.

"옛사람의 말에 '군자는 그 살아있는 모습을 보고 차마 그 죽임을 보지 못한다'[114] 했으니 과연 이를 말하는 것이로구나."

하루는 기녀 여러 명이 짙게 얼굴을 곱게 단장하고 옷을 잘 차려 입고
답밤에 찾아 와서는 온갖 아양을 떨며 갖가지 자태를 보였다

그리고는 후한 값을 쳐 그 잉어를 사서는 물에 놓아주었다. 잉어가 처음에는 지쳐서 굼신 못하다가, 잠시 뒤에는 조금 기운을 내 유연히 가더니, 휘 돌아 공을 향해 고개를 몇 번 주억거리고 꼬리를 흔들며 감사를 표하는 모습을 지었다. 이 이야기를 들은 부형과 어른들이 큰 소리로 칭찬했다.

"이 아이가 겨우 포대기에서 막 벗어 난 어린 나이로 이렇게 인자함이 미물에까지 미치니 앞으로 꽤나 장성하겠는 걸."

나이가 열다섯을 넘어서니 풍채가 뛰어나고 뜻이 맑고 높았다. 그 나이쯤이면 누구나 여인에 대한 연정을 가질 법도 하련만, 유당은 제아무리 아름다운 여인을 보아도 한 번도 마음자리가 흔들리지 않았다.

그가 사는 읍내에 여러 명의 이름난 기생이 있었다. 부유한 집 자제들은 이 기생들의 용모에 반해 천금을 주고서라고 사귀어 즐거움을 나누기를 바랐다. 그렇지만 여인들은 눈길 한 번 주지 않고 번번이 차갑게 손사래 치더니만, 유당의 풍채를 보고는 모두가 사모했다. 하루는 기녀 여러 명이 얼굴을 곱게 단장하고 옷을 잘 차려 입고 달밤에 찾아와서는 온갖 아양을 떨며 갖가지 자태를 보여 그 뜻을 흔들었다. 그러나 유당은 털끝만치도 동요치 않고 얼굴색을 바로하고 거절했다. 이러함에도 기녀들은 여전히 만반의 준비를 갖춰 여러 차례 와서는 가까이하기를 바랐다.

유당은 이러한 기생들이 퍽 싫고 괴로웠다. 하루는 한 꾀를 생각해 내어 검은깨 한 움큼을 상 아래에 감추어두었다. 그날 밤에도 또 기녀들이 찾아와서는 하느작거리는 교태로운 몸짓에 간드러진 목소리로 노래를 부르고, 음악을 연주하며, 백방으로 유혹했다. 유당은 묵묵히 단정히 앉아 움직이지 않으며 조금도 응하는 빛이 없었다. 밤이 꽤 깊도록 기생의 무리는 가지 않았다. 깊은 밤 한 허리에 걸린 달빛이 휘영청 창호에 들었다.

유당이 몰래 상 아래의 검은깨를 한 줌 집어 머릿속에 넣고는 오른손으로 천천히 빗질했다. 검은깨가 어지럽게 방바닥에 "투두둑" 떨어지니 꼭 머릿니가 쏟아지는 듯했다. 그러자 유당이 황망히 이를 잡아서는 손톱으로 죽이는 시늉을 하니, 기녀들이 이를 보고는 기겁을 해 모두 몸을 피하며 서로 돌아보고 "까르르" 웃어댔다.

"어머나, 저것 봐! 이가 저토록 많은 사람을 어떻게 가까이해."

기생들은 다시 오지 않았다.

그후 유당이 풍천豊川[115]에서 고을살이를 할 때 일이다.

하루는 읍내에 사는 한 농민이 소장을 올렸다.

소인의 집에서 여러 해 기른 큰 소가 있는데 어떤 흉악한 놈이 한 짓인지 소의 혀를 잘라버려 꼴을 먹지 못하옵니다. 원컨대 사또의 밝으심으로 그 범인을 잡아 법에 따라 처리해 주시기를 바라나이다.

이를 보고 유당이 농민을 불렀다.

"허다히 많은 사람 중에 어떤 자의 행위인줄 어찌 알고 이를 조사해 사실을 알아내겠는가? 허나 한번 시험할 것이 있으니 자네는 어서 가서 그 소를 이리 끌고 오게나."

소 주인이 관가의 뜰로 소를 끌고 오니 유당이 읍내에 거주하는 농민을 집집마다 불러모았다. 그리고는 각기 한 바가지의 물을 떠서는 소에게 마시게 시켰다. 어떤 사람의 차례가 되었는데 그릇을 들고 소 앞으로 가까이 가니, 소가 갑작스레 놀라 펄쩍 길길이 뛰고 소리를 치며 슬피 울었다. 유당이 아랫사람에게 명해 그 사내를 잡아 형장을 치며 추궁케 했다. 얼마 지나지 않아 그 사내가 자기가 한 짓이라고 자백을 했고, 법에 따라 조치하니 관리와 백성 모두 그 신령스럽고 밝은 이치에 감복했다.

또 한번은 쌍성雙城(지금의 함경남도 영흥. 조선을 건국한 이성계의 고향이기도 하다)에서 있었던 일이다. 유당이 할 일 없이 한가로울 때 관아의 문서, 장부 등을 한번 훑어보고는 모두 기억해 버렸다. 빠진 것이 하나도 없어 그때 사람들이 그 천재성을 감탄하고 칭찬하지 않는 사람이 없었다. 하루는 관아 안에 불이나 각종 문서가 모두 타버렸다. 토지에 관한 여러 사항을 기록한 지적地籍도 또한 그 속에 있었기에 수령 이하 관아 사람들이 큰 걱정을 하지 않을 수가 없었다. 쌍성의 수령은 일찍이 유당과 예부터 정의가 있는 터라, 글을 보내어 뒷갈망을 잘할 방법을 물으니 유당이 글을 보고 즉시 수레를 재촉하야 쌍성에 도착했다.

쌍성 고을 수령이 반색을 하며 맞았다.

"어리석은 제가 어질지 못해 화가 지적에까지 미쳤으니 이를 어찌하면 좋단 말이오."

유당이 싱그레 웃었다.

"고을 아전이 불을 낸 것이거늘, 이를 자기의 허물이라 했으니 이
것은 공평륙孔平陸(孔距心)[116]이 모든 죄를 자기의 잘못으로 돌린 것과
같구려. 내가 전에 한 번 본 일이 있어, 지금까지도 기억이 새뜻하니
염려할 바가 없소이다."

그리고 곧 글씨 잘 쓰는 사람 여럿을 부르라 하고 외워 부르는 것
을 적게 하니, 수십일 안에 한 군의 지적 장부가 새로 완성되었다. 그
총계 복수卜數[117]를 계산해 보니 그 총액에서 빠진 것이 삼부負와 오
속束[118]에 지나지 않았다.

쌍성 고을 수령이 이 일을 두고 치하했다.

"선생의 신명은 실로 하늘이 내린 듯하오. 복생伏生의 《상서尙書》[119]와
우씨禹氏의 《주역周易》[120]만이 어찌 고아한 아름다움을 독차지 하겠소."

이후로 사람의 총명을 일컬을 적에는 반드시 '김유당의 재주'라
부르며, 어떠한 일을 하는데 아주 적은 차이가 나면 반드시 '삼부오
속의 차'라는 말을 써 세상에서 늘 쓰는 익은말을 만들었다.

세상을 살다 보면 가끔씩 저렇듯 재주 많은 이들을 만난다. 조선조
문과 방목을 보면, 영재寧齋 이건창李建昌(1852~1898)이라는 이가 있
다. 1852년에 태어나 고종 3년(1866) 별시에서 병과丙科 3등으로 입격
한다. 이때 나이 14세, 단연 조선조 문과 합격자 15,151명 중에서 최
연소 합격 기록이다. 왕명 출납, 제반 행정사무 따위를 기록한 《승정

원일기承政院日記》를 보면, 이건창은 고종 5년(1868)에 승정원의 일기를 기록, 정리하는 가주서假注書란 직책을 맡았다. 이때 나이 겨우 16세 였으니, 기가 찰 노릇이다.

또 정태화鄭太和(1602~1673)는 1628년 별시문과에 병과로 급제해 6조 참의, 참판, 판서를 모두 역임하고 영의정을 6번씩이나 역임함으로써 조선왕조 500년 역사상 유일한 관운官運 기록을 세웠다. 더욱이 형제가 모두 6조 판서를 지냈으니, 그 집안의 재주와 관운에 소름이 돋고 말문이 막힐 뿐이다.

하늘에서 내리는 그 많은 눈의 결정은 '단 한 개도 같은 것이 없다'고 한다. 이유는 눈 결정이 만들어질 때의 기온과 포화 정도에 따라 달라지기 때문이다.

그래서, '소 힘도 힘이요, 새 힘도 힘이다' 란 우리네 속담이 있는지도 모르겠다. 새의 힘이 소보다 약할지라도 소의 힘과 마찬가지로 역시 힘은 힘이라는 뜻이다. 나아가 사람에게는 누구에게나 크나 작으나 각기 제 능력이 있음을 이르는 말이다. 저마다 제 좋은 점이 있다는 '각기소장各其所長' 이란 말 또한 그렇다. 나는 당나라 선승인 임제의현臨濟義玄(?~867)이란 분의 말을 자위삼아 읊는다. 《임제록臨濟錄》에 보인다.

질질 땅에 끌려 다니지 말라!　　　　　　不隨萎萎地
네 뜻이 이르는 곳마다 참 주인이 되고　立處皆眞 隨處作主
가는 곳마다 주인이 되라!

평창 군수平昌郡守 양사언이 상소하였는데 그 대략에, "신이 맡고 있는 고을은 바로 옛적 예맥穢貊의 한 작은 고을입니다. 주민들은 모두 암굴에서 짐승처럼 거처하는 섶을 묶어 입구를 가리며 비탈밭을 경작하여 근근이 수확하면서 구차히 살아가고 있습니다. 과거에 목조穆祖의 비妃의 고향이라 하여 군으로 승격시키고 조세를 감면했는데도 전결은 8백 결結에 불과하고 민호도 5백 호를 넘지 못했습니다. 세월이 흘러 사세가 바뀌어 청백한 수령이 부임하지 않아서 백성들이 곤궁에 빠져 원망 속에 살아 온 지 60여 년이 되는데 그 사이 논밭은 날로 더욱 황폐해지고 백성들은 갈수록 유리流離되었습니다. …… 아아, 눈앞의 참담하고 급박한 상황은 문사로만 애통해 할 정도가 아니니, 어찌 여유를 두고 말할 수 있겠습니까. 전하께서 대신들과 상의하여 안으로는 해사에 위임하고 밖으로는 관찰사에게 하유하여 결단을 내려 시행하신다면 백성을 은혜롭게 보호하는 정치가 이번 이 일에서 실천될 것입니다. 전하께서는 저의 어리석은 소견을 용서하소서."

—명종 27권, 16년(1561) 2월 17일

책策·논論·부賦의 제목을 내어 함경도에 보내고 감사와 병사에게 남북도南北道 유생의 제술製述을 감독하게 하였다. 빈청賓廳에서 과차課次하였는데, 진사進士 김니가 으뜸이었으므로 전시에 직부直赴하게 하였다. 그 이하도 순서대로 논상論賞하였다.

—선조 10권, 9년(1576) 5월 25일

14

나와 잠자리를 한 증표를 얻기 전에 못 내려갑니다

산판에 가 잠자리 증표를 써달라는 신부

그리 오래되지 않은 옛날에 한 선비가 있었다.

아들의 혼인 짐을 챙겨서 길을 떠나보내고는 돌연 급한 병이 들어 죽게 되었다. 신랑이 초례를 겨우 마치고 신방에 들어가기 전에 죽음을 알리는 부고가 도착했다. 신랑이 즉시 분상奔喪[121] 해 돌아 온 뒤에 막 장례를 지내려 할 때였다. 산소 자리를 정하지 못했기에 지관을 예를 갖추어 맞아 사방으로 묘 자리를 구하다가, 그 처가 뒷산에까지 가서야 지관이 한 곳을 점지했다.

"이 곳이 좋으나, 이 산 꼭대기에 양반의 집이 있으니 필경 이것을 허락지 않을 텐데."

상제인 신랑이 좌우를 살펴보니 산 아래 양반 댁은 곧 그의 처가였

며칠 전 당신께서 우리 집에 오셨을 때에 나와 잠자리를 한 일이 있지요.
이에 대한 표가 없을 수 없는 것이에요.

다. 처가는 홀어미로 살아가는 장모만 있었다. 남자는 없고 다만 독녀를 두었으므로 그 딸을 몹시 사랑해 이제 막 본 사위까지도 친자식과 같이 귀히 여기는 터였다. 상제가 아래로 내려가 장모를 찾아뵈었다. 장모는 슬픔과 기쁨으로 맞으며 오찬을 정성껏 준비해 대접하고 온 연유를 물었다. 상제가 뒷산에 장지를 점지하게 된 연유를 죽 설명하니 장모가 위로했다.

"다른 사람이라면 허락하지 못할 것이나 사위가 이 땅을 점지한 이상에야 어찌 주저하겠나."

상제가 크게 기뻐해 돌아 가려할 때였다.

장모가 옷소매를 지그시 끌었다.

"자네가 이미 예까지 온 이상에야 어찌 그냥 걸음을 돌린단 말인가. 잠시 건넌방에 들어가 딸아이 얼굴은 보고 가야 할 것 아닌가."

상제가 처음에는 손사래 치다가는 두세 번 권하기에 부득이 아내의 방에 들어갔다. 처음에는 멋쩍어 했지만, 홀연 춘심春心이 일어나기 시작해 즉석에서 아내의 의사를 무시하고 억지로 관계를 했다. 부부 간 잠자리의 즐거움을 치르고 나왔지만 집안사람들은 이를 전혀 알지 못했다. 상제가 집에 돌아 와 장례 절차에 따라 상여를 메고 그 뒷산에 도착했다. 막 하관을 하려는데 처가의 계집종이 와서 말했다.

"우이리 댁의 새 아기씨가 분곡奔哭[122]하기 위해 저기 와 계시니, 일꾼들은 잠시 피해주세요."

사람들이 피하자, 잠시 뒤에 그 처가 산판에 올라와 관 앞에서 슬프게 곡을 한 뒤에 상제를 보았다.

"며칠 전 당신께서 우리 집에 오셨을 때에 나와 잠자리를 한 일이
있지요. 이에 대한 표가 없을 수 없는 것이에요. 지금 증표를 만들어
첩에게 주셔요."

상제가 너무나 부끄러워 얼굴이 붉어지며 크게 책망했다.

"아녀자가 어찌 이런 자리에서 그런 난잡한 말을 하는 게요. 속히
내려가시오."

신부가 끝내 자리를 뜨지 않으며 말했다.

"제가 증표를 얻기 전에는 비록 죽는다 할지라도 내려가지 못합니다."

이때에 상제의 당숙과 여러 집안사람, 또 기타 장례에
모인 사람들이 심히 많았는데 이를 보고 모
두 놀라지 않는 자가 없었다. 숙부가 상제를
질책했다.

"세상에 어찌 이와 같은 해괴한 일이
있느냐. 네가 만일 이러한 일이 있거든 곧 증표
를 만들어주도록 하라. 만일 저 여인의 소청을
들어주지 않다가는 더욱 사람들에게 부끄러움만
사게 된다. 또 날이 이미 많이 저물었다. 일꾼들이 흩어
지면 어찌 큰일을 치르는데 낭패가 되지 않겠느냐."

상제가 부득이해 증명을 써주었더니 그 처가 이를 받아 내려갔다.
여러 사람들이 혀를 차며 그 해괴한 거동을 꾸짖지 않는 자가 없었
다. 그리해 봉분을 만들고 집으로 돌아온 지 수일 후에 상제가 별안
간 병을 얻어, 10여 일 뒤에 끝내 불귀의 객이 되고 말았다. 신부가

이 흉한 소식을 듣고 남편의 집에 도착했다. 지아비의 시신을 어루만지며 큰 소리로 곡을 했다.

"내 낭군이 세상에 오래 머물지 않을 줄은 이미 예측한 것이지마는, 어찌 다시 한 번의 만남조차 갖지 못하고 이렇듯 빨리 가셨는지요."

그리고 몸이 야윌 정도로 지나치게 예를 했다.

장례를 마치고 곧 친가로 돌아갔는데 사오 개월을 지나니 배가 점점 불러지고 열 달이 차자 사내아이를 낳았다. 친척들과 이웃 마을 사람들이 모두 놀랍고 의아했다.

"아, 그 집 상제가 초례를 겨우 치루고 초상이나 달려가서는 오래지 않아 곧 죽어버렸잖은가? 그런데 이 아이가 어떻게 나왔는가?"

그러며 신부가 혹여 음란한 행동이 있지 않았는가 하고 의심하는 것이었다. 신부가 그제야 그 남편의 증명서를 꺼내보이니, 아이에 대한 시비는 간단하게 끝맺었다. 사람들이 이 일에 대해 물으니 신부가 대답했다.

"초례를 겨우 마치고 상을 당한 몸으로 장례도 치르기 전에 그 아내를 와서 본다는 것이 이미 예가 아니요, 또한 예의에 어긋나게 아내를 가까이 한 것도 평상의 마음은 아니지요. 사람이 일상적인 생각이 없을진대 어찌 능히 세상에 오래도록 머물겠어요. 내가 그때에 예로써 거부할 줄을 알지 못한 것은 아니지요. 다만 천만다행으로 그 씨받기를 기다려 마지못해 따른 겁니다. 그리고 나서 다시 가만히 생각해 보니, 부부의 잠자리를 집안사람도 아는 이가 없으니, 지아비가 사망한 후에 아이를 낳으면 무엇으로 변명하겠어요. 이로써 죽음을 무릅쓰고 부끄러움을 참으며 증명서를 여러 사람이 모인 가운데서 얻은 것이랍니다."

사람들이 그제야 그 귀신같은 밝음에 탄복했다. 그 유복자는 후일 과거에 급제해 벼슬, 명성에 덕망까지 높아 이름이 세상에 드날렸다고 한다.

"초례를 겨우 마치고 상을 당한 몸으로 장례도 치르기 전에 그 아내를 와서 본다는 것이 이미 예가 아니요, 또한 예의에 어긋나게 아내를 가까이 한 것도 평상의 마음은 아니지요." 신부의 말이다.

《논어論語》〈안연顏淵〉편에는 이 예禮에 대해 자세하게 나온다. 공자는 안연이란 제자가 인仁에 대해 묻자 극기복례克己復禮, 풀이하자면 '자기를 이기고 예로 돌아가는 것'이라 답한다. 허나 안연은 바로 이해를 못한다. 그래 거듭거듭 묻자 공자는 이렇게 아주 쉽게 설명한다.

"예가 아니면 보지를 말고, 예가 아니면 듣지도 말며, 예가 아니면 말하지 말고, 예가 아니면 움직이지 말아라[非禮勿視 非禮勿聽 非禮勿言 非禮勿動]."

결국 예란 우리가 살아가는 기본 예절을 말한다. 상제가 이런 기본 예절을 저버렸으니 그 앞을 미루어 짐작한 것이다.

15

얻었구나
죽을 장소를
오늘에야 내가

죽음을 각오하니 살아난 무변

인조 때 황해도 봉산鳳山 땅에 이李씨 성을 가진 무변武弁[123]이 있었다. 처음에는 가세가 넉넉했으며, 또 성품이 활달해 베풀기를 퍽 좋아했다. 사람을 믿어서 의심치도 않았으니 다급하게 도움을 청하는 자가 있으면 재물을 아끼지 않았다. 10여 년간에 자연 재산이 급속히 줄어 집안은 오래지 않아 거덜나 아예 생계가 곤란한 지경에까지 이르렀다. 이李는 처음에 무관으로 왕명을 전하는 일을 맡아보던 선전관宣傳官[124]이란 벼슬을 지냈다. 그런데 어떤 일에 연좌되어 실직하고 시골에서 산 지 여러 해였지만, 전조銓曹[125]에선 오래도록 벼슬아치 후보자로 추천하지 않았다.

하루는 그가 아내에게 말했다.

그가 대답하지 않고 곧바로 여자의 손을
잡고 또 머리를 끌어 입술을 맞췄다.

"무변武弁(무관)이 시골에 살면 관직이 저절로 올 리가 없고 또 집이 이렇듯 배곯는 살림이니 살아갈 길이 없구려. 이러다간 하루아침에 구렁텅이에 구를지도 모르겠소. 지금 남아 있는 농토를 팔면 400여 금은 얻을 것이오. 이것으로 서울에 올라가 관직을 구해 얻으면 살고 얻지 못하면 죽기밖에 더하겠소. 내 뜻은 이미 결정되었소. 당신은 어떠오."

이러하니 그 처도 허락했다. 이에 전토를 모두 팔아 400금을 얻었다. 그러한 후에 100금은 그의 아내가 여러 달 생계비용으로 쓰게 하고, 300금을 가지고 늙은 사내종과 함께 서울에 올라갔다.

고양高陽 벽제碧蹄[126] 주막에 이르러 하룻밤을 묵을 때였다. 종이 말에게 막 먹이를 주려는데 문득 전립氈笠[127]을 쓰고 반드레하니 의복을 산뜻하게 차려 입은 자가 보였다. 그자가 처음에는 주뼛주뼛 엿보다가 이내 들어와서는 종과 더불어 말을 주고받았는데, 뜻이 자못 정성스러웠다. 종이 기뻐하며 어느 곳의 누구냐고 물으니 "병조판서 댁에서 심부름하는 종이라오"라 하는 것이었다.

무변이 방 안에서 이 말을 어렴풋이 듣고는, 곧 그 종을 불러서 물으니 같은 대답이었다. 무변은 크게 기뻐했다.

"내가 방금 벼슬을 구하려고 상경했다네. 나의 소원은 군사관계 업무를 총괄하는 병조兵曹에서 사람을 시험해 골라 뽑는 전형銓衡이란 벼슬자리라네. 자네가 정말 병판 댁에서 신임을 받는 심부름꾼이라 하니, 나를 위해 벼슬자리를 주선해 보지 않겠나? 그런데 자네가 이곳에 온 것은 무슨 일이 있어서인가?"

"소인은 병판 댁의 수노首奴[128]입지요. 상전 댁 종들이 평안도에 퍽 많이 살고 있으므로 방금 명을 받고 세금을 받으러 오늘 길을 나선 것입니다."

"아아, 자네 같은 사람을 만나기 쉽지 않은데 이런 어긋남이 있나. 다른 방도가 없겠나?"

무변 이李가 한탄하니 수노가 대답했다.

"이는 어렵지 않지요. 소인과 함께 서울에 가시면 마땅히 힘을 다해 주선해 드리지요. 소인의 이번 길은 별로 긴급을 요하는 일은 아니니, 후일 간다해도 무방합니다. 그런데 가지고 계신 금이 얼마나 되는지요?"

그가 "한 300금은 되네만" 하니 수노가 말했다.

"그 정도면 겨우 쓸만하겠습니다."

다음날 서울에 들어가 병판 집 부근에 거처를 정했다.

수노는 주인을 불러서는 다정하게 "잘 대접해 드리라"는 부탁까지 했다. 그는 속가량으로 '집주인이 필연 이 사내와 친척지간인 모양이군' 하고 어림잡았다. 그리고 오직 저 수노를 믿었다. 수노가 집으로 간 지 여러 날이 지나도록 오지 않고, 그가 혹, '사기당했나' 하는 의심을 할즈음 수노가 왔다. 그는 얼마나 기뻤는지 마치 '한왕漢王이 도망했던 소하蕭何를 만난 것'[129] 같았다.

여러 날을 오지 않은 이유를 물으니 수노가 대답했다.

"나리를 위해 벼슬을 꾀하는 게 어찌 그리 급작스럽게 되겠습니까. 한 지름길로 요긴한 곳이 있기는 합니다만, 이곳에 불가불 100금은 써야 벼슬자리를 얻을 기회가 오겠습니다.”

“그가 누군가?” 급하게 물었다.

“병판의 여동생이 과부로 아무 동에 사십니다. 대감이 이 동생을 극히 아껴, 말하는 것은 반드시 들어주시지요. 소인이 나리의 일을 간청하니, 100금을 얻으면 좋은 벼슬자리에 넣을 수 있다고 했습니다. 나리께서 이 100금을 인색치 않게 내놓으시겠습니까?”

“이 사람아, 내 돈의 쓰임이 모두 이를 위해서이거늘, 무엇을 아끼겠나.”

그리고 즉시 돈 자루에서 100금을 꺼내주었다. 수노가 돌아가자 옆에서 이를 지켜보던 종이 의심쩍어했다.

“나리께선 친히 가보지도 않으시고 적지 않은 금을 주십니까. 혹여 그가 속이는지도 모르잖습니까?.”

“아서라. 저 사람이 병판가의 수노가 분명한데, 어찌 의심하고 염려할 까닭이 있겠느냐.”

그 다음날 수노가 와서 얼레발을 치며 말했다.

“아, 어제 안주인께서 금을 받고 아주 좋아하시며 곧바로 대감을 뵈러 가셨습니다. 그래 산정散政[130]에 자리가 나거든 반드시 수의首擬[131]해 데면데면히 여기지 말아달라고 하니 대감이 이것을 허락했답니다. 그러나 누군가 곁에서 도움을 준다면 일이 더욱 신속하고 또 확실해질 겁니다. 아무 동에 아무개 벼슬사시는 분이 있는데, 대감과는 사귐이 매우 친밀합니다. 이 양반 말씀은 반드시 따를 것입니다. 50금을 주신다면, 그 양반도 반드시 기뻐해 청을 들어주실 게 분명합니다.”

그가 기뻐해 또 50금을 꺼내주고, 속히 일이 꾀해졌으면 한다고 간절히 부탁했다.

다음 날 수노가 또 와서 말했다.

"대감이 일찍 소실을 하나 두시고는 심히 총애하시지요. 작년에 사내아이를 낳았는데 지금 돌이 멀지 않았습니다. 아마 돌잔치를 크게 차리고자 하는데 소실이 저축한 재물이 없어 걱정이 많은 듯합니다. 이곳에 또 50금을 덜어준다면 반드시 나리를 위해 힘을 보탤 것입니다. 이렇게 되면 나리의 일은 거의 완전할 것입니다."

이李가 또 50금을 주니 수노가 가지고 갔다가 즉시 와서는 말했다.

"대감의 소실이 과연 크게 기뻐해 힘써 주선하기로 약조했습니다. 이제 나리께서 좋은 벼슬을 하시는 것은 내일 아침저녁으로 이루게 될 것입니다. 그러나 무관으로 관직에 나아가 공무에 종사하는데 관복을 준비하지 않을 수 없으니, 이것을 50금으로 미리 사들여 장만하는 것이 좋을 듯싶군요."

들음들음 마음에 차는 소리였다. 그는 달막달막 무척 기뻐하며 즉시 50금을 주어 관복을 사서 장만하게 했다. 수노가 오래지 않아 무반이 쓰는 털벙거지와 철릭[132], 넓은 띠와 검은 가죽신, 황금 허리띠 두 끝을 서로 끼워 맞추는 자물단추 따위를 낱낱이 사가지고 왔는데 극히 화려했다. 그가 크게 기뻐해 수노 대하기를 저 《삼국지》의 영웅 제갈공명이나 얻은 것처럼 했고, 처음에 의심을 품었던 종도 이를 보고는 확신해 기쁘고 흡족하니 바라다보았다.

다음날 이李가 비로소 병판 집에 가서 명함을 주고 올라가 뵌 후에

지금까지의 이력과 현재의 형편을 세세히 갖추어 고했다. 그리고 천
진薦進[133]의 일을 간절히 구걸하니 병판이 다만 고개만 끄덕일 뿐이
요, 털끝만큼도 다정한 태도가 없었다. 그는 이것이 '병판에겐 예사
로운 일에 불과하겠지' 하고 여겨 곧 물러나왔다.

그 뒤에 다시 갔으나 병판이 또한 전과 같이 '소 닭 보듯' 하니, 썩
다정히 대접할 뜻이 없어 보였다. 그가 돌아온 뒤에 몸이 달아서는
수노가 오면 그의 마음을 기쁘게 하기 위해, 금을 아끼지 않고 좋은
술과 안주를 사서는 취하고 배부르게 했다. 이제 그의 수중에 남은
50금도 거의 다 없어졌다. 그가 근심해 수노에게 말했다.

"자네 말이 오래도록 증험이 없는 것은 무엇 때문인가?"

"대감이 어느 날인들 나리를 잊었겠습니까. 그러나 다른 사람이 바
친 뇌물이 나리보다 많으니, 아, 저 사람이 관직을 얻는 게 나리보다
앞서는 것은 당연한 일 아닙니까. 이래서 자연 더디게 되는 것입니
다. 그러나 다음번에는 대감이 장차 나리를 아무 벼슬에 내리려고 생
각하신다 하니 조금만 더 기다리시지요."

이李가 이 말을 신주믿듯 믿었다. 그날이 되어 정목政目[134]이 나왔
으나 또 소식이 없었다. 해 질 녘이 되서야 수노가 와서 말했다.

"아무 벼슬아치와 안주인이 대감에게 힘써 청해 확실히 오늘을 어
기지 않는다더니, 마침 아무 대신이 아무개를 청탁해 이를 시행치 않
으면 안 될 사정이 있어 이 때문에 뺏긴 것입니다. 지금은 어찌하기
어려우나 6월 도정都政[135]이 멀지 않았습니다. 아무 벼슬자리가 재물
이 아주 많이 생긴다해, 소인이 이미 안주인과 아무 벼슬아치로 하여

금 대감에게 청을 들어주기를 부탁해 흔쾌한 말씀을 이미 얻어놨으니 다음번에는 결코 어그러질 염려가 없을 겁니다. 이를 기다리시기 바랍니다.”

이李가 이제는 반신커니 반의커니 했다. 6월 도정都政이 되었다.

그가 일찍 일어나 좋은 소식을 기다렸으나 정오가 지나 날이 저물도록 마찬가지였다. 수노도 그림자조차 비치지 않았다. 그는 크게 부끄럽고 맥이 빠졌다. 수치스럽고 분함이 크게 일어났고 하인도 억울해 “씩씩” 대었다. 그는 속이 탔으나 아무 말도 내지 못하고 오직 수노가 오기만을 기다렸으나, 수노는 사오 일이 지나도록 나타나지 않았다. 그가 이제는 의심을 참지 못하고 주인을 불렀다.

“병판 댁 수노가 요즈음에 오지 않으니 무슨 까닭인가? 자네와 정이 깊은 듯싶던데, 좀 불러다 주겠나.”

“무슨 말씀이신지요. 그 사람과 저는 본래부터 아는 사이가 아닌뎁쇼. 병판 댁 수노인 줄은 나리께서 분명히 아십니까?”

“아니, 이 사람. 그러면 자네 저 사람의 집은 아는가?”

“알지 못합지요. 나리께서 잘 아신다면서 그 사람 집도 아지 못하십니까?”

그가 이 말을 들으니 가슴이 미어지고 억장이 무너지는 듯했다. 속가량 없이 무턱대고 수노를 믿은 자신이 너무 한심스러웠다.

그래 속으로 생각하기를 '가산을 모두 판 돈을 일개 흉악한 도적놈의 꾀음꾀음한 말에 넘어가 모두 주어버렸으니, 여러 대 제사는 어찌 지내고, 많은 식구들이 장차 구렁텅이를 전전함을 면치 못할 것이요,

고향의 이웃한 친척과 처자, 종의 원망과 분노의 책망은 또 무슨 말로써 해명하겠는가. 더욱이 평생을 거침없이 살던 성격인데, 이토록 남루한 거지 꼴을 해 이 세상에서 구차하게 목숨을 구걸하겠는가. 이러지도 저러지도 못하는 '안팎 곱사등이 신세가 됐으니 백번 생각해도 오직 죽는 것 밖에는 다른 방도가 없구나' 하고 자살하기로 굳게 맘먹었다. 다음날 일찍 일어나 식전 댓바람에 몰래 문을 나서 한강으로 곧장 달려가 물에 몸을 던져 죽기로 했다.

이때 한강의 물은 막 큰 비가 지나간 끝이었다. 한없이 넓고 넓은 푸른 물결이 널리 가득 차 그들먹하니 그 끝이 보이지 않았다. 이李가 강 머리에 도착해 의관을 벗고 큰 소리를 한마디 지르고는 물속으로 달려 들어갔다. 물이 가슴까지 잠겼다. 이李는 자신도 모르게 갑자기 온몸이 사시나무 떨리 듯 하는 것을 이기지 못해 몸을 웅크리고 뒷걸음질쳤다. 한참을 멍하니 우두커니 서있다가는 중얼댔다.

"생목숨 떼이기가 쉽지 않구나. 차라리 남에게 맞아 죽는 것만 못해."

다시 묵는 여관으로 돌아와, 다음날 술을 매우 많이 마셔 크게 취한 후에 전에 사두었던 비단옷에 검은 가죽신을 신고 황금 장식이 달린 띠를 둘렀다. 팔 척 장신인 그가 매우 울화가 치민 듯 종로 네 거리를 내달리니 사람마다 보고는 크게 놀랐다.

"신인神人이야, 신인!"

이렇게 외치며 모두 '어마 뜨거라' 곧장 내빼버리는 것이 아닌가. 그가 군중 가운데 신체가 장대하고 얼굴 모습이 흉악하고 사나워 힘깨나 쓸만한 자를 보고는, 돌연 바싹 덤벼들어 마구 몰아치며 또 모두 발길질을 힘껏 차버렸다. 그 사람이 외마디 비명을 지르고는 벌러덩 나둥그러졌다 가는 급히 일어나 도망쳐버리니, 어찌 빠른지 쫓아가도 잡을 수 없었다. 그가 분함을 이기지 못해 또 사람들을 둘러보며 '힘을 쓰는 것이 나를 이길 만한 놈이 혹 있는가?' 하고 우뚝 서서는 눈을 부릅 뜨니 그 행동이 꼭 미친 사람과 같았다. 그리고는 냅다 '선불 맞은 호랑이 뛰듯' 하니, 눈길이 닿는 사람마다 모두 어지럽게 흩어져 내 빼 길가엔 사람 그림자도 보이지 않았다. 그가 사람에게 맞아 죽으려 했으나 사람들이 도리어 그에게 맞아 죽을까봐 두려워하니, '죽는다' 는 것은 가망없는 일이 되어버렸다. 날이 이미 어둑해졌다. 그가 탄식을 하다가는 어쩔 수 없이 숙소로 돌아와 밤이 지나도록 잠들지 못하다가 한 생각을 했다.

'만일 남의 안방에 들어가 그 처를 희롱하고 놀아난다면 그 사내에게 맞아 죽는 것을 피하지 못할 게다.'

다음날 아침 또 술을 매우 많이 마시고 휘청휘청 감냄새 물씬 풍기며 큰길가로 나섰다. 길 곁에 한 기와집이 있었는데 심히 화려했다. 이李는 큰 걸음으로 마당 가운데로 통하는 대문을 왈칵 밀치고는 성큼성큼 곧장 들어갔으나 한 사람도 막는 자가 없었다. 드디어 돌연히 안방문까지 밀치고 들어갔다. 방 안에는 다만 이십여 세가량 된 한 젊은 아낙이 있었다. 한눈에 보기에도 아름다운 얼굴과 뛰어난 자태를 지닌 여인이었다. 거울을 보고 눈썹을 그리다가는 그가 갑자기 들어오는 것을 보고도 별로 놀라는 기색도 없었다.

"성씨가 뭐라 하는 객인데, 제멋대로 남의 안방에 뛰어 들어온 게요?"

그가 대답하지 않고 곧바로 여자의 손을 잡고 또 머리를 끌어 입을 맞췄다. 여자는 심하게 뿌리치지도 않았으며 또 옆에서 꾸짖는 자도 없었다. 그래 그가 오히려 술기운도 어디론가 내빼 머쓱한 낯빛으로 어정쩡하니 서있다가는 물었다.

"네 남편은 어디에 있느냐?"

"내 남편의 있는 곳을 물어서 무엇에 쓰려는 게요. 세상에 어찌 이와 같은 일이 있단 말이오. 술에 취해 미친 자의 일을 두고 크게 나무랄 것은 아니요만, 그래도 예법이 있으니 속히 나가시오."

"아무튼 네 남편이 있는 곳을 대라. 내가 정말 취한 것이 아니라, 다만 나에게 그럴만한 딱한 사정이 있어 부득이 이러한 일을 한 게다."

"그 말하는 딱한 사정이란 게 대체 뭐요? 어디, 들어나 봅시다."

그가 전후사실을 죽 이야기하고는 말했다.

"그래, 내가 죽기로 심중을 정했으나 스스로 죽지를 못하고 남들에게 돌림매질이라도 당해 죽으려 여러 차례 이와 같은 일을 만들었으나 끝내 죽여주는 자가 없었다. '옹이에 마디' 라고 지금 네 남편도 없다니 죽기가 왜 이렇게 어려운지. 내 이 일을 어찌해야 한단 말이냐."

여자가 "깔깔" 웃으며, 말허리를 자르고 들어왔다.

"아이, 우스워라. 그야말로 '삼일안 새색시도 웃을일' 이네. 세상에 어찌 죽기를 구해 이러한 일을 만드는 사람이 있단 말이오. 그대가 이미 전에 무관으로 청환淸宦¹³⁶까지 지냈다면서 이와 같은 풍채와 골격으로 어찌 헛되이 죽어 땅보탬을 하시려는 게요. 나 또한 사정이 부득이해 장차 다른 곳으로 시집을 가려고 하던 찬데, 이렇듯 공을 만났으니 하늘이 내려준 연분인 듯싶군요.”

말이 이렇게 돌아가자, 그가 털썩 주저앉아 무슨 까닭수가 있는 듯싶어 곡절을 물었다.

“제 남편은 본래 역관이랍니다. 본부인이 있지마는 제 인물이 곱다는 이야기를 듣고 저를 취해 이 집을 지은 것이 이미 사오년 전이지요. 처음에는 한집에 같이 거처했으나 본부인의 질투가 심해 여러 차례 풍파를 일으키자, 남편이 집을 사 이곳으로 옮기게 되었던 것이에요. 남편은 오가며 먹고 자며 제 뒤를 돌봐주려는 생각이 없지는 않았지요. 그러나 그 아내의 사나운 심보를 두려워해 몇 달 뒤부터는 발걸음이 아주 뜸하더니만, 이젠 몇 명의 계집애년과 이 집을 지키게 해 과부나 다름없게 되었답니다. 더구나 작년에 남편이 역관 우두머리로 북경北京에 가 연경燕京에 체류한 지 1년이 지나가는데 아직도 돌아오지 않고 있어요. 들리는 소식도 감감해 돌아올 날도 알지 못하고요. 그래 빈 방을 홀로 지킨 지 여러 해에 먹고 입는 것이야 거르지 않지만서도, 모든 일이 무심하고 외롭고 쓸쓸해지더군요. 봄 바람 가을 달에 마음은 처연하고, 뜻은 상해 어찌할 바를 알지 못하겠어요. 계집애년들도 감독하는 사람이 없어 차례로 가버리고 다만 늙은 몸종만 서로 의지해 살아가고 있습니다만, 이이도 평상시 집에 있지 않답니다. 쓰라린 고통이 이와 같으니 인생이 얼마나 된다고, 여름날과 겨울밤에 홀로 빈방에서 울며 이 청춘

을 헛되이 보내야 한단 말인지요. 이런 사정은 도적놈에게 속임을
당해 제 스스로 죽기를 바라는 사람과 다를 바 없지요. 그래 저는
양반집도 아니기에 헛되이 개죽음하기 싫어서 따로 계획을 세우려
는 중이었는데, 느닷없이 이런 기이한 만남을 했으니 이것은 분명
히 크고도 넓으신 하늘이 우리 두 사람을 불쌍히 여기신 것이에요.
이래저래 나는 공을 따르기를 원하는데 그대의 뜻은 어떠신지요.
이렇게 된 이상 내치지 마셨으면 해요.”

말의 갈래며 조리가 제법 이었다. 이李가 이 말을 듣고 처음에는 측
은하고 불쌍해하다가 끝내는 다시 정색을 하고는 말했다.

“그대의 말이 실로 이치가 있으나 나는 돌아갈 곳이 없소. 오직 한
번 죽음 이외에는 아무것도 없다네.”

“공은 장부가 아니군요. 이렇게 만난 인연은 우연한 일이 아닌데,
일이 되어가는 도리를 순순히 받아들일 수는 없겠습니까. 맘을 돌려
먹어 공의 몸을 자중 자애해 평생을 그르치지 마시기 바랍니다.”

그리고는 상끗 웃으며 좋은 술과 안주를 차려 내와 친히 술을 따라
권했다.

그가 이미 그녀의 얼굴을 보고 기뻐했고, 또 그 말에 감동해 권하
는 대로 받아 마셨다. 이윽고 얼굴이 붉어지고 몸에 열이나니 취흥이
도도함을 이기지 못했다. 그가 여인의 손을 지그시 잡아끌었다. 꽃을
그린 병풍에 비단이불, 꽃을 수놓은 방석, 비단 베개에 벌이 꿀을 탐
하고 나비가 꽃을 찾듯 잊혀지지 않을 사랑을 다했다. 마른 풀이 비
에 젖은 듯하고 꺼진 재에서 다시 불길이 이는 것 같으니 피차의 즐

거움을 알 만하다. 이후로부터 그 집에 머물러 살며 죽고 사는 문제를 오직 천공天公[137]에 맡기었다.

여자도 남편 집과는 아주 연을 끊기 위해, 새살림 차린 것이 알려지는 것을 두려워하거나 꺼려하지 않았다. 다만 좋은 옷과 맛있는 음식을 만들어서는 날마다 그를 봉양했다. 이와 같이 한 지 몇 달 만에 그의 초췌하던 안색은 날로 화기가 돌고 인물이 훤해졌다. 낮에는 나가 노닐고 밤에는 들어와 잠을 자는 것이 그의 일이었다. 이와 같이 하루하루를 엄부렁덤부렁 묵새기며 지내다 보니 죽으려던 생각이 점점 없어지고는 몸이 좋아지는 탕약이 어디 없나 했다.

그러나 오래지 않아 역관이 돌아온다는 기별이 왔다. 여자가 그에게 빨리 몸을 피하라고 했으나, 그는 고향으로 돌아가기를 부끄러워해 머뭇거리며 결정을 못 내렸다. 그러는 사이 여러 날이 지났다. 역관은 이미 고향의 여관에 도착하게 되었고 그 가족들이 모두 나가 맞았다. 역관은 여자가 안 보이기에 그의 처에게 물었다.

"둘째집은 무엇 때문에 오지 않았는가?"

"아, 둘째집은 다른 사람과 정분이 났는데, 이제 당신과 무슨 상관이란 말이오."

처가 톡 쏘았다. 역관이 그 까닭을 놀래 물으니 처가 전해들은 말에 자기 생각을 덧붙여 자세하게 이야기해 주었다. 역관은 노기가 치밀어 올랐다. 급히 날랜 말을 타고 허리에 날카로운 검을 차고 질풍같이 내달려 성에 들어왔다. 한칼에 두 연놈을 쳐 죽이려는 작정이었다. 대문을 발로 차 열어젖뜨리고 안방으로 곧장 들어가며 큰소리를 질렀다.

"어떤 도적놈이 내 집에 들어와 내 처를 훔쳤느냐! 속히 나와서 내 검을 받아라!"

홀연 한 사람이 창문을 밀치고 문 앞에 나서는데 관복이 눈부시고 풍채가 신선 같았다. 옷깃을 열어젖히고 턱하니 그 가슴을 드러내며 앞에 서서는 기꺼워 "껄껄" 웃었다.

"오늘에야 내가 죽을 장소를 얻었구나. 너는 마땅히 나를 찔러라."

그의 몸에는 신비로운 기운이 돌고 얼굴은 지극히 편안했다. 역관은 식겁해 겨우 머리를 들다가 자기도 모르는 사이에 몹시 두려워 몸이 벌벌 떨리는 것도 깨닫지 못했다. 기운은 쭉 빠져 어떤 힘에 눌려 졸아들고 기를 펴지 못해 감히 말 한마디 내지 못했다. 다만 몇 마디만을 "쩝쩝"하다가 그만 검을 떨어뜨리고 그에게 말했다.

"그대는 나의 집과 처를 마음대로 하시요."

그리고는 민망하니 비칠비칠 나가더니 다시는 돌아오지 않았다. 이때에 여자는 벽장 안에 몸을 숨기고 있다가, 그 일을 낱낱이 보았다.

"공은 실로 담력이 큰 남아시군요. 그러나 이곳에서 오래 머물러 계실 수는 없습니다."

그리고 누각에 올라가 한 궤짝을 꺼내서는 은 300냥을 주며 말했다.

"저의 친가도 전에는 밥술깨나 먹는 부자였답니다. 제가 출가할 때에 아버지께서 살림밑천으로 보내신 것이지요. 내가 이것을 깊이 감추어두었더니 지금 다행히도 그대를 보내며 이것으로 밑천을 삼을수 있게 되었군요.”

그러며 또 한 상자를 꺼내어 열어보였다. 그 안에는 금, 옥, 구슬, 패물과 비녀와 갖가지 장식품을 부착한 노리개, 비단에 수를 놓은 옷가지가 가득 들어 있었다. 여자가 말했다.

“이것도 족히 수천 금의 값어치가 나가지요. 진실로 이리저리 궁리하고 계획만 잘 세운다면 어찌 밥술깨나 먹지 못함을 근심하겠어요.”

그리고는 속히 종을 시켜 말에 싣도록 했다. 다음날 아침 그가 두 노비와 두 마리 말에다 이것을 가득 싣고 여자를 그 위에 앉혔다. 그리고는 곧장 고향인 봉산으로 가 처자를 상봉했다. 슬픔과 기쁨이 뒤얽혔고 그는 앞뒤의 일을 갖추어 자초지종을 설명했다. 그가 그 자금으로 다시 많은 논과 밭을 사두고 또 곡식을 사 판매해 몇 년 뒤에는 큰 부를 이루어 한 고장에서 손가락을 꼽을 정도의 밥술깨나 먹는 재산가가 됐다. 그는 칠년 후에 다시 서울에 올라가 벼슬을 구했다. 전의 일을 깊이 경계로 삼았기에 일을 처리하는 데 두루두루 살펴 마침내 중요한 자리에 있는 사람의 도움을 얻었다.

그렇게 곧장 참외參外(7품 이하 계급)를 뛰어 넘어 6품직의 벼슬을 시작으로 차차 벼슬이 올라 웅진雄鎭[138]을 두루 거친 후에 벼슬이 절도사節度使[139]에 이르러 그녀와 함께 부귀의 즐거움을 편안하게 누렸다고 한다.

"오늘에야 내가 죽을 장소를 얻었구나. 너는 마땅히 나를 찔러라."

그의 몸에는 신비로운 기운이 돌고 얼굴은 지극히 편안했다.

만약 역관이 돌아왔을 때, 사내가 목숨을 구걸했다면 어떻게 되었을까?

모르긴 몰라도 몸이 성치는 못했을 것이다. 가끔씩은 우리 모두 저러한 때를 만난다. 사면초가四面楚歌는 중국대륙을 놓고 한판 진검승부를 겨루는 항우와 유방만의 이야기가 아니다. 이 세상살이 하다보면 '옹이에 마디'라고 곤란이 겹으로 생기는 경우를 만난다. 그러다보면 당면한 일이 저 천하보다도 더 커 보는 법이니, 이때 누군들 죽음을 생각해 보지 않겠는가.

그럴 때는 목숨을 걸어야 한다. '목숨을 건다'는 것은 당면한 그 일과 목숨을 맞바꾼다는 뜻이다. '목숨을 건다' 함은 이제껏 살았던 쩨쩨함이 아니다. 마음을 다져 먹고 세상과 한판 붙자는 배짱이다. 세상에 굽히지 않고 버티어 싸우겠다는 힘이요, 운명의 개척이다. 행운은 눈먼 장님이 아니다. 앉아서 기다리다가는 영원히 만나지 못한다. 내 운명과 맞서기위해 분연히 길을 나서야한다. 주저앉아 운명과 타협하지 않고, 제 인생에 붓질하기위해 벌떡 일어서야 한다. '운명은 내 가슴에 있다'라고 두 손을 불끈 쥐어야 한다. 이쯤 되면 세상맛이 제 아무리 쓰다한들 능히 씹어 삼킬 수 있다. 이것이 제대로 한 목숨을 거는 것이다.

　인터넷에 '-목숨 걸다'를 쳐봤다. 그런데 우리 주변은 참으로 목숨을 잘도 거는 것 같다.

　'영어에 목숨 걸다', '사랑에 목숨 걸다', '월급에 목숨 걸다', '소시지에 목숨 걸다', '공무원에 목숨 걸다', '취직에 목숨 걸다'…….

　천박한 '-목숨 걸다'의 품격을 높여야 하지 않을까 한다. 우리 속담에 '사자밥을 목에 걸고 다닌다'는 말이 있다. 사람은 언제 어디서 죽을지 모른다는 뜻이지만 저만한 일로 목숨을 바꿀 순 없다. 하나밖에 없는 목숨이다. 겨우 '촌 보리동지질(곡식을 바치고 벼슬을 산 사람을 조롱하는 말)' 따위에 목숨을 걸어서야 쓰겠는가.

16

법이 행해지지 않는 것은 **위에서부터** 범해서다

우리 조선은 예로부터 사대부를 높이 받들어 고위고관은 사대부들 가운데서 뽑아 썼다. 그러므로 대개 저들은 맡은 직무를 게으르게 하고 교만 방자했다. 그래 자기 집의 부귀만 취하고 영화로움이 빛나는 것을 세상에 자랑거리로 삼으며, 여항에 사는 일반 백성들은 쓸모없고 하찮은 것으로 천시하는 것이 한 커다란 병폐가 되었다.

영조 임금 시절 김수팽金樹彭[140]은 여항인이었다. 풍채와 거동이 좋고 지식깨나 있으며 또 뜻이 크고 기개가 굳세어 작은 일에는 얽매이지 않는 장부의 풍이었다. 일찍이 호조의 서리아전이 되어 청백으로 스스로를 지켰다. 당시 세금 제도는 폐단이 심했다. 특히 지방에서 세금을 상납할 때는 지위의 고하를 막론하고 억지로 백성의 물건을

이 말을 들은 수팽이 소리를 버럭 지르며 아우를 매질했다.
"이놈아! 어디서 이런 틀린 수작을 붙이고 있는 게냐."

빼앗아 자기만 살찌우고 백성의 등골을 휘게 하는 풍토가 있었다.

시골 백성이 한 사람 분의 보병목步兵木[141]을 연년 행사로 국고에 한 필씩 바치는 것이 정식이다. 하지만 비공식적으로 아전들에게 포목을 내는 세금인 소위 인정목人情木이 버젓이 있었다. 그런데도 이 인정목을 늘 한 사람에게 서른대여섯 필씩이나 더 바치게 하는 악한 전례가 있었기에, 호조 관원이라면 제일 생기는 것이 많은 벼슬자리로 알려졌다. 수팽은 이것이 큰 폐단임을 알고 백성들이 부자여야 나라가 강하거늘 1년에 바치는 정식 조세 이외에 서른대여섯 필씩이나 마구 징수하는 것은 궁벽한 백성을 구렁텅이로 밀어 떨어지게 하는 것이라 여기고 이 악한 풍습을 막으려 했다.

그러나 판서 이하로 서리 수백 명의 세력에 견제되어 바꾸기가 불가능했다. 수팽이 여러 차례에 걸쳐 옳은 도리로 간했으나 요구가 받아들이지 않았다. 그러자 수팽이 사방에서 오는 군포軍布[142]를 일절 퇴해 받지 않으며 이렇게 말했다.

"매월 정당한 격식의 세금이 있는데 정례에서 벗어나는 방법으로 가난한 백성들의 고혈膏血을 착취해 이것을 나누어 먹으면 어찌 그 복을 누리겠는가."

이 일로 말미암아 상하의 관리에게 눈흘김질을 당했으나, 처신하기를 바르게 하고, 일을 처리하기를 분명히 해 부서 안에서 제일로 손가락을 꼽았다. 그 아우는 선혜청宣惠廳 서리書吏[143]로 봉직했고 월급도 먹고살만은 했다.

하루는 수팽이 그 아우의 집에 가니 동이가 뜰에 죽 널렸고 무엇인가 걸러낸 검푸른 흔적이 있어 아우에게 물었다.

"이것이 무슨 물건이냐?."

"집사람이 직염업(반물장사)[144]을 한다고 합니다."

이 말을 들은 수팽이 소리를 버럭 지르며 아우를 매질했다.

"이놈아! 어디서 이런 틀린 수작을 붙이고 있는 게냐. 우리 형제는 모두 많은 녹봉을 받고 있으면서 달리 마련도 없는 이들의 일감을 뺏으면, 저 백성들은 무슨 일을 해 먹고 산단 말이냐."

그리고는 동이를 모조리 부숴버리라고 했다.

나라의 재정을 총괄하는 탁지부度支部의 창고에는 나라 보물로 저장한 금바둑쇠 은바둑쇠[145] 수백만 개가 있었다. 이것을 검사할 때에 판서가 한 개를 가져가니 수팽이 앞을 가로막았다.

"무엇에 쓰시려고 하십니까?"

"어린 손자에게 주려고 한다만, 왜 그러는가?"

수팽이 대답하지 않고는 금바둑쇠 한움큼을 소매에 넣으니, 판서가 말했다.

"무슨 연유로 그렇게 많이 가져가는 게냐."

"소인은 안팎으로 증손자가 많습니다. 각자 한 개씩을 주려한다면, 이것도 오히려 부족할 겁니다."

그리고 다시 엄정한 얼굴빛으로 말했다.

"이는 나라보물이라, 미처 생각하지 못한 일에 대비해 충당하려 대대로 전하는 것입니다. 대감이 손자에게 주신다 하니, 이것은 공적인 물건을 사적으로 사용하는 겁니다. 대감의 체통으로 크게 옳지 않은 것이며, 또 대감이 한 개를 취하시면 참판이 또한 가져갈 것이요, 일부 관료가 각자 취할 것이요, 서리 수백 명이 또한 가져갈 것이니, 이것은 이른바 '법이 행해지지 않는 것은 위에서부터 범해서이다法之不行 自上犯之'[146]라는 것이니, 가져가지 마십시오."

판서가 심히 낯빛을 붉히며 가져가려던 금바둑쇠 한 개를 도로 내놓으니, 수팽도 소매에 넣었던 것을 꺼내놓았다. 이를 본 부서 사람들이 모두 숙연해했다.

하루는 수팽이 공문서를 가지고 판서의 관저에 가서는 결재를 청했다. 판서가 마침 손님과 더불어 바둑을 두다가 다만 머리만 끄덕이고는 여전히 바둑 두기를 그치지 않았다. 수팽이 계단을 뛰어 올라가 손으로 바둑판을 쓸어버리고는 말했다.

"죽을죄를 지었습니다. 죽을죄를 지었습니다. 이것은 국가에 한시라도 늦추지 못할 공문서인데 속히 결재하지 않으시고 여전히 바둑을 두시는 것은 크게 옳지 않습니다. 그리고 소인은 윗사람에게 죄를 범했으니, 대감의 처분을 기다리겠습니다. 이 일은 급히 다른 관리에게 분부해 시행하십시오."

말을 마치자 수팽은 인사를 하고 뒤돌아서니, 판서가 수팽의 결기에 잘못을 사과하고는 그것으로 그쳤다.

한번은 민간의 처녀를 궁의 나인으로 많이 골라 충당할 때였다.

수팽의 딸이 계년笄年[147]이 되었으므로 그 딸을 위해 사위를 택하고 혼인할 날짜가 머지않았는데 궁인으로 뽑혔다. 수팽이 임금이 평소 거처하는 궁전의 문에 들어가 등문고登聞鼓[148]를 치고 글을 올려 "궁녀를 뽑으려면 반드시 액속掖屬[149]에서 뽑고 민간의 여자를 취하지 마소서” 했다. 임금이 이 말을 들으시고 이때부터 정식 법으로 민간의 여자는 취하지 못하게 했으니, 모두 수팽의 말을 따라 민간의 폐단을 개혁한 것이다. 그는 평생 남의 눈비음이나 맞추기 위한 행동을 하지 않았다 한다.

수팽이 어렸을 때에 집안이 몹시 가난해 늘 배곯는 애옥살이 형편이었다. 그래 수팽의 어머니가 바느질품을 업으로 삼고 불 때고 밥 짓는 일을 몸소 했다. 하루는 수팽의 어머니가 부엌에서 은 항아리를 발견했으나 이것을 도로 묻어두었다. 그 집을 판 뒤에야 비로소 집사람들에게 이렇게 말하는 것이었다.

“갑자기 이룬 부는 상서롭지 않은 것이요, 또 자손이 부를 믿고서 안일하면 그 재주를 이루지 못한다.”

《호산외기》[150]에 말했다.

“이 어머니가 아니면 이러한 자식을 낳지 못한다.”

“대감이 한 개를 취하시면 참판이 또한 가져갈 것이요, 일부 관료가 각자 취할 것이요, 서리 수백 명이 또한 가져갈 것입니다. 이것은 이른바 ‘법이 행해지지 않는 것은 위에서부터 범해서이다[法之不行 自上犯之]’라는 것이니, 가져가지 마십시오.”

일갈하는 저 이의 맘 고름이 참으로 좋다.

이러한 올바른 기개의 사내가 또 있었다. 그는 문장가이며 학자였다. 나는 조선 최고의 문호를 꼽으라하면 단연 연암을 든다. 조선 최고의 학자도 연암을 들겠다. 이유는 간단하다. 내 앎이 부족한 것이 제일의 이유이고 또 하나는 저이는 자기가 책에 쓴 대로 산 것 같아서다. 연암燕巖 박지원朴趾源(1737~1805)은 환자였다. 그는 평생 울울한 마음병에 걸려 지냈다.

연암의 처남인 이재성李在誠이 지은 제문에서 그 이유를 찾아보면 이렇다.

最所不能	가장 참지 못한 것은
酬妾鄕愿	두루뭉술 인물을 상대하는 일.
曲鍼腐芥	굽은 바늘 썩은 겨자씨 무리들
胥致尤怨	모두들 너무나 미워하였네.

이재성이 말한 '두루뭉술 인물[鄕愿]'은 '옳고 그름을 가리지 않고 아첨하는 짓거리를 하는 자'이다. 이 말은 《맹자孟子》의 〈진심편盡心篇〉 하와 《논어論語》의 〈양화편陽貨篇〉에 나오는데, 공자는 "향원은 덕의 도둑이니라[鄕愿, 德之賊也]"라고 했다. 즉 덕이 있는 체하지만 실상은 아첨해 모든 것을 좋다고 넘어가기에 덕을 훔치는 짓이라고 한 것이다.

《맹자》의 〈진심편盡心篇〉의 내용은 이렇다.

어느 날 맹자에게 제자 만장萬章이 찾아와선 말했다.

"한 마을 사람들이 향원을 모두 훌륭한 사람이라고 칭찬하면 그가 어디를 가더라도 훌륭한 사람이잖습니까. 그런데 유독 공자만 그를 '덕을 해치는 사람'이라고 하셨는데 이유가 무엇 때문인지요."

맹자는 이렇게 답한다.

"그를 비난하려고 해도 비난거리를 들게 없고, 헐뜯으려고 해도 헐뜯을 게 없고, 유행하는 풍속에 함께하며 더러운 세상에 맞춘다. 거함에 충성과 신의가 있는 것 같으며, 일을 행함에 청렴결백한 것 같으니, 여러 사람들이 향원이 하는 일을 기뻐하고 향원 스스로도 옳다하고 세상에서는 청렴결백한 것 같아 모두 그를 따르며, 스스로 옳다고 한다. 하지만 요堯임금이나 순舜임금의 도道에 함께 들어갈 수 없기 때문에 '덕의 도적'이다'라고 말씀하신 게요[日, 非之無擧也, 刺之無刺也, 同乎流俗, 合乎汙世. 居之似忠信, 行之似廉潔, 衆皆悅之, 自以爲是. 而不可與入堯舜之道, 故曰德之賊也]."

'덕을 해치는 사람', 즉 '사이비似而非 군자'란 뜻이다.

공자는 이를 두고 "나는 사이비한 것을 미워한다[孔子曰 惡似而非者]"라고 했으니, 외모는 그럴듯하지만 본질은 그렇지 못한, 즉 겉과 속이 판연히 딴판이라 그러한 것이다. 향원은 이렇듯 올바른 길을 걷지 않고 시류에 영합하며, 자신의 본분을 망각하거나 말로 사람을 혼란시키는 사회의 암적인 존재들이다.

서양에서는 이러한 자들을 스노보snob(俗物)라고 부른다.

이러한 '향원'류가, 세력을 얻어 설치는 세상을 만들지 않으려고 책을 읽는 것 아니겠는가.

17

어찌 길에 떨어진 물건을 주어 제 것으로 만들 수야 있겠습니까

주운 물건을 찾아주고 인생이 바뀐 염희도

　묵재默齋 허적許積(1610~1680)[151]은 현종顯宗(1641~1674) 때 사람이다. 허적이 영의정으로 있을 때에 한 종이 있었다. 성은 염廉이요, 이름은 희도喜道였다. 사람됨이 민첩하고 지혜로우며 또 정직해 허적의 허물을 일일이 직언할 정도였다. 허적도 희도를 의지하고 아끼어 옳지 않은 일은 보이지 않았다. 하루는 희도가 밖에 외출했다가 손에 한 커다란 주머니를 가지고 들어왔다.

　"이것은 길가에서 주은 물건인데 안에 600냥 은자가 있습니다. 어떤 사람이 길에서 잃어버렸는지 소인이 그 주인을 찾아서 돌려줄까 합니다."

　"네가 이미 주웠으니 곧 너의 물건이다. 또 너의 집안 처지가 달리 마련도 없는 형편이니 이것으로 생계를 꾸리는 것이 어떻겠느냐?"

소인이 만일 이 물건에 욕심이 생겼다면 이것을 숨겨서 모두 가질 것이지,
어찌 본 주인을 찾아 준 다음 그 반을 얻겠습니까.

희도가 얼굴빛을 바로하고 그렇지 않다고 말했다.

"옛사람의 말에 '이득이 생기면 그 이득이 의로운지 해로운지를 생각해야 한다[見得思義]'라 했습니다. 소인이 비록 구렁텅이에서 구를지언정 어찌 길에 떨어진 물건을 주어 제 것으로 만들 수야 있겠습니까? 대감의 가르치심이 천부당만부당합니다."

공이 얼굴을 고치고는 사과했다. 다음날 희도를 불렀다.

"어제 공석에서 병판兵判인 청성淸城 김석주金錫胄(1634~1684)[152]가 600냥의 은자에 말을 판다고 했는데, 필시 이 물건의 주인이 아닌 듯싶구나. 혹 청성댁 사내종이 길에서 잃어버렸는지도 모르겠다."

희도가 그 은자를 손에 들고는 청성 댁을 찾아서는 청성을 뵙고 물었다.

"혹 대감 댁에서 말을 팔고 값을 받으신 일이 있으신지요?"

"그러한 일이 있기는 하다만. 아무개 종이 '오늘 드리겠습니다' 하더니 지금까지 바치지 않고 있구나."

희도가 소매 속에서 은자를 꺼내어주었다.

"소인이 어제저녁 길가에서 이 물건을 주었는데 들으니 대감 댁에서 말을 팔았다고 하더군요. 그래, 이것이 필시 댁의 종이 잃어버린 듯해 가지고 온 것입니다."

청성이 놀랍고 이상스러워, 즉시 그 종을 불러 물었다.

"네가 말 값을 오늘 바친다 하더니, 이 사람이 길에서 주었다는 물건이 그 말 값인 듯한데 혹 네가 잃어버린 게냐?"

종이 고개를 숙이고 털썩 주저앉으며 머리를 땅에 박았다.

"소인이 어제 말 값을 흥정할 때 술을 과음했구먼요. 그래 취기가 올라서는 돈 자루를 메고 오다가 그만 어느 곳에서 떨어뜨린 줄을 몰랐시유. 겁이 나 되는대로 돌려대, '오늘 드린다' 하고 사방으로 두루 찾아다녀도 끝내 찾지 못했구면유. 그래 지금 막 자결을 하려던 차에 이렇게 물으시니 황공하구면유."

청성이 희도에게 말했다.

"네가 길 위의 떨어진 물건을 얻어 주인을 찾아 돌려주니, 그 청렴하고 꼿꼿한 성품은 실로 맘속 깊이 존경할 만하다. 이 은자를 내가 이미 잃어버렸고 네가 얻은 것이니, 너의 재물이다. 그러니 이 반을 가져가는 것이 좋을 듯하구나."

희도가 머리를 흔들었다.

"소인이 만일 이 물건에 욕심이 생겼다면 이것을 숨겨서 모두 가질 것이지, 어찌 본 주인을 찾아준 다음 그 반을 얻겠습니까. 이 말씀을 감히 따르지 못하겠습니다."

그리고 곧 인사하고 물러나 문을 나왔다.

희도가 막 문을 나서는데, 그 종의 어미와 처가 앞을 막아서 몇 번이나 절을 하며 고맙다 했다.

"내 자식이 술을 먹은 뒤에 말 판 값을 잃어버렸고 빈손으로 돌아왔지요. 상전의 성품과 도량이 엄격하고 준엄하신지라, 내일엔 반드시 여러 조치를 내릴 것이므로 지금 자결하려 했답니다. 그런데 천만 뜻밖에 살아있는 부처님을 만나 남은 목숨을 살리셨으니 그 은혜는 산과 같고 덕은 바다와 같습니다. '몸을 가루를 만들고 뼈를 간다' 할지라도 보답하기 어렵군요. 은인께서는 잠깐 저희 집으로 가셨으면 합니다. 한 잔의 술이나마 감사의 뜻을 표하려 합니다.”

희도가 고개를 저으며 손사래쳤다.

“아, 이것은 당연한 일인데, 무슨 사례함이 있단 말이오.”

사양하고 가려고 하니 그 종의 어미와 아내가 옷자락을 잡고는 놓지 않으며 간절히 애걸했다. 희도가 어쩔 수 없이 그 집에 들어가니 술과 안주를 잘 차려 대접했다.

잠시 후였다. 열서너 살쯤 된, 반듯한 얼굴하며 옷차림이 단정한 계집아이가 두 번 예를 갖추고 감사의 말을 했다.

“아버지를 살려주신 은혜는 보답하기 어렵습니다. 반눈에도 차시지 않겠지만, 소녀가 은인을 따라가 심부름하는 종이 되겠습니다.”

희도가 정색을 하고는 곧 좋은 말로 거절하고 집으로 돌아왔다.

그후 경신년庚申年(1680)에 허적의 서자 견堅(?~1680)이 역모 사건으로 죽임을 당하고 화가 장차 한 집안에 미칠 때였다.[153]

어떤 사람이 허적에게 “자살하시는 게 좋을 듯하오만” 하니 공이 답했다.

“내가 흉한 자식을 두었으니 법에 당연히 연좌될 걸세. 현주顯誅[154]를 면하려 자살하는 것은 임금의 명령을 공경하는 것이 아니지. 그리고 내가 지평持平[155]이 되었을 때 일세. 한번은 길에서 한 나이 어린 자의 의복이 극히 사치스러웠음을 보고 이자를 붙잡아다 혼쭐을 내주려한 적이 있었다네. 이때 한 여인이 나를 꾸짖어서 욕하기에 이 여인도 함께 잡아들였다네. 알고보니 그 소년의 처인데 이 여인도 또한 차림이 극히 사치했기에 그 부부를 한매에 때려서 함께 죽였지.

견을 낳던 밤에 한 노인이 와 이렇게 말하더군.

'네가 아무 해에 소년 부부를 죽인 일을 생각나느냐? 어린아이들이 어찌 법의 이치를 알겠느냐? 그 사치한 한 가지 일로 죄를 가한다면 그 부모를 벌주는 것이 마땅할 것이거늘, 외동아들과 외동딸을 모두 죽였으니 사람에게 악을 쌓는 것이 이보다 심한 것은 없다. 하늘이 너에게 벌을 내려 이 악한 아이를 낳게 해, 한 집안을 뒤집어 멸족케 할 것이다. 나는 네가 죽인 아이의 아버지다. 원수를 갚을 날이 멀지 않으리라' 라고. 내가 꿈을 깨곤 심히 즐겁지 않았으나 이를 허탄한 것으로 돌렸더니, 지금 과연 그 말이 들어맞았군. 내가 악을 쌓은 까닭이니 어찌 도망치겠는가."

이때에 허적이 희도를 불렀다.

"자네가 우리 집과 비록 사사로운 은혜는 없다하나, 세상 사람들은 그렇지 여기질 않아. 모두들 자네를 우리 집에 매우 가까운 시중꾼으로 보고들 있네. 그러니 자네에게 분명 화가 미칠 것이야. 빨리 몸을 피하도록 하게."

"소인이 이때를 당해 어찌 차마 대감을 버리고 가겠습니까."

희도가 울며 말하자 허적이 이내 받았다.

"그렇지 않다네. 자네처럼 죄 없는 사람이 나와 함께 죽을 땅에 들어가는 것은 있을 수 없는 게야. 충주 목사牧使[156]가 나와는 막역한 사이일세. 내가 글을 써 부탁하면 살아갈 방도를 세워줄 것이니, 어서 길 떠날 채비를 서둘러 곧 충주로 내려가게나."

희도가 눈물을 흘리며 공손히 인사를 드리고 길을 떠났다. 충주에 도착해 목사를 뵙고는 글을 전했다.

"이곳도 큰길가라 보는 눈이 많다. 너는 순흥順興[157] 부석사浮石寺[158]
에 가 몸을 숨기고 있어라."

이어 노자와 식량을 후하게 내주었다. 희도가 어쩔 수 없이 부석사
에 들어가 머무르게 됐다. 이러하니 서울 소식이 막연해 자연 듣지를
못했고, 먹고 자는 것도 편치 않았다. 어느 날 밤에 꿈을 꾸었는데 한
신령스런 사람이 나타나 말했다.

"네가 월해암月海庵으로 가면 서울 소식을 들을 게다. 또 앞날의 길
흉도 알 수 있으리라."

희도가 놀라 일어나 노승에게 물어 월해암을 찾아갔다.

월해암 부근에 이르러 물어보았으나 한 사람도 아는 사람이 없었다.

그때 한 노승이 지팡이로 가리키며 길을 일러 주었다.

"이곳으로부터 한 육칠십 리를 가면 절벽 꼭대기에 한 낡은 암자가 있
을 걸세. 이곳이 필시 월해암인 듯한데, 돌길이 험한 게 여간 높고 가파
르지 않아. 나는 새도 올라가지 못한다지 아마. 지금으로부터 한 삼십
년 전에 들으니, 한 노승이 올라가서는 아직까
지 내려오지 않았다고 하더구면. 아마, 반드
시 죽은 지 이미 오래됐을 게야. 이 암자
는 노승들이라도 가 본 자가 없다네."

이 말을 듣고 희도가 속가량했다.

'신세가 이미 이와 같이 되어 천
지간에 어딘들 용납하겠나. 만일 암

벽의 사이에서 남모르게 죽은들, 이 또한 달게 받아들일 일이지.'

드디어 지팡이를 짚고 길을 찾아 나섰다. 담장이 넌출과 등나무를 잡으며 한치한치 앞으로 나아갔다. 몇 리쯤 지나 한 곳에 이르렀다. 두 절벽이 마주 섰는데, 그 아래는 몇 만 길이 되는 지 알 수 없었다. 열서너 걸음쯤 되는 거리에 외나무다리가 있었으나, 오래되어 썩어 문드러져 발을 붙이고 서기조차 어려웠다. 희도가 죽기를 작정하고 기어서 절의 문간에 도착했다. 문을 가로댄 나무에 과연 '월해암' 이라는 현판이 삐딱하니 걸려 있었다. 희도가 속으로 '허참, 기이하네' 하고 문안으로 들어갔다. 한 다 쓰러져가는 폐사였다. 수북하니 먼지만 쌓여 있었다. 방에는 탁상이 놓여 있고 웬 노승이 눈을 감고 묵묵히 앉았는데, 모습이 꼭 마른나무 처럼 보였다. 희도가 탁상 앞에서 절을 올리고 엎드렸다.

"저는 이 천지에서 몸 둘 곳이 없는 궁박한 사람이옵니다. 바라옵건대 살아있는 부처께서는 자비를 베푸시어 저에게 앞날의 화복을 지시해 주십시오."

합장을 하고는 여러 번 절을 올리니, 얼마 후 스님이 입을 열었다.

"나는 너의 오촌 증대부曾大父[159]다. 너와 헤어진 지 40년이 지났는데, 지금 이곳에서 만나다니, 참으로 다행이구나."

희도가 놀랍고 기뻐 눈물을 흘렸다.

"그러면 스님께서 세속 이름이 아무개 씨가 아니십니까?"

"그렇지."

희도의 종증대부는 나이 열대엿 살쯤에 홀연 미친증이 나타났다. 그때 집을 나간 후론 아무도 그의 그림자조차 보지 못했는데, 지금 산부

처인 생불生佛이 되어 희도의 앞에 앉아 있는 것이다. 희도가 말했다.

"저는 돌아갈 곳이 없는 궁한 몸입니다. 다행히도 가까운 일가 어르신을 여기에서 뵙게 되었으니, 제가 어르신을 뫼시고 여기서 생을 마치겠습니다."

"부득이하게도 내가 너와 비록 가까운 사이라고는 하나, 가는 길이 달라 세속의 인연이 이미 끊어졌다. 또 네가 여기 머무르더라도 아무 이득 될 게 없다. 허나, 너의 앞길은 그리 고달프지 않을 게다. 아무 곳에 가면 아무 절에 아무 중이 있다. 이 사람은 내 사촌 아우이니, 네가 이 절에 가서 물으면 길흉을 훤히 알게다."

그리고는 재촉해 어서 가라했다.

"제가 올 때 외나무다리에서 죽을 뻔했습니다. 지금 어찌 또다시 그곳을 밟고 지나가라 하십니까."

그러자 생불이 껍질을 벗긴 삼지팡이 하나를 주었다.

"이것을 짚고 가면 무사할 게다."

희도가 어쩔 수 없이 그 지팡이를 짚고 문을 나섰다. 갑작스레 몸이 가볍고 발이 거뜬한 게 날듯 했다. 편안하게 외나무다리를 건넌 후 속으로 생각했다.

'거, 신통한걸. 이 지팡이는 신선을 만드는 기이한 물건인가 본데, 이것만 짚고 세상에 나가면 어려운 일이 없겠는 걸. 인간 세상에는 없는 귀한 보물이야.'

희도가 급히 동구 밖으로 나와 한 시내를 건널 때였다. 발이 미끄러져 물에 빠지면서 '아차' 하는 사이에 지팡이를 놓쳐버렸다. 지팡이는 꿈틀꿈틀 용같이 공중으로 떠오르더니, 곧 월해암 쪽으로 향해 곧장 날아갔다. 희도는 멍하니 넋을 잃고 바라보고만 있었다.

희도가 생불이 가르쳐 준 곳으로 가서는 두루 찾아보았다. 정말 그 생불의 사촌 아우가 되는 스님이 있었다. 희도가 그 스님 앞에 가서 두 번 절을 올리고 생불의 말을 전하자 그 중이 말했다.

"허씨(허적)는 그 사이에 이미 법에 의해 처형됐다지 아마. 집안사람은 한 사람도 살아남은 자가 없다더구나. 또 너에게도 재앙이 박두했으니, 너를 뒤쫓는 포교가 곧이어 문에 이를 것이다. 빨리 나가거라. 타고난 운수와 왕명을 피하지는 못한다. 그러나 네가 지금 붙잡혀 간다 해도 걱정할 것은 없다. 반드시 한 귀인이 온 힘을 다해 주선할 것이니, 모든 일이 그 귀인의 힘을 입어 자연히 무사할 게다. 차후에는 또 좋은 아내를 얻어, 집안은 부요하고 자손은 번성하리라. 지금 가는 길이 흉은 적고 길함은 많을 테니, 그리 염려치 마라."

희도가 곧 행장을 꾸려 문을 나서니 서울서 온 포교가 과연 뒤를 따라와 있었다. 그리해 희도는 포박을 당해 서울로 올라가게 되었다. 이때에 청성 김석주가 판금오判金吾[160]로 이 옥사를 담당하고 있었다. 청성은 이내 희도를 알아보고 전에 말 값, 은자 600냥을 길에서 주워 이를 갖지 않고 본 주인에게 돌려준 일화를 낱낱이 임금에게 아뢰었다.

"희도의 청직한 지조가 이와 같사온즉, 결코 흉한 역모에 가담했을 리 없사옵니다. 용서하실 여지가 충분히 있사옵니다."

이에 임금이 희도를 용서해 무죄석방하게 했다. 희도가 옥을 나와 청성을 가서 뵙고 살려주신 은혜를 사례하니 청성이 말했다.

"자네의 맑은 지조로 어찌 흉한 역모에 끼어들 리가 있단 말인가. 내가 자네를 힘써 구한 까닭은 자네의 특별한 지조에 감탄함이었네. 하니 무에 감사할 것이 있단 말인가."

그리고는 은자 200냥을 주어 살아가는 데 쓰게 했다. 희도가 그 은자로 물건을 사서 행상을 하며 팔도를 돌아다녔다.

하루는 영남지방으로 내려가 한곳을 지날 때였다. 크고 화려한 집이 보였는데 묻지 않아도 부잣집임을 한 눈에 알 수 있었다. 그 집 문앞에 마침 한 어린 계집종이 나와서는 오도카니 서 있었다. 희도를 보더니 살 물건이 있다며 안으로 들어오라 했다. 희도를 인도해 큰 대문으로 들어가서는, 또 중문을 지나 안으로 들어가기에 희도가 이상해 막 물으려 할 때였다. 열 여덟아홉쯤으로 보이는 처녀가 넘어질 듯 자빠질 듯이 급히 마루에서 내려와 맞이했다.

"어서 오십시오. 군자께선 제가 누구인줄 아시겠는지요?"

"나는 본래 서울에서 온 장사치로 내가 어찌 처자를 알겠소."

"저는 김청성 댁의 계집종이옵니다. 아무 해, 아무 달에 제 아비가 말 값을 길에서 잃어버린 적이 있었지요. 이것을 군자께서 주워 되돌려 주셨기에 제 아비가 살아나셨지요. 제가 그 노복의 딸이랍니다. 왜 그때 보지 않으셨는지요?

"에! 아니, 그러면 처자가 왜 이곳에서 사는 게요. 또 어떻게 이와 같이 큰 부를 이룬 게요?"

"말씀드리지요. 제가 그때에 군자를 따르려 했으나 완강하게 거절하시기에 부득이 그만두었습니다. 그러나 다시 깊이 생각해 보니, 아비를 살리신 은혜를 갚으려면 특별한 계획을 세우지 않으면 안 되겠기에, 바느질을 하고 실을 잣고 천을 짜는 것을 업으로 삼아 돈이 푼푼이 생길 때마다 모아두었지요. 요행이도 이것이 수백 금이 되면 이것을 가지고 그대의 아내가 되려 한 것이지요. 그러나 허상국 댁에 변란이 생긴 후로는 군자의 종적을 알 길이 없었답니다. 어쩔 수 없어 부득이 머리를 깎고 팔도를 두루 다니며 군자의 종적을 찾다가 끝내 찾지 못하고 이곳에 정착하게 된 것이에요. 그리고는 길쌈을 업으로 삼았더니 5, 6년 사이에 재산이 늘어 오늘의 부요를 이루었답니다. 이후로는 밤낮으로 하늘에 기도해 군자를 만나기를 빌었지요. 드디어 어젯밤 꿈에 신인이 나타나서 말하기를 '내일 아무 때에 네가 보려는 사람이 여차여차한 모양새로 문에 이를 것이다. 너는 이 기회를 잃지 말라' 했답니다. 그래, 제가 아침부터 계집애년을 시켜 문에서 기다리게 한 것이지요. 지금 이렇게 상봉하게 되니 어찌 하늘의 도움이 아니겠어요."

희도는 곧 여인과 혼인을 해 함께 살게 되었다. 희도는 늘 허적 가문이 망한 것을 슬퍼했다. 가슴에 맺힌 원한을 풀어버리려 전토를 팔아 서울로 올라가 수천 금을 뿌렸다. 하지만 온갖 방법으로 주선했으나 마침내 뜻을 이루지 못했다. 희도는 자손이 번성하고 가계가 풍족했으며, 나이가 팔십에 이르러서야 삶의 끈을 놓았다.

훗날 경상도 안동에 사는 김 아무개가 전傳을 지어[161] 풍원군豐原君 조현명趙顯命(1690~1752)[162]에게 보여주었다. 풍원이 희도의 자손을 수소문해 보니 그 자손 중의 한 사람이 장예원掌隸院[163]의 구실아치 노릇을 보고 있었다고 한다.

18

어떠하냐? 놀이를 하는 것이 가짜태수

가짜태수 놀이로 시집 간 다섯 자매

연원延原 부원군府院君 이광정李光庭(1552~1627)[164]이 경기도 양주楊州 고을의 목사일 때의 일이다. 광정이 매 한 마리를 길렀는데 사냥꾼을 시켜서 늘 사냥을 하게 했다.

하루는 사냥꾼이 사냥을 나갔다가 매가 놓였다. 따라가 보니 고을 밖에 사는 이 좌수座首네 문 밖 큰 나무 위에 앉았다. 사냥꾼이 그 집 문 앞에 가서야 간신히 매를 불러 팔에 앉혔다. 사냥꾼이 막 돌아오려고 하는데 갑자기 그 집 안에서 여러 사람이 왁자지껄하는 소리가 났다. 그래, 사냥꾼이 울타리 틈으로 엿보니 다섯 명의 처녀였다. 처녀들의 생김생김이 모두 굳세어 실팍해 보이는 것이 건장한 사내와 같았다. 그때 그중에 한 처녀가 말했다.

태수가 너그 위세 있고 엄숙하게 높은 소리로 영을 내렸다.
"이 좌수를 즉시 잡아들여라."

"오늘은 마침 조용하니 가짜태수 놀이를 하는 것이 어떠하냐?"

네 명의 처녀가 소리를 함께해 응낙했다. 서른가량 된 큰 처녀가 돌 위에 높이 앉아 태수의 모양새를 했다. 그 아래 여러 처녀는 각자 차례로 줄을 지어 혹은 형방刑房[165]이 되고, 혹은 좌수座首[166]가 되고, 혹은 급창及唱[167]이 되고, 혹은 사령使令이 되었다. 그리고 얼굴을 마주하고 서서는 태수의 명이 내리기를 기다렸다. 태수처녀가 위세 있고 엄숙하게 높은 소리로 영을 내렸다.

"이 좌수를 즉시 잡아들여라."

형방처녀가 급창처녀를 불러 명령을 내리고 급창처녀가 사령처녀를 불러서는 분부하니, 사령처녀가 명령을 받들어 좌수처녀를 붙잡아서는 뜰 아래에 무릎을 꿇렸다. 태수처녀가 노기를 띠어 높은 소리로 그 죄를 하나하나 따져 당조짐을 해댔다.

"네가 네 죄를 아느냐?"

좌수처녀가 두려워 벌벌 떨며 겁이 나서 소리를 내지 못하고 숨을 죽여 대답했다.

"사또의 엄명을 아래에서 어찌 감히 속이겠습니까마는, 소인이 어떠한 죄를 범했는지요? 소인은 실로 자세히 알지 못하겠나이다."

태수처녀가 발끈 성을 내었다.

"사리에 어두운 상사람이기로서, 아직도 자기 죄를 자백하지 않는단 말이냐. 허어! 심히 고얀 지고. 대저 혼인이라 하는 것은 사람의 큰 윤리다. 그러므로 남자로서는 아내 두기를 원하며, 여자는 그 가장 두기를 바라는 게 아니냐. 이것이 하늘의 이치요, 사람의 본성에 당연한 것이거늘. 그런데 너는 다섯이나 되는 딸을 두었잖느냐. 그 막내딸이 이미 혼기를 지나쳤으니, 그 장녀 이하의 나이를 알만하다. 네가 진실로 사람의 맘보를 지닌 자라면 어찌 이와 같이 막중한 사람의 큰 윤리를 막아, 다섯 딸들이 혼인할 나이가 지나 시집 갈 때를 놓치도록 아직도 사윗감을 택하지 않을 수 있단 말이냐?”

좌수처녀가 “예예” 하며 죄를 순순히 인정하고 고개를 숙여 넙죽 엎드렸다.

“제가 비록 어리보기이나 어찌 인륜의 중함을 모르겠사옵니까. 그러나 제 딸아이가 한둘이 아니옵니다. 사방으로 혼처를 구했으나 마땅한 신랑감이 없었습니다. 혹여 뜻이 맞는 곳이 있다 할지라도 집안 형편이 넉넉지 못해 청혼하는 자가 없어, 차츰차츰 날이 가고 달이 흘러 오늘까지 일을 끌어 미루게 된 것이지, 제가 생각이 없어서가 아니옵니다.”

태수처녀가 분부했다.

“네가 감히 궤변을 늘어놓는구나. 대저 혼인이라 하는 것은 이른바 ‘칭가유무秤家有無(집의 형세에 따라 일을 알맞게 함)’라. 그 집안 형편이 어떠한가에 달려있다. 집안 형편이 어려우면 한 모금의 물을 떠 놓고 혼례를 치른다 해도 하등 불가함이 없는 것이거늘. 네가 또 마땅한 신랑감이 없다고 했으나, 만약 정성을 다해 널리 구한다면 이른바 ‘하늘 아래 짝 없는 것은 없다天下無不對’는 격으로, 어찌 마땅한 배우자가 없는 것을 걱정하겠느냐. 내가 여기저기 알아본 바로는 아무 동리의 송 좌수座首, 오 별감別監과 또 아무 곳의 정 좌수座首, 김 별감

別監, 최 향장鄕長[168] 집에 모두 장성한 신랑감들이 있다 하더구나. 이들로 다섯 딸의 짝을 지어주거라. 저들은 너희 집안과 문벌이나 덕망 또한 어금지금 하잖느냐. 네가 성심으로 이 집안에 혼인할 뜻을 전한 후에 이어 네 다섯 딸을 출가시킨다면, 한편으로 네가 자식의 부모 된 자로서 직분을 다한 게 아니겠느냐?"

좌수처녀가 대답했다.

"제가 마땅히 분부를 받들어 혼인할 뜻을 전하겠지만서도, 반드시 제 집이 달리 마련도 없는 형편이라 기꺼이 따르지는 않을 성싶습니다."

태수처녀가 다시 성을 한껏내며 꾸짖었다.

"너의 정성이 어떠한가에 달려있는 것이지. 어찌 뜻대로 안 될 리가 있으며, 또 아무아무 곳에 청을 넣어 들어주기를 부탁한다면 반드시 도움을 얻을 터인데. 아, 그런데 너는 이런 행동엔 나서지 않고, 다만 가난하다고만 핑계를 대고 있구나. 네 성의가 없음을 내 진작 알아보았다. 네 죄는 마땅히 태형笞刑[169]감이다. 허나 아직은 너그럽게 용서해 석방하니 속히 혼인을 정해 예식을 치르도록 하라. 만약 그렇지 않으면 마땅히 엄한 형벌에 처할 것이다."

그리고 잡아서 끌어내는 시늉을 한 뒤에 다섯 처녀가 손바닥을 치며 "깔깔" 웃었다.

사냥꾼이 이를 보고 돌아가 이러저러한 내용을 갖추어 연원 이광정에게 고했다. 연원이 크게 웃고 호조의 아전을 불러 이 좌수의 내력을 자세히 물었다. 그러한 후에 '가짜태수 놀음'으로 '진짜태수의 일'을 처리해 보기로 했다.

이 좌수座首[170]는 전목사 때에 우두머리 향원鄕員을 지낸 사람이다. 나이 오십에 아들은 없고 다만 딸만 다섯을 두었다. 그러나 집이 애옥살이 시골살림이라 다섯 딸 모두 시집보내기에 알맞은 시기를 놓쳐버린 지 이미 오래였다. 연원 이광정이 예방禮房의 아전을 시켜 이 좌수를 불렀다. 오래지않아 이 좌수가 와서 뵙거늘 연원이 말했다.

"그대가 전에 일찍이 좌수를 지냈기에 읍의 일에 관해 상의하려 불렀다네."

그리고는 그 자녀의 수를 물으니 이 좌수가 대답했다.

"제 운명이 기구해 아들 하나 낳지 못하고 다만 딸아이만 다섯을 두었나이다."

"이 딸아이 다섯은 모두 시집을 보내었소?"

"아직 하나도 혼례를 치루지 못했나이다."

공이 거짓으로 놀라는 체했다.

"금년에 각각 나이가 얼마나 하는데 아직도 시집을 보내지 않았단 말이오?"

"막내딸의 나이가 이미 혼기를 넘겼사옵니다. 집안 형편이 빈한해 아직까지 정혼치 못했나이다."

공이 이에 전에 사냥꾼에게 전해들은 대로 태수처녀가 신문한 모양으로 똑같이 물었다. 좌수가 대답하는 것 역시 좌수처녀가 답한 것과 꼭 들어맞았다. 공이 또한 태수처녀의 말과 같이 아무 동리, 아무 좌수, 별감의 아들을 죽 나열했다.

"저 사람들은 모두 그대와 함께 문벌이 서로 엇비슷하고 또 인금나

름으로 쳐도 신랑감으로 취할 만한데, 어찌 이곳에 혼인을 청하지 않
는 게요?”

“이것이 과연 저의 뜻에도 적합하오나 제 집이 달리 마련도 없는 형
편이라, 저들이 받아들이지 않을 듯해 감히 입을 열지 못했나이다.”

“이 일은 내가 마땅히 중간에 서서 중신을 서보겠네.”

그리고 즉시 아전을 시켜 다섯 곳에 사람을 급히 보내, 관청의 명
령으로 다섯 명을 불러오게 했다. 다섯 사람이 모두 명에 응해 곧 도
착했다. 공이 각자 한 사람씩 잼처 물었다.

“그대의 집에 신랑감이 있다는데 정말이며, 모두 혼례를
마쳤는가?”

다섯 사람이 대답했다.

“저희들의 아들이 과연 장가들 나이가 되었으나 아직 입
에 맞는 떡이 없어 사방으로 널리 구하는 중에 있나이다.”

“내가 들으니 아무 동리, 아무 좌수 집에 다섯 명의 딸이
있어 표매標梅[171]의 때에 미쳤다 하네. 어찌 이 집안과 가까운
정의를 맺지 않는 겐가?”

다섯 사람이 서로 돌아보며 주저주저하는 것이 응낙의 빛을
보이지 않았다. 공이 이에 엄한 태도로 얼굴빛을 바로잡았다.

“이쪽도 향족鄕族[172]이며 저쪽도 향족 아닌가. 집안이 서로 맞아 어느
쪽으로 저울대가 기우는 것이 없거늘, 그런데도 그대들이 저 집안과 혼
인하려 하지 않는 것은, 말눈치로 보아하니 다만 빈부를 비교해 그러함
이라. 그대들은 ‘혼인에 재물을 논하는 것은 오랑캐 방법’[173]이라는 말

을 듣지도 못했단 말인가. 대저 혼인을 맺음에 오직 신랑감과 아내의 덕이 어떠한가만 따질 뿐이다. 어찌 부한 뒤에라야 이를 취하며, 가난한 자라해 이를 버린단 말인가. 그러면 가난뱅이 집의 딸은 길게 땋아 늘인 머리채로 늙어 죽어야 한단 말인가. 이 일은 내가 중신을 서려 작심을 했네. 내 이미 말을 꺼낸 터에, 그대들이 감히 이 사또의 말을 거역하겠는가?"

다섯 사람이 이 정도에 이르자 감히 한마디도 반대하지 못하고 연원의 말에 순순히 따랐다. 공이 그 자리에서 다섯 장의 종이를 꺼내서는 각각 앞에 놓으며 아들의 사주四柱를 쓰게 한 후에, 신랑감 나이가 많고 적음에 따라 처녀의 차례를 정했다. 그리고 술과 음식을 대접하고 또 각자 모시 한 필씩 주었다.

"이것으로 신랑의 예복을 지을 비용으로 삼게들."

또 분부했다.

"다섯 처녀의 혼수 비용은 관가 비용에서 지급할 것이니 이 좌수네는 염려치 말게나."

그리고 곧 좋은 날을 가려보니, 며칠 사이에 있었다. 급히 베와 비단, 돈과 쌀을 보내 혼수를 마련하게 하고 병풍과 늘어놓는 여러 가지 것들도 관가에서 마련해 공이 당일 친히 이 좌수 집에 갔다. 다섯 개의 탁자를 마당 한가운데 죽 벌여놓고, 다섯 신랑과 다섯 신부로 하여금 동시에 예를 행하게 했다.

구경꾼들이 담을 친듯했다. 모두 사또가 좋은 일을 한 것을 두고 이야기들을 했다. 그리고 그 군의 사람들이 모여 그 덕을 칭송하고 기리는 비를 세웠다. 옛사람들이 태평시절 정치를 "안으로 원망하는 여인이 없었다內無怨女"[174]라고 했다. 공이 바로 그러한 정치를 한 사람이라 하겠다.

　'카론Charon의 동전 한 닢'이라는 말이 있다. 옛 그리스에서는 죽은 사람의 입에 동전 한 닢을 물려 장례를 치르는 풍습이 있었다. 이 돈은 죽은 자가 건너는 강의 뱃사공인 카론에게 줄 노잣돈이다. 물론 동양에도 '반함飯含'이라 해 상주가 버드나무숟가락으로 쌀 몇 낟알과 구슬 한 알을 망자亡者 입 속에 넣는 의식이 있다. 역시나 저승 노자다. 죽어서도 노자마련 없이는 저승길 나서기도 힘든가 보다. 여하튼 돈으로 인금을 매기고, 물질에 자발적 복종의 맹세를 한다는 것은 이제나 저제나 꽤 큰 비극이다.

　하지만 저때엔 그래도 인정머리가 있어서인지, 돈의 가치를 모든 것에 우선하지는 않았다. 나라를 이끄는 양반네들, 특히 한골 나가는 계층은 "혼인하고 장가드는 데 재물을 논하는 것은 오랑캐의 일이다 婚娶而論財 夷虜之道也"라는 글을 줄줄 외워 재꼈기 때문이다. 하지만 이 글의 저 좌수니, 별감들을 보면 말이 좀 달라진다. 저들은 '돈만 있으며 개도 멍첨지'라 부를 위인이다. 글은 읽을 줄 알면서도 몸은 따르지 못했다는 소리이니, 참 글이 아깝다.

　이 이야기에 명관으로 등장한 눌은 이광정의 작품 중에는 재미있는 글들이 많다.

그중 〈노파지오락老婆之五樂〉이라는 우언이 있다. 이 우언은 눌은의 문집인 《망양록亡羊錄》에 실려 있다. 《망양록》에는 스물한 편의 우언이 실려 있는데, '망양亡羊' 이란 뜻은 《장자莊子》〈병무편騈拇篇〉에 보이는 '책을 읽느라 양을 잃어버렸다' 는 독서망양讀書亡羊의 '망양' 의미와 근사하다. 즉, '자기의 본분' 을 잊어버리는 것을 경계하는 말이다.

'노파지오락' 은 반어적 명명이다. 풀이하자면 '노파의 다섯 가지 즐거움' 이라는 뜻이지만 실상은 전혀 그렇지 못하기 때문이다.

노파는 길가의 움막에서 겨우 목숨을 연명하며 꼽추병을 앓군 있었다. 이 노파에게 한 관리가 '인생의 낙이 있소' 라고 묻자. 노파는 다섯 가지 즐거움이 있다고 하니, 이렇다.

"첫째는 여자로 태어나, 둘째는 미천해서, 셋째는 일을 해서, 넷째는 병이 들어서, 다섯째는 배고프고 춥워서 즐겁지요"(김영, 《망양록 연구》, 집문당, 2003).

어찌 저 일이 즐겁다 할 수 있겠는가. 당시 사회에 대한 뼈아픈 일갈이 아니겠는가. 아마 지금도 저러한 이는 많을 것이다. 등 따습고 배부른 사람들, 특히 나라의 녹을 먹는 사람들은 저런 이들에게 손을 내밀어줘야 한다. 그것이 바로 '망양' 의 교훈, 곧 '자기의 본분을 잊지 않는 것' 이다.

19

나는 한 번 방사를 하면 틀림없이 자식이 생긴다오

그리 오래되지 않은 옛날, 서울에 한 벼슬을 하지 못한 선비가 살았
다. 일 때문에 영남 등 지방을 전전하던 중 태백산에 들어가서는 길을
못 찾아 방황했다. 뉘엿뉘엿 하던 해가 저물고 어스레 땅거미가 졌다.
선비는 걸음을 돌려 눈에 띄는 집에서 잠자리를 청하기로 했다.

그 집은 안채와 바깥채가 모두 고래 등 같은 기와집으로 얽은 짜임
새가 굉장히 훌륭했다. 집의 구조와 체계도 극히 웅장하고 화려했다.
서울의 재산이 넉넉하고 세력 있는 집에 견주어도 모자람이 없었다.
선비는 묻지 않아도 필시 거만鉅萬의 부를 가지고 있는 사람이라고
생각했다. 주인을 찾아 하룻밤 묵어가기를 청했다. 주인은 차린 모습
이 심히 훌륭했고 구레나룻과 머리털이 반백이었다. 흔쾌하게 허락

어제 객의 말이 한 번만 잠자리를 하면 곧 잉태한다 하니,
객의 복력福力에 힘입어 아이를 얻었으면 하오

하며 저녁식사를 대접하더니 밤이 되자 주인이 물었다.

"올해 나이가 얼마이며 또 몇 명의 자녀가 있소이까?"

선비가 대답했다.

"나이는 서른이 채 안 되었으나 자녀는 거의 열 명이나 되지요. 나는 여느 사람과 달라서 한 번 방사房事[175]하면 틀림없이 자식이 생기지요. 집안 형편은 늘 배곯는 애옥살이 살림이고 자식은 집에 그득하니, 거 '자식이 많아 우환'이라는 말이 실로 나를 가리키는 것입니다."

주인이 이 말을 듣고 드러내놓고 부러워하는 기색이 짙더니 급기야는 길게 탄식했다.

"어떤 사람은 이와 같이 복을 누리는 힘이 있고. 어떤 사람은……."

선비가 웃었다.

"허허, '복을 누리는 힘'이라 하셨나요. 아, 가난뱅이에 자식이 많은 것은 근심 중에 상 근심이거늘, 어찌 이것을 '복을 누리는 힘'이라 하겠는지요. 그저 허울 좋은 하눌타리일 뿐입니다."

그러자 주인이 "허허" 탄식했다.

"나는 나이가 육십이 지나도록 아직도 자식을 두지 못했소이다. 비록 석숭石崇의 부[176]가 있은들, 어찌 세상사는 맛이 있단 말이오. 나에게 만일 자식 하나만 점지해 준다면 아침 밥 한끼에 저녁 죽을 먹는다 해도 여한이 없을 게요. 지금 객의 말씀을 들으니 어찌 부럽지 않겠소."

다음날 선비가 인사를 하고 떠나려 하니 주인이 극구 만류했다. 그리고는 닭을 잡고 개를 삶아서는 그 고기를 풍성히 대접하길래, 선비는 하루를 더 묵어가게 됐다.

밤이 깊었다. 주인이 좌우를 모두 물러가게 한 다음, 선비를 끌고는 좁은 방으로 이끌었다. 그리고는 조용히 말하는 것이었다.

"내가 마음 깊은 곳에서 간절히 드릴 말이 있소이다. 내가 부잣집에서 나고 자라 지금 늙어 머리가 하얘지도록 가난하고 군색함을 알지 못하니 무슨 한이 있겠소마는, 다만 자궁子宮[177]이 궁해 평생에 자식 하나 길러보지 못했소. 널리 대를 잇기 위해 외떨어진 방에 첩을 많이 두고는 기도도 하고, 좋다는 약가지도 모두 써보았지만 소용이 없었소. 자식 잘 낳는 사람의 딸이라 해 맞아들여도 보았으나 아이를 갖지 못하고, 내 나이는 점점 들어 저승길이 박두했으니, 마침내 고독한 신세에 떨어질 게요. 지금도 집에 세 명의 첩을 두었지만, 나이가 모두 스물이 넘도록 기쁜 소식이 없구료. 비록 다른 사람의 자식이라도 '아버지'라고 부르는 소리를 한 번만이라도 들으면, 내 죽어도 편히 눈을 감을 것이오. 어제 객의 말이 한 번만 잠자리를 하면 곧 잉태한다 하니, 객의 복력福力에 힘입어 아이를 빌리려 하오. 부디 거절하지 마시기를 바라오."

선비가 화들짝 놀랐다.

"아, 주인장께서는 이 웬 말이신지요. 남녀 분별의 예법이 지극히 엄중해 지아비가 있는 아녀자의 간통은 법률이 용서하지 않는 것이오. 비록 일평생 서로 알지 못하는 사이라도 감히 마음먹을 수 없는 것인데, 하물며 이틀을 두고 주인의 두터운 은혜를 입었거늘, 어찌 이런 당치도 않은 말씀을 내시는 게요. 또 나그네를 맞는 객줏집의 천한 부인네라도 불가한데, 하물며 사대부의 별실別室에서리오. 이 말을 따르지 못하겠습니다."

주인이 말했다.

"이것은 내가 먼저 청하는 게요. 털끝만치도 염려할 것이 없소이다. 또 밤이 깊고 사람의 자취가 고요하니 나중에 자식을 낳는다 해도 누가 이 일을 알겠소? 이 말은 내 뱃속에서 우러나온 것이니 거짓이 조금도 없소이다. 다행히도 내 신세를 가련히 여겨 이 자식이 없는 궁한 늙은이가 자식을 가질 수 있게 해 주시오. 만약 기쁜 소식이라도 듣는다면, 내 이 은혜를 몇 번이고 거듭 되살아난다 해도 어찌다 보답하겠소. 이것이 객에게는 막대한 적선이요, 나에게는 헤아리기 어려운 은혜요. 모두에게 지나칠 게 없는 것을, 어찌해 굳이 사양하는 게요."

선비가 깊이 생각해 보았다.

'저 사람이 이미 간청한 것이니 내가 몰래 간통하는 것과는 다르고, 또 이 일은 저 이의 처지로서는 진정에서 나온 것이니 다른 염려는 없을게야.'

그러나 예법이 있기에 재삼 사양하다가 다시 한차례 잡도리해 말을 퉁기지 않겠다는 다짐을 받고 못이기는 척 받아 들였다.

"사람 사는 도리를 따지자면 천부당만부당하나 주인의 정이 이처럼 간절하니, 내 말씀을 따르겠소이다."

주인이 크게 기뻐 그 사유를 첩들에게 말했고, 첩들도 모두 동의해 선비는 삼 일 밤을 세 첩과 돌아가며 동침했다. 세 첩은 반드시 자식을 낳을 것을 미리 헤아리고, 선비의 성명과 거주하는 곳을 물어 가슴속에 잘 넣어두었다. 선비가 삼 일을 머무른 후에 작별 인사를 했다. 주인이 후하게 물품을 선사했으나 선비는 모두 뿌리치고 산을 내려와서는 서울로 돌아갔다.

선비는 자식이 많기 때문에 살림살이가 달이 가고 해가 가며 궁핍해져만 갔다. 아들 며느리와 손자까지 식구가 거의 서른이 되니, 몇 칸 안 되는 집에 그야말로 무릎을 움직일 곳조차 없었다. 아침밥숟가락을 놓으면 뒤미처 저녁때거리 걱정이 잇따르니 삼순구식三旬九食[178]이 따로 없었다. 이에 여러 아들들을 분산해 처가살이 시키고, 다만 맏아들 부부와 함께 조용히 스무 해를 넘겼다.

하루는 무료해 한가히 죽치고 앉아 있었다. 어디선가 미추룸한 소년 셋이 준마를 타고 와서는 문 밖에서 말을 멈추고 일제히 마루에 올라 절하는 것이 아닌가. 선비가 의복의 화려함과 행동거지가 단정하고 고상하니 기품이 있는 것을 보고 황망히 답례했다.

"객들은 어디서 온 뉘시오? 평소한 번도 본적이 없는데, 어찌 나에게 이렇듯 예를 표하는 게요?"

세 소년이 대답했다.

"저희들은 모두 어르신의 아들입니다. 어르신께서는 아무 해, 아무 곳에서 이러이러한 일을 기억 못 하시는지요. 소자들은 곧 그날 밤에 잉태한 아들입니다. 모두 같은 해, 같은 달에 태어나고 날짜만 조금 앞뒤가 있습니다. 올해 모두 열아홉이 되었습니다. 어렸을 때에는 다만 노인의 아들로만 여겼는데, 열 살이 되자 어머니께서 저간의 사유를 자세하게 말씀해 주셔서·비로소 알게 되었습니다. 그러나 아버님께서 어느 곳에 사시는지도 알지 못하고, 또 십수 년을 길러준 은혜를 하루아침에 저버리기도 어려워 차마 아버님을 찾지 못했습니다. 그래 노인이 돌아가신 후를 기다렸다가 찾아 뵙기로 계획을 세웠습니다. 열다섯이 되던 해에 각기 아내를 얻었고, 재작년 아무 달에 노인이 여든하고도 한 해를 더 사시고 돌아가셨습니다. 염을 후하게 하고 좋은 땅을 택해 섭섭하시거나 불만스러움이 남아 있지 않게 장례를 잘 모시고 삼년상을 입어 그 은혜를 보답했습니다. 이제 그 상을 당한 기일이 모두 끝나 어머니의 기억을 더듬어 삼형제가 이렇게 말 고삐를 나란히 하고 서울에 들어와 찾아뵙는 것입니다."

선비가 이 말을 듣고 깜짝 놀라 깨닫고는 얼굴을 찬찬히 살펴보았다. 과연 모두 자기를 빼쏘았다. 그래 이 일의 전말을 처자식과 며느리들에게 갖춰 말하고 각각 상면의 예를 하게 했다. 그러한 후에 세 아들에게 각각 그 어미의 나이와 몸에 병이나 탈이 없는지를 물었다.

나이는 오십 미만으로 아직 모두들 건강하다고 했다. 선비가 너무나 기뻐하니, 세 아들이 한참을 있다가 말했다.

"아버님의 집안 형편을 보니 실로 전혀 사리에 맞지 않습니다. 길을 떠날 때, 가지고 온 몇 푼이 남았으니, 이것으로 며칠만 계옥桂玉[179]의 비용으로 충당하십시오."

그리고 행낭을 풀어서 돈 수십 냥을 꺼내어 쌀을 팔고 땔나무를 사들여서는 아침저녁을 드시게 했다. 그날 밤 세 아들이 조용히 말했다.

"저희들이 보니 아버지께서는 연세가 이미 높으시고 여러 형제들도 이른 나이에 배움을 잃어 과거를 보는 것도 바랄 수 없게 되었습니다. 그뿐 아니라 송곳 꽂을 만한 땅뙈기도 없고 작은 곡식 알조차 팔아올 수 없으니, 아버지께서 아무것도 없는 맨손으로 살아가기 어려우실 겁니다. 차라리 이 기회에 조카들과 함께 어머니들이 계신 고향으로 내려가 여생을 편안히 지내시는 것이 좋을 듯합니다."

"나도 그런 생각이 없는 것은 아니다만. 허나 논밭이며 종도 하나 없으니 어쩌겠느냐."

"길러주신 양아버지께서는 많은 재산을 지닌 부호셨습니다. 돌아가신 후에 가까운 친척이 없어 그 재산 모두를 소자들에게 남기셨으니, 이것이면 부친의 평생 의식은 풍족할 것입니다."

선비가 크게 기뻐하며 아들들의 손을 잡았다. 다음날 집을 싼값에 팔아버리고 여러 아들, 며느리들을 데리고 같은 날 길을 떠났다. 새로 얻은 세 아들과 함께 고향에 내려가니 세 첩과 세 며느리가 나와 맞았다. 모두 기쁨의 정이 가득했다.

이후로 그 선비는 큰 집에 들어가 살고, 세 아들은 각기 모친을 모시고 이웃집으로 분가했다. 세 아들은 정실이 낳은 아들과 함께 그 아버지를 효도로 봉양했다. 선비는 또 처가살이를 하는 여러 아들들을 차례로 데리고 와 함께 사니, 전후좌우 총 십여 가구가 서로 지붕을 잇대었다. 선비는 세 첩의 집에 두루 돌아 머물며 옛날의 인연을 잇고, 평생 호의호식으로 안락한 가운데서 세월을 보내었다. 선비는 해마다 제물을 정성껏 준비해 부자 노인의 묘에 가서 곡을 하여 고마움을 표했다. 세 아들은 몸이 마치도록 노인의 제사를 끊지 않았다.

"정력精力은 첫째 천품天稟이요, 둘째 방중술房中術이요, 셋째 식약食藥"이라는 말이 있다. 정력이야 타고난 천품이니 어쩔 수 없다지만, 성性적 기술인 방중술과 먹을거리와 약을 잘만 사용하면 원만한 남녀관계를 유지할 수 있다는 말이다. 우리가 늘 관심을 두는 건강문제 역시 마찬가지다.

건강에 누구보다 관심이 많았던 퇴계 이황李滉(1501~1570)은 《활인심방活人心方》이란 책을 지었다. 실제 이황은 정력이 뛰어났다고도 하는데, 《활인심방》은 중국 명 태조 주원장의 아들인 주권朱權(1378~1448)의 《활인심活人心》에 자신의 건강과 장수의 비법을 더한 책이다. 이 책에서 이황은 건강비결의 우선으로 '좋은 마음과 반듯한 생활 습관'을 꼽았다.

그중, '고치탄뇌叩齒彈腦' 라는 한 방법을 소개하면 이렇다.

"가볍게 윗니와 아랫니를 서른여섯 번 부딪친다. 손바닥으로 귀를 막고 둘째와 셋째 손가락으로 뒷골을 스물네 번 퉁긴다. 입 안에 고이게 한 침을 가볍게 양치질하듯이 부걱부걱하기를 서른여섯 번 하면 이를 수진漱津이라 해 맑은 물이 된다. 이것을 세번에 나누어 꾸르륵 소리를 내며 삼켜서 단전丹田(배꼽 아래로 한 치 다섯 푼 되는 곳. 아랫배)에 이르게 한다."

이 방법은 연암 박지원의 글에도 보이니, 《열하일기》 도강록渡江錄 7월 6일 조를 보면 이렇듯 고치탄뇌叩齒彈腦하는 모습이 그려져 있다. 조선시대 많은 선비들은 이러한 방법을 썼던 것 같다. 그리고 보니 정력, 나아가 건강의 문제는 고금이 다름없다.

이러한 이야기도 있다.

두 사람은 친구 지간이었고 앞 이야기처럼 해 자식을 보았다. 그런데 이 이야기에서는 씨를 빌려 준 사람이 소송을 낸다. 제 자식인 친구 아들이, 아 인물도 자기를 닮아 훤칠한 것하며 지혜롭기까지 해 자기 노후를 의지할 만해서였다. 판결이 난감한 원은, 낳아준 아비, 길러준 아비를 둔 당자를 불러 세워 택일하라고 한다, 낳은 정인지, 기른 정인지를.

지혜로운 저 아들은 이렇게 비유를 들어 말했다.

"두 농사꾼이 있었습니다. 한 사람은 논에 거름도 치고 잘 써려 물도 대놓았으나 모가 없었습니다. 그래 친구에게 부탁했지요. 친구는 흔쾌하게 모를 주었고, 이 모를 정성을 다해 가꾸었습니다. 농사꾼은 워낙 모를 잘 가꾸어 추수할 때가 되자 옆의 친구 논에 비길 바가 아니었습니다. 그러자 친구가 내 모를 낸 것이니 농사를 다 달라고 했습니다."

가녀린 모는 가꾸고 돌보지 않으면 죽는 법이다. '심어 가꾼 공'에 원은 당연히 손을 들어 주었다. 그리고 이 지혜로운 소년을 사위로 삼아 글을 가르쳐 후일 재상이 되게끔 했다.

저 이야기 속의 세 청년이 근본을 찾은 것은, 그렇게 잘 키워준 노인 덕이 아닐까? 같은 씨를 심었거늘 선비의 본처에게서 낳은 자식들은 저 노인의 세 아들만 못하다. 그 차이가 무엇이겠는가. 바로 '심어 가꾼 공'에 따라 달라진 것이다. 비록 자기 자식은 아니지만 낳은 아비보다도 더 정성을 들여 키웠다. 그래 '심어 가꾼 공'을 잊지 않고 노인의 제사를 끊지 않고 지낸 것이 아니겠는가.

20

이 움집에 혹 서울서 온 나그네가 묵고 계시는지요

여인을 잘 만나 벼슬길에 오른 김우항

상국相國 김우항金宇杭(1649~1723)[180]은 숙종 때 사람이다. 서른여덟에 여전히 벼슬길에 나아가지 못해 베로 지은 옷을 입었으니, 집안 형편도 아주 궁했다. 황폐한 집은 달팽이 같고 생활하는 것은 거미와 같아 아침저녁을 겨우 꾸려나갔다. 딸을 셋 두었는데 모두 혼기를 놓쳐 시집을 보내지 못하고 있었다. 어떤 사람이 공의 딸에게 청혼을 해 약혼을 하게 됐다.

공이 가만히 생각해 보니 '생쥐 입가심' 조차 넉넉치 않은 형편이니, 몸뚱이 외엔 쓸모 있는 물건이란 없었다. 또 일가붙이도 없으니 딱히 하소연할 곳조차 막연해, 혼수며 세간을 장만해 보낼 길이 없었다. 그러다 일가붙이인 한 무관이 함경남도 단천端川의 부사府使로 있

이미 새로 지은 술명한 옷을 입었는데도 지극 정성으로 해진 옷을 버리
지 않는 것은 장차 사용할 곳이 있음이 아닙니까?

다는 것을 생각해냈다. 그래 '이곳에 가 도움을 청하면 혼사를 치룰 수 있으리라' 생각하고 사람들에게 이자를 듬뿍 준다는 조건으로 돈을 빌렸다. 그리고는 말 한필과 종 한 명과 함께 객지에서 많은 고초를 겪으며 천 리길을 걸어 간신히 단천읍에 도착했다. 공이 부사를 청해 뵙고자 하니 문을 지키는 아전이 막았다.

"사또의 명이오. 사람들이 제멋대로 들어오는 것을 금하오."

그리고 들어가고 나오는 것을 막아 공이 간청도 하고 혹은 꾸짖어도 보았으나 한결같이 들여주지를 않았다. 서로 버텨 반나절을 실랑이하다 하늘빛만 저물었다. 부득이 객줏집으로 돌아가 하룻밤을 묵고는 다음날 아침에 또 가서 문을 두드렸으나 역시 들여보내주지 않았다.

공은 분한 마음을 이기지 못했다. 그러나 그렇다고 또 어찌하기가 딱히 어려웠다. 밤에는 객주에서 자고 낮에는 관청 문에 가서는 들어가기를 청한 지 한 달이 되었다. 하지만 여전히 아전은 편의를 봐주지 않았다. 이렇게 되니 가지고 온 노자도 이미 다 떨어졌다. 묵는 집에서 빌린 돈도 많아져 객줏집 주인이 공의 말을 담보로 가져가버렸다. 공은 더욱 걱정하고 괴로워하니 마치 가슴에 대고 다듬이질하는 것과 같았다. 공이 어찌할 줄 모르고 손톱여물이나 썰고 앉았으니, 주인이 보다 못해 소문을 전해주었다.

"내일 부사께서 고을의 환곡還穀[181]을 저장해 두던 곳집인 사창社倉에 가 쌀을 사 들이는 것을 친히 검사한다더군요. 가는 길이 마침 우리 가게 앞길이요. 길옆에서 기다리시면 반드시 말을 넣을 기회를 얻을 것이요."

공이 다음날 아침 일찍부터 길에서 기다렸더니 과연 부사가 수레를 타고 나왔다. 관청의 하위직들이 에워쌌거늘 공이 비키라고 꾸짖으며 말했다.

"내가 여기에서 체류한 지 여러 날이오이다."

그러며 그 가마 앞으로 성큼성큼 걸어가니 부사가 찾는 까닭을 물었다. 공이 찾아온 이유를 이야기하니, 부사가 눈썹을 찡그렸다.

"방금 공사로 인해 얘기할 겨를이 없으니 기다리게." 생파리 잡아떼듯 반토막 말만 남기고 가며, 한 관노를 시켜 수령이 잡무를 보던 동각東閣으로 데리고가 기다리라 했다. 공이 따라 들어가 빈 방에 앉은 지 날이 기울도록 밥을 주지 않아 굶주림을 참기 어려웠다.

저녁 무렵이 지나서야 부사가 들어오자 공이 말했다.

"종일토록 먹지 못해 정신이 다 어찔하오. 굶주린 배를 죽이라도 채우게 해주시오."

듣는 둥 마는 둥 하더니 부사가 명했다.

"술과 안주를 대접하라."

술도가를 담당하는 관기가 주둥이가 깨어진 조그만 호리병에 탁주를 개다리소반에 내왔다. 안주는 달랑 미역 한 조각만 놓았다. 공은 날이 지나도록 굶주림을 감당하기 어렵던 차였다. 좋은 술과 안주로 배불리 먹을 줄 알았다가, 급기야 이것을 보고는 저도 모르게 노기가 발발했다. 개다리소반을 발길질로 차 엎어뜨렸다.

"아니, 사람 대하기를 이처럼 박하게는 못 할 거외다."

부사도 노했다.

"아니, 이 놈이. 어디서 이따위 수작을, 내가 너보다 항렬이 높은데, 고맙단 말은 못할망정 음식을 이렇게 걷어차."

그리고 급히 관가 종에게 명해 문 밖으로 쫓아내고 또 서리를 불렀다.

"읍내 전역에 일러 만일 이 괴이한 귀신같은 놈을 재워주는 자가 있다면 마땅히 혹독한 벌을 받게 하리라."

공이 분함을 머금고 전에 묵던 객줏집으로 돌아갔다. 주인이 문을 막고 들여보내주지 않았다. 말도 이미 **빼앗겨** 어찌할 도리가 없어 다만 종과 함께 다른 주막에 가보았다. 여기에서도 또한 관가의 영이 돌아 두려워 들이지 않았다. 백여 집을 돌았으나 모두 이와 같았다. 날은 이미 저물고 발을 둘 곳이 없었다.

한참을 이리저리 방황하다가 읍내 한 모퉁이에 이르렀다. 수풀 사이에서 잠시 쉬려 하는데, 그 곁에 옹기를 만드는 굴이 있고 가운데에 멍석으로 문을 가린 가난한 집이 있었다. 가만히 들여다보니 곧 가죽신을 만드는 갖바치 집이기에 주인에게 말했다.

"날은 저물고 길은 다했으니, 하룻밤만 묵고 가게 해주게나."

갖바치는 막지 않았다.

아마도 대개 군색한 굴인 움막집이라, 다른 집과 달리 관의 호령이 미치지 않은 모양이었다. 공이 간신히 입매를 한 후에 원통하고 분한 생각이 다시 일어 나 울화가 치미니, 곤한 몸인데도 눈을 붙이지 못했다. 밤이 장차 이경二更[182]쯤 되니 달빛이 맑아 수정 같은 빛이 움집에 비집고 들어와 사람을 비추었다. 어찌나 환한지 털끝이라도 능히 그 몸을 가리지 못할 만큼이나 밝았다.

사방을 둘러보아도 사람이 없고 모든 소리가 적막했다. 홀연 사람의 발자국 소리가 나더니 멍석으로 가린 움집 문 밖에 와서 멈췄다. 공이 문틈으로 내다보니 한 아리잠직한 몸집의 여인이다. 얼굴빛이 밝고 아름다운 자태가 자못 여인의 머리 위에 떠 있는 달님도 움직일 만했다. 여자가 문을 열며 물었다.

"이 움집 안에 혹 서울서 오신 나그네가 묵고 계시지 않나요?"

공이 부사가 보낸 사람인가 의심해 주인 갖바치를 가만히 흔들어 깨워 작은 소리로 숨겨달라고 속삭였으나 이미 여자가 보았다.

"어찌 나를 속이려 하십니까?"

그리고 곧 멍석문을 열어젖히고 들어오니 공이 피할 곳이 없었다. 여자가 공을 말끄러미 쳐다보며 말했다.

"여기 계셨군요. 의심을 거두세요."

공이 누구냐고 물었다.

"저는 관아에서 술시중을 드는 기생이어요. 태수가 늘 사람을 대함에 오직 보리막걸리와 미역을 내어 대접하는 것을 보았지요. 그래 지금까지 부사가 재물에 인색해 사람을 가벼이 대하는 것을 미워했답니다. 그러나 음식상을 받는 자마다 이 음식을 달게 먹었지요. 저는 이러할 때마다 '모두 천한 장부네'라고 뛰어난 기상이 없음을 비웃곤 했답니다. 그런데 이번엔 공께서 비록 몸은 굶주리어 고달프고 바짝 말랐으나, 일어나시어 상을 차버리셨습니다. 그 기상이 실로 예삿분이 아니라는 생각입니다. 이러한 뜻과 기상으로 어찌 부귀를 누리지 못함을 근심하겠어요."

공이 그 좋은 말에 몇 차례나 겸손하게 사양했다. 잠시 뒤 한 어린 여종이 큰 대접을 들고 왔다. 기생이 곧 공의 앞에 놓으니 모두 진수성찬이었다. 공은 저녁이라야 잠시 입매만 떼 시장기만 속여둔 터였다. 종을 깨워서는 함께 모두 먹어버리고는 기생에게 거듭 고맙다는 말을 했다. 기생이 공을 한참이나 가만히 쳐다보더니 이윽고 입을 열었다.

"옛사람의 말에 '말은 참 주인을 만나야 울고 사람은 자기를 알아주는 사람을 위해 죽는다' 했지요. 공이 첩을 아신 게 아니고 제가 공을 찾은 것이지만, 공의 뜻과 기개를 보니 장래에 반드시 벼슬과 덕망이 높아서 세상에 이름을 드러내실 것이에요. 제가 공을 위해 '말 울음'이 되려 하니. 멀리 내치지 마시고 잠시 제 집으로 가시지요."

공이 기생의 말을 따랐다. 그 집에 가니 푸른 칠을 한 담장 붉은 칠을 한 문, 하얗게 회를 바른 벽과 비단 휘장을 친 창 등 극히 화려했다. 자리를 잡고 앉은 후에 기생이 천리 먼 길을 서울에서 이 시골로 내려온 이유를 물었다. 공이 그 사정을 이야기하니, 기생이 양 미간을 찡그리고 처량한 표정을 지으며 치마폭으로 눈가를 살짝살짝 훔쳤다. 그 사이 밤은 사경四更[183]으로 기울었다. 기생이 공을 끌어당겨 이불 속으로 들어가니 어느새 들어온 우련한 달빛만이 비단 이불 모서리에 가만히 얹혀있었다.

희미하게 날이 밝아오는 빛이 창호문을 파고들었다. 기생이 먼저 일어나 상자에서 진솔 옷을 꺼내어 공에게 갈아입도록 했다. 공이 기생에게 정을 두어 묵새기며 머무른 지 몇 달이 지났다. 공은 아예 돌아갈 것을 잊은 듯 이냥저냥 지냈다. 하루는 기생이 말했다.

"공께서는 장차 만 리를 가야 할 멀고 먼
길에 오르실 처지세요. 어찌 이곳에 눌러 앉으
려 하시는지요."

"내가 어찌 큰뜻이 없어 이곳에 하릴없이 머물
겠는가. 집 안에는 처자가 헐벗어 몸이 얼어붙고
먹을 것이 없어 굶주리고 있소. 사내종들도 얼굴판
이 누렇게 떠 파리해서는 나를 기다리다 지쳐 눈들이 모두 짓물렀을
것이오. 그러나 지금 빈손으로 집에 돌아가면 무슨 면목으로 처자를
대한단 말이오."

기생이 무릎걸음으로 바짝 다가앉았다.

"대장부는 마땅히 힘을 당세에 써보아야지요. 어찌 시골구석에 파
묻혀서는 흘러가는 세월만 세려 하십니까. 옛날 사람들도 시골내기
지만 꾀를 낸 자가 있다지요. 제가 비록 한갓 여자의 몸이나 어찌 공
을 위해 앞뒤 계책을 궁리하지 않았겠어요? 천 리를 가실 여비와 세
딸의 혼수품을 이미 준비해 두었답니다. 공께서는 빨리 서울로 돌아
가셔서 혼사를 치르세요. 그리고 학업의 끈을 잡으신다면 몇 년 지나
지 않아 벼슬길에 오르실 겁니다. 그때 저를 버리지 마시고 함께 무
덤에 들어가자는 약속을 지켜주세요."

공은 부끄러우면서도 한편으론 적이 기뻤다. 다음날 아침 두 마리 말
이 밖에서 긴 울음을 울었다. 공이 기생에게 웬 말 울음소리냐고 물었다.

"제가 공을 위해 준비한 거예요. 한 마리는 공이 타세요. 한 마리에는
약간의 재화와 물품을 이별의 선물로 마련해 뒤 수레에 실어놓았어요."

그리고 어서 길을 떠나기를 재촉했다.

공과 기생이 눈물로 서로 손을 놓을 때, 기생이 몇 번이나 자기를 잊지 말아달라고 거듭 다짐장을 놓고 또 놓는 말소리를 따라 눈물이 흘렀다. 그리고는 맥맥하니 물기 젖은 눈을 들어서 가시라고 손시늉을 했다. 공이 그 뜻에 감복하고, 또 그 정성에 감동했다. 길을 가다가 이따금 북쪽을 멍하니 바라보며 우두커니 서서는 못 잊어 했다. 공이 집에 돌아와 가져온 재물로 혼수를 준비해 일결을 잘 치루고, 속히 과거에 나갈 준비를 했다.

이 해 가을에 공이 과연 괴과魁科[184]에 급제해 옥서玉署[185]에 들어갔다. 하루는 숙종肅宗[186]께서 당직을 서고 있는 유신儒臣[187]을 부르셨다. 공이 부름에 응해 궁중에 들어가 임금을 알현하니 임금이 하교 했다.

"지금 북쪽 지방은 장마와 가뭄이 서로 이어지고 있다. 더욱이 여기서 지방이 너무 멀어 조정의 영이 행해지지 않고, 수령들이 탐욕스러워 백성들의 고혈을 빨고 있다는구나. 이제 너로 하여금 북도의 주州와 현縣을 순찰하며 수령을 규찰케 할 터이니, 읍리에 몰래 가서 수령과 아전의 선악을 듣고 은밀히 이를 세세히 기록해 올리도록 하라.

공이 명령을 받아 곧 누더기 홑옷을 입고 함경도에 몰래 들어갔다. 마을을 돌아다니며 정치를 두루 살피다가 하루는 단천에 이르렀다. 공이 기생의 옛 은혜를 생각하고 먼저 방문한 뒤에 그 속내를 엿보려 했다. 날이 어둑선해지자 기생집의 문 앞에 가서는 소리쳤다.

"걸인이 밥 한 술을 청하오. 없거든 한 푼이라도 주시구려."

기생이 창문 너머로 공의 음성을 듣고 놀라 기뻐서는 구름 같은 머

리채를 비녀로 꽂지도 못하고 급히 마당에 내려와 신발을 꿸 겨를도
없이, 버선발로 문에 나와서 공을 맞았다.

"공의 행색이 어찌 이와 같으신지요?"

공이 길게 탄식하며 말했다.

"내 몸이 참으로 기구하다네. 지난날 자네와 이별하고 길을 가다 도
적을 만나서 노잣돈과 말을 빼앗겼다네. 그래, 빈손으로 처자 보기 부
끄러워 집으로 돌아가지 못하고 길거리를 떠돌며 남은 목숨을 이어가
니 의지가지없더군. 한가로운 이 세상에 오직 바라볼 곳은 자네만한
사람이 없어 부끄러움을 무릅쓰고 이렇게 찾아 온 것일세."

기생이 초연한 안색으로 공을 위로한 후에 곧 저녁밥을 지어서는
음식을 내왔다. 또 새로 옷 한 벌을 꺼내어 입혔다.

"제가 상공을 위해 이 옷을 지어놓고 가는 인편에 부치려고 했습니
다만, 기러기는 날아가 버리고 물고기는 물속에 잠겨[188] 아직도 보내
지 못했습니다."

공이 굴뚝 막은 덕석같이 다 떨어진 옷을 벗어 상 위에 둘둘 묶어
두니 기생이 말했다.

"너무 오래 묵은 누더기 옷이어요. 다 찢어져 쓸 데가 없으니 다시
입지는 못해요. 이것을 묶어두어 어디에 쓰시려고요."

그리고는 창문을 열어젖히고는 밖으로 던져버리니 공이 황급히 마
당에 내려가 이것을 주워 왔다. 기생이 또 빼앗아서는 던지니 공이 또
주워왔다. 이렇게 하기를 서너 차례 하니 기생이 한참을 공에게 눈길
을 주다가 왈칵 성을 내는 얼굴빛을 짓고는 반눈으로 곱게 흘겼다.

"저는 성심으로 부자夫子[189]를 영접했는데 부자는 도리어 거짓으로 허물을 숨기고 꾸미시니 왜 그러시는지요?"

"어찌 그런 말을 하는 게요?"

"이미 새로 지은 술명한 옷을 입었는데도 지극 정성으로 해진 옷을 버리지 않는 것은 장차 사용할 곳이 있음이 아닙니까? 필연 암행어사를 제수 받으셨군요. 어찌 저를 속이시는 거지요?"

그리고 옷소매를 뿌리치고 앵돌아져 일어서니 공이 웃으며 만류했다.

"허허! 내가 과연 과거에 등과해 이 직무를 받았다네. 그렇다고 내 어찌 자네를 만나 자칭 암행어사라 하겠소."

기생이 이에 미심쩍었던 것을 풀며 공에게 말했다.

"사또께서 장차 본 고을의 부사를 어떻게 처리하시려 하는지요."

"글쎄. 나도 이 사람에 대해 퍽 의심이 많이 가지만 딱히나 결정하지 못하고 있소. 부사가 탐욕이 많고 포학해 백성들을 매우 곤란한 지경에 빠뜨렸기에 그 죄가 가볍지는 않지. 그렇지만 내가 만일 그 죄악을 적발해 저 사람을 법에 따라 처결하면, 이것은 친척간에 돈독하고 화목한 기풍이 없는 것이요, 또 만일 숨겨 감싸서 법을 따르지 않으면 이는 사적으로 공적인 일을 폐하는 게 아니요. 두 가지 다 형편이 어렵구려. 자네 같으면 어떻게 하겠소."

기생이 말했다.

"만약 이대로 조정에 아뢰어 중한 형벌로 조치하면 사람들이 필연 사또께서 전날의 분함을 품고 묵은 원한을 쌓았다가 이번 기회에 꺼냈다 할 것이에요. 또 만일 이것을 불문에 부치시면 이는 사사로운

정에 끌려 나랏일을 근심하지 않는 것이니 이는 단연코 안될 일이지요. 지금 공적, 사적 두 가지를 아우를 계책을 써야 하니, 이렇게 하면 어떠신지요. 공께서 부사를 몰래 만나보시고 사리에 몹시 어그러지는 일들을 하나하나 따져 저 사람이 제 스스로 직책을 사직하고 가게 하면, 두 가지 모두를 만족시킬 것이에요. 제 계획이 어떠신지요."

공이 기뻐 말했다.

"이 계획이 실로 공사公私 모두를 만족시키는 묘안이로다."

기생이 이에 부사가 불법을 저지른 일들을 열거해 놓은 장부를 공에게 주었다. 공이 이것을 가지고 동헌으로 들어가 부사를 만나보기로 했다.

그날 밤 기생이 공을 인도해 몰래 동헌에 들어갔다. 부사가 공을 보고 크게 놀랐다.

공이 이미 벼슬에 올랐음을 알았기에 두려워 벌벌 떨며 식겁하였다.

"귀하신 몸이 어찌해 이곳까지 오셨는가?"

"내가 상감의 명을 받들고 이곳에 와 마침 귀부貴府[190]에 도착했기에 오늘밤 몰래 안부를 여쭙는 것이오이다."

이때에 부사는 자신의 죄와 전일 공에게 무례하게 대했던 일을 생각하니, 어떠한 조치가 나올지 알 수 없었다. 두려워 떨리는 것을 어쩌지 못해 손과 다리가 후들거리는 것을 보곤 공이 말했다.

"내가 귀부에 온 후로 다스린 공적을 살펴보니, 백성들의 원성이 길마다 깔리어 귀를 막아도 들리는 것을 막기가 어렵더이다. 왜 이러한 패악한 정치를 해 이 지경까지 이르신 겐지요?"

부사가 머뭇거리다 선웃음질을 치며 말했다.

"하관下官[191]의 죄목을 분명하게 드러내 보여주시구려."

공이 그의 죄상을 기록한 장부를 펴놓고 무릎맞춤하듯 세세히 제시하니 부사가 간절히 말했다.

"명백한 증거가 있는 이상에야 변명해 무엇 하겠소. 그저 친척의 후의를 바라니, 제발 대죄大罪만은 면하게 해주시구려."

"부사의 죄가 비록 가볍지 않으나 내가 어찌 어지럽게 죄상을 열거해 폐고廢錮[192]에 까지 빠지게 하겠소이까. 그러나 내가 이미 도내 수령의 실정을 자세히 조사해 살피는 임무를 맡은 이상, 사사로운 정의로 인해 한 군의 숫백성들로 하여금 도탄에 빠지게 한 죄는 없애지 못하오. 내일 아침에 곧 벼슬을 버리고 고향으로 돌아가시오. 그렇지 않으면 봉고파직封庫罷職[193]을 면치 못할 게요."

"고맙소이다. 공의 어질고 너그러운 마음씨가 넓고도 커 썩은 풀에게 봄을 주고 뼈만 남은 몸에 살을 붙여주셨소. 어찌 감히 명대로 아니하겠소."

어리보기처럼 부사는 고개를 떨구었고, 다음날 아침에 곧 관인을 풀어놓고 고향으로 돌아갔다.

갈길이 바쁜 공도 그 다음날 길을 떠날 채비를 서둘렀다. 괴나리봇짐을 짊어진 공이 기생의 손을 잡았다.

"내 본래의 뜻은 자네를 데리고 돌아가 부부의 인연을 이으려 했네만, 지금 있는 홍문관弘文館 벼슬은 그 맑기가 물과 같아야 하는 걸세. 나중에 벼슬이 높아지고 녹봉이 많아지는 때를 기다리게. 일이 되어가는 형편을 따져 형편이 좋아진 연후에 마땅히 다시 만날 날이 있을 것이네. 그때 우리 다시 만나세나."

기생이 대답했다.

"제가 어찌 사또에게 누를 끼치겠어요. 삼가 높으신 뜻을 받아들이겠어요."

그리고는 듣거니 맺거니 눈물을 흘리며 서로 이별했다. 공이 어사 일을 마치고 돌아와 명령을 받고 간 일의 결과를 보고했다.

당시 숙종 임금은 매일 밤 당직을 서는 여러 신하들을 모두 불러서는 고금의 기이한 이야기를 하게 했다. 사연들은 백성들이 모여 사는 마을의 속된 곳까지 미쳐, 기나긴 밤을 보내는 한 방법으로 삼을 만했다.

여러 신하들이 각자 듣고 본 것을 말하고 듣고 하며 차례가 공에게 이르렀다. 공이 말씀드릴 것이 없다고 사양하니 임금이 말했다.

"네가 이미 북쪽 지방을 순찰하고 왔으니 반드시 널리 돌아다녔을 것 아니냐. 어찌 할 말이 없겠느냐?"

"신이 친히 경험한 것이 없지는 않사오나 사건이 지나치게 비루하고, 자질구레해 감히 이야기를 펼쳐놓지 못하겠나이다."

"군신의 사이는 집안의 아비 자식과 같으니라. 비루하고 자질구레함을 어찌 싫어하겠느냐?"

공이 이에 단천의 일을 임금에게 낱낱이 털어 놓았다.

이야기가 움막에 들어가 기생을 만났다는 부분에 이르자 임금이 대나무로 만든 작은 쥘부채를 들고 앉아 있던 탁자를 치시고, 또 말을 준비해 보내주었다는 정성에 이르자 또 무릎을 치시며, 기이함을

잇달아 칭찬했다. 이야기가 숨가쁘게 돌아 헌옷을 거두어두는 것을
보고 어사인줄 알았다는 일에 이르러서는, 임금이 크게 탄복해 칭찬
을 아끼지 않았다. 그리고 마지막으로 밤을 타 태수를 본 것과 서울
로 돌아올 때에 기생과 뒷날을 약속했다는 한바탕의 이야기를 듣고
는 즉시 승지承旨[194]를 부르셨다.

그리고는 전지傳旨[195]를 함경감사에게 내려 "단천부의 술을 관장하
는 장주掌酒 기생 아무개를 며칠 안으로 홍문관 관원인 김우항金宇杭
집으로 행장을 꾸며 보내라."라고 명했다.

감사가 임금의 명으로 수레와 말, 금전과 베를 후하게 주어 기생을
공의 집으로 보냈다.

기생이 공에게 시집 온 후로, 공이 지난날 자기를 구한 은혜와 사
물을 보는 지혜에 감동해 정이 날마다 두터워졌고 사랑함이 더욱 깊
었다. 기생 또한 공경하고 삼가며 매우 조심스럽게 공과 부인을 섬기
는 데 엄한 임금을 받들 듯이 했다. 또 종들을 부리는 데도 사랑으로
했으며 법도로써 자식을 가르쳤고, 집안 살림을 오붓하니 잘 꾸려 궁
핍함이 없었다.

그 명민한 재주와 현숙한 덕을 당시에 널리 칭송했다.

나는 곧잘 한자 수업할 때, '사람 인人' 자를 사람의 모습을 본뜬 상
형象形이 아니라, 사람과 사람이 기대있는 회의문자會意文字로 풀이

한다. 사람은 사람에 의해서 크는 법이다. 저 김우항 역시 저를 알아준 기생이 있었기에 홍문관 관원인 김우항이 만들어진 것이다.

송정松亭 하수일河受一(1553~161?)은 그의 문집인《송정선생문집松亭先生文集》권5 〈공옥수기拱玉臺記〉에서 이렇게 말했다.

"아! 아름다움이란 제 스스로 아름다운 게 아니라 사람으로 인해 드러나는 것이라는 명언을 믿는다噫 美不自美 因人而彰者信名言也."

김우항의 역사 자료를 살펴보면, 스무 살에 과거에 나아가 여러 벼슬을 거치고 70이 넘는 수를 누렸음에도 비교적 깨끗한 선비로 평하고 있다. 특히 그는 평생을 청빈하게 살았으며, 사람들로부터 장자長子·완인完人이라 불렸다. 이 글에서 38세까지 벼슬을 못 한 선비라 되어 있으나 이는 이야기를 흥미롭게 하기 위함이다. 일부 야담집에는 48세로까지 되어 있다.

빈천하지만 재주 있는 김우항을 알아보고 도움을 주어 암행어사로 만든 단천기생 이야기는, 노진·조식·성이성·박문수 등의 '암행어사설화'와 동선을 그리고 있다. 이렇듯 야담으로 형성된 '암행어사출두 이야기'는 〈춘향전〉 말미의 '어사출두 장면'과 정확히 일치해, 〈춘향전〉의 근원 설화임을 암시하고 있다.

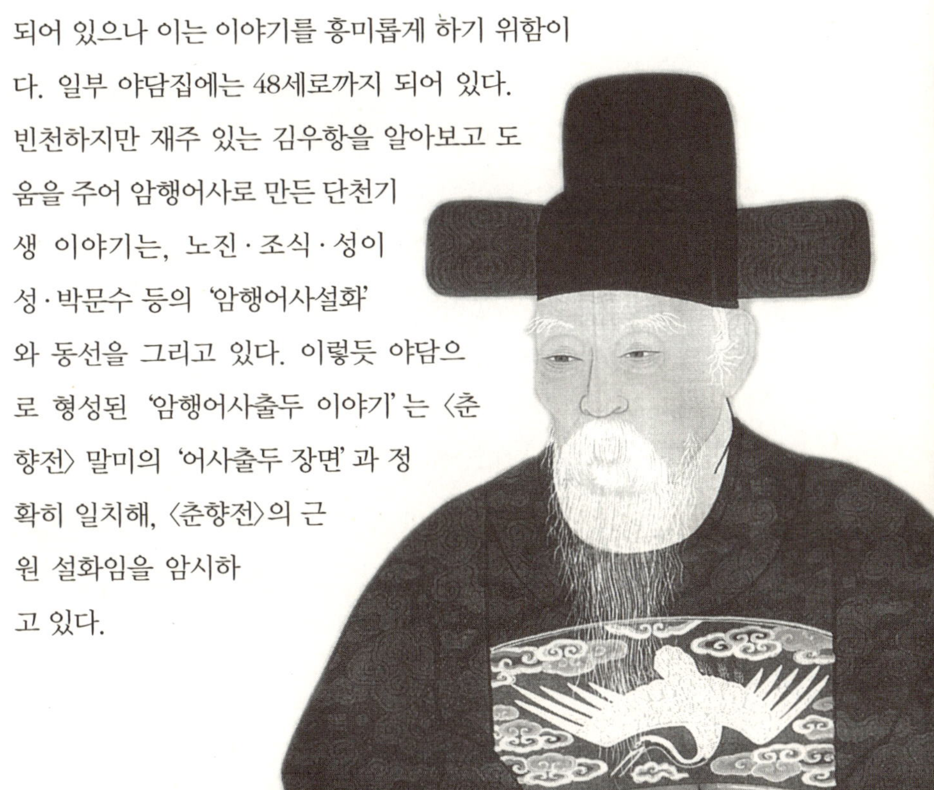

21

대사가 만약 나를 이긴다면 내처를 갖구려

그리 오래되지 않은 옛날 곽운郭雲[196]이란 자가 있었다.

힘을 쓰는 것이 절륜해 사람들이 '곽장사'라고 불렀다. 곽운은 능히 일만 전(이때는 엽전을 사용했는데 금의 오전이 엽전으로 오십 개였다. 만전의 수는 실로 많고 그 양도 무거워 보통 사람들은 들지도 못했다).을 옆구리에 끼고는 수십 보의 깊은 연못을 뛰어넘을 만큼 과감했다. 늘 스스로 그 주먹심을 믿고 행동하기를 즐겨 가만 있지를 못했다. 혹여 불평한 일이라도 볼라치면 다따가 중뿔나게 나서 주먹다짐에 의지해 몸을 망치곤 했다.

하루는 연안延安[197]을 지날 때였다. 신장은 8척에 체격이 장대하고 생김생김이 썩 훌륭한 한 중이 보였다. 한 주막집 문 앞에 두 다리를 뻗고 죽치고 앉아서는 주막집 주인에게 빚 독촉이 성화같고 주막집

"내 아내가 비록 나라를 뒤흔들만한 미인은 아니지만
능히 대사의 혼을 뺏다하니 300금이 너무 적잖소?"

주인은 오직 "목숨만 살려 줍시오" 했다. 그때 마침 소백정이 소를 막 도살하려 하다 돌연 줄이 끊어졌다. 소가 껑충 뛰어 달아나며 여러 길을 "펄쩍" 뛰어올랐다. 사람을 만나면 뿔로 들이받고는 하다, 곧장 중의 앞으로 입에 거품을 물고 달려들었다.

그런데 중은 소를 '흘끔' 보고도 편안하게 앉았더니, 벼락같이 주먹을 들어서는 그 머리를 쳐버리는 것이었다. 소는 맥없이 그 자리에서 풀썩 넘어져 죽어버렸다. 곽운이 이것을 보고 혀를 내두르니, 곁에서 돗자리를 짜던 자가 있다가는 운에게 말했다.

"이것은 족히 말할 거리도 안되오. 아, 한번은 아무 절에 커다란 돌이 길을 막았는데, 소 일곱 마리로 끌었지만 움직이지 않는 것을 이 중이 공기돌 놀리듯 굴려버렸다오. 또 씨름 놀이를 어찌나 좋아하는지. 늘 세상에는 적수가 없음을 한탄한답디다."

운이 더욱 경탄할 뿐이었다. 여러 명의 촌사람들이 술과 안주를 가지고 와서 중을 극진히 대접했다. 이것은 모두 중에게 빚을 진 자들이 그 위세와 힘을 두려워해서였다. 중이 한창 먹고 싶은 대로 먹으며 술을 실컷 마실 때였다. 마침 한 여자가 소를 타고 왔다.

여자는 장의長衣[198]로 머리를 가리고, 뒤에는 한 소년이 따라왔다. 소년은 해끄무레한 얼굴에 술명하니 옷을 차려입었지만 몸이 너무 약해 옷을 이기지도 못하는 듯했다. 여자가 소에서 내려 주막에 들어 갈 때, 그 여인의 얼굴이 반쯤 드러난 것을 중이 보았다. 여인의 아름다운 얼굴과 몸맵시는 어찌나 고운태가 나는지, 보는 눈맛이 여간 아니었다. 중이 미인에게 홀려 한참을 멍하니 눈길을 빼앗겨 바라보았다.

"어여쁜 교태가 반이요, 요염한 자태가 반이라. 사람의 눈을 이토록 어찔하게 만들다니. 이런 즐거움을 주는 여인은 내 처음 본다."

그리고는 그 소년의 약함을 업신여겨 손으로 옷소매를 잡아당겼다.

"어이, 소를 타고 온 여인이 네 누이냐? 처냐?"

"내 처요 만."

"내가 산 속에서만 살아 보는 것은 오직 산꽃과 들풀뿐이었는데, 아 지금 네 처가 내 혼을 빼버리는구나. 내가 300금으로 너에게 보상할 것이니 네 여편네를 나에게 바치고 너는 이 돈으로 다시 좋은 여인을 구해 보거라."

소년이 싱그레 웃었다.

"내 아내가 비록 나라를 뒤흔들 만한 미인은 아니지만, 능히 대사의 혼을 뺐다하니 300금은 너무 적잖소?"

중이 눈썹을 찡그리며 "그러면 금년 추수할 곡물을 너에게 주겠다"라고 하며 시내 남쪽을 가리켰다.

"여기부터 아무 곳까지는 모두 내 땅이다. 이 마을에 20호가 추수한 뒤에는 각자 열 가마의 도지賭地¹⁹⁹를 내니 이를 너에게 주겠다. 너는 두 말하지 마라. 만약 내 말을 따르지 않으면 너를 죽여 버리겠다."

그리고는 채무를 졌다는 여러 사람을 불러 세웠다.

"내가 받을 빌린 300금을 사흘 안으로 이 꼬마신랑에게 주어라. 그렇지 않으면 너희들을 모두 가루로 만들어버리겠다."

여러 사람이 감히 거역하지 못하고 "예예"했다.

그리고는 중이 큰 걸음으로 성큼 주막 안으로 들어와서는 그 미인을 데려가려 하니 소년이 말했다.

"나와 같은 자질구레한 사람이 감히 거역하지 못할 것이오. 그러나 혼인한 지 얼마 되지 않아 새로운 정이 이제 막 합쳤으니, 잠시 시간을 주어 손이라도 한 번 잡은 뒤에 이별하게 해주시오."

"하하! 이 말도 인정상 그럴듯하구나. 그러면 너에게 잠시 겨를을 줄 테니, 한마디 말로 냉큼 이별하고 행여 더디게 하지 말라."

이때에 곽운이 이것을 보고 호방한 의협심이 강하게 끓어오르나 중의 힘을 본 뒤라 막상 어찌하기가 어려웠다. 소년이 긴 한숨을 쉬고는 말했다.

"늘 밤에 우리 부부가 씨름으로 방 안 놀이를 삼곤 했는데……. 이제 다시는 못하게 됐네."

중얼거리는 소년의 말을 듣고 중이 기뻐했다.

"잠깐만, 지금 씨름이라 했느냐. 네가 능히 씨름을 할 줄을 아느냐? 알면 나와 한번 붙어보는 것이 어떠냐?"

"내가 잘한다는 것이 아니니, 원한다면 한 수 배우겠소만. 그러나 씨름하며 내기를 걸지 않으면 승부가 싱겁지 않겠소. 또 내기를 해 주위에서 보는 사람들에게도 웃음거리를 주고 싶은데, 어떠시겠소."

"그러면 무엇으로 내기를 할꼬?"

"대사가 만약 나를 이긴다면 나에게 한 푼도 주지 말고 내 처를 가지시오. 만일 내가 대사를 이긴다면 대사에게 한 푼의 금도 요구하지 않고, 다만 내 아내만 데리고 가겠소이다."

중이 크게 기뻐했다.

"거, 촌티가 나는 솔봉이 꼬마둥인 줄 알았더니만, 성품이 활달하구나."

그리고는 이어 재주를 시험하기로 했다.

중이 다시 소년에게 말했다.

"내기는 내기다만, 네가 나를 적수로 한다는 것은 이른바 '적졸赤 卒(고추잠자리)이 돌기둥을 흔드는 격' 아니냐?"

"대사는 다만 돌기둥일 뿐이니, 잠자리를 근심할 게 뭐 있겠소."

중이 또 "껄껄" 웃으며 콩팔칠팔 떠들어댔다.

"하하, 이놈 보게. 씨름도 하기 전에 네 주둥아리가 먼저 이자를 떼어놓는구나. 영리한 아이로고."

이때는 딱 늦봄 음력 3월이었다. 날씨는 여러 날 계속해서 내리던 비가 처음으로 그쳐 온 길이 진창으로 변했으나 오직 주막 앞 조그만 언덕만이 너붓한 것이 그 위가 펑퍼짐해 씨름을 할 만했다. 소년이 중과 함께 이 언덕에 올라가니 촌사람들도 울레줄레 많이 모여들고 곽운도 그 사람들 중에 끼었다. 언덕 아래에는 한 똥구덩이가 있었다. 이 마을의 똥을 저장해 두어 매년 논과 밭에 거름을 주려고 하는 것인데 어찌나 깊은지 알 수 없을 정도였다. 두 사람이 동쪽과 서쪽으로 서서 각기 윗도리를 벗었다. 중이 여러 사람들을 죽 둘러보며 말했다.

"노승이 이 조그만 애송이와 노니, 거 호랑이와 양이 서로 맞서는 꼴 아니냐."

씨름이 시작됐다. 소년이 오른쪽 다리를 꿇고 그 왼쪽 다리를 세워서는 등허리를 활처럼 휘게 하고 배에 힘을 딱 주었다. 또 오른손으로는 중의 왼쪽 다리를 움켜쥐고 다시 왼손으로는 중의 등을 바짝 감싸 안아 단단히 허리춤을 움켜잡는 것 같더니 "끙!" 한 번 힘을 쓰자 중을 가볍게 들었다.

중이 오히려 큰소리를 치면서 몇 번 웃는가 싶었다. 소년이 갑자기 "이 놈!" 하고 큰소리를 벽력 같이 내지르더니, 돌연히 우뚝 몸을 솟구치며 중을 왼쪽 어깨 위에 턱하니 가로로 걸쳐놓았다. '갈수록 수미산' 이라, 급한 지경에 처한 중은 그저 두 손으로 허공을 젓고 두 다리는 공중에서 춤을 춰댈 뿐이었다. 꼭 넘실대는 파도 속에서 헤엄치는 모양새였다.

소년이 중을 개떡 같이 주물러 이어 빙빙 돌리는데 마치 대붕大鵬[200] 이 곤줄박이[201]를 채가는 듯했다. 중은 아직도 소년의 어깨 위에서 가로 걸려 물레가 틀을 따라 돌아가는 것과 같으니 영판 힘을 쓰지 못했다.

이때에 소년의 한쪽 어깻죽지는 높고 한쪽은 낮으니 왼손은 대야 에 물을 채우는 것 같고 오른손은 칼을 칼집에서 뽑는 것 같았다. 소 년이 홀연 중을 허공에 치켜든 채로 멈추는가 싶었다. 또 한번 소년 이 "끙" 힘을 썼다. 순식간에 중의 몸을 냅다 땅으로 내치며 무릎을 차올려 허리를 "우지끈" 꺾었다. 그리고는 중을 들어서는 똥구덩이 속으로 던져버리니, 이것은 씨름 기술 중에서 이른바 '금강번신옥산 도공金剛翻身玉山倒空[202]의 형세였다.

중이 똥구덩이 속에서 떨어지니 별이 하늘에서 떨어지는 듯하고 물 이 쏟아지는 듯했다. 그 기세를 막기 어려워 똥구덩이가 확 열렸다가는 모아지니 가련한 청정법신淸淨法身[203]은 눈 깜빡할 사이에 열반涅槃[204]에 들어 벌레 구더기가 들끓는 똥구덩이 속에 매장되어버리는 것이 아닌 가. 저러한 것을 두고 '중은 중이라도 절 모르는 중' 이라하는 것이렷다.

이날 빙 둘러서서 보던 사람들이 무려 600~700명에 달했다. 처음에 소년이 손을 쓰는 것이 어린애 다루듯하는 것을 보고 모두 두 눈이 휘둥 그레지더니, 급기야 그 중을 똥구덩이 속으로 던져버리는 것을 보고는, 깜짝 놀라며 이어서 박수를 치고 우끈 큰소리를 지르며 통쾌해했다.

이때 중이 죽는 것을 보고 여러 사람들은 중의 죽음을 매우 기뻐하 고 칭찬했으니, 하나는 중이 남의 처를 강탈하려 해 미워해서요, 또 한 가지는 평소 촌사람들에게 악행을 하던 아픔을 증오했기 때문이었다.

처음에 소년이 그의 아내를 순순히 내놓는 것을 보고는 모두 소년 을 불쌍하게 생각했다가, 또 씨름 내기에 아내를 거는 것을 보고는 소년을 안쓰럽게 여기며 한 편으로는 두려워했다. 그런데 이제 중이 죽어 땅보탬하는 광경을 눈앞에서 보았으니 통쾌하게 여기고 소년의 힘씀을 사랑치 않는 사람이 없게 된 것이었다. 그래서 어지러이 소년 앞으로 가서 이름과 나이며 고향 등을 물으니 소년이 대답했다.

"성은 이씨李氏요, 나이는 열여섯이외다."

그리고 이름과 고향 마을은 알려주지 않았다.

여러 사람이 잇달아 콩팔칠팔 소년에게 말했다.

"중의 채무는 과연 300금이 된 다지만, 저쪽, 그러니까 저 시내 남쪽의 밭은 서울에서 경영하는 둔토 屯土[205]라네. 제깟 놈이 어디 송곳 꽂을 땅마지기라도 있다던가."

"중이 씨름을 좋아한다는 것을 먼저 들은 일이 있는가? 어찌 그가 좋아하는 씨름을 이용해서 때려눕힌 게지?"

소년은 다만 싱그레 웃음을 머금고 대답하지 않았다.

그리고는 주막집으로 돌아가 사람을 시켜 악한 중의 채권을 거두어 들여서는 불사르고 그의 아내를 데리고 조용히 나가버렸다.

곽운은 기운이 중에게 뺏기고 담력은 소년에게 눌리어 집으로 돌아 온 후로는 감히 다른 사람과 용기를 견주지 못했다고 한다.

'말 잘 타는 자는 말에서 떨어져 죽고, 헤엄 잘 치는 자는 물에 빠져 죽는다' 했다. 길지 않은 세상을 살며 '칼로 일어선 자 칼로 망하는 것'도 꽤 보았다. 중은 씨름을 좋아하다가 끝내는 씨름으로 죽었다. 지금도 네거리를 활보하며 저 잘났다고 뻐기고 뽐내는 자들은 이 이야기를 꼭 읽어야겠다.

우리가 잘 아는 조조와 재간꾼 양수의 이야기를 해볼까 한다.

이야기의 앞섶은 조아曹娥로부터 풀어야한다. 조아는 14살인데, 조간의 딸로 후한의 이름난 효녀孝女다. 이 조아의 아버지가 강을 건너다가 급류에 빠져 죽자 17일 동안이나 조아가 찾아 헤매었다. 그러나 끝내 조아는 아버지의 시체를 찾지 못하고 강물에 몸을 던졌는데, 5일 만에 아버지 조간의 시체를 안고는 물 위에 떠올랐다고도 하고 그냥 죽었다고도 한다. 이 이야기는 우리 조선에서도 효의 표본실에 꽤 정성스럽게 안치됐다.

　내용은 대강 저러하고, 여하간 한단순邯鄲淳이 이 조아를 효녀라 일컫고 뇌문誄文을 지었고, 비문은 그 유명한 왕희지王羲之가 썼다. 그리고 후일 또 채옹蔡邕이란 이가 이 비문 아래 뛰어난 문장이란 뜻으로, "황견유부외손제구黃絹幼婦外孫韲臼"라는 여덟 글자를 새겼다. 해석하자면 "누른 비단[黃絹] 어린 여자[幼婦] 외손外孫 구구韲[韲臼]"라는 뜻이다.

　그로부터 더 내려온 어느 날, 조조曹操가 계륵雞肋의 해석으로 유명한 양수楊修와 함께 길을 가다가 이 글을 보았다. 글 뜻을 파악한 양수, 조조에게 슬몃 떠보았다. 이를 몰랐으나 지기 싫어하는 조조는 양수보고 말하지 말라하고 30리를 가서야 그 뜻을 알았다 한다. 그 글의 뜻은, 누른 비단은 색실[色糸]이니 절絕자가 되고, 어린 여자는 소녀少女이니 묘妙자가 되고, 외손은 딸의 아들이니 호好자가 되고, 구구는 절구 호박에 정구지를 찧는 것이니 매운 것을 받는 것[受辛]으로 곧 사辭자다.

　합하면 '절묘호사絕妙好辭' 넉 자가 되니, 비문이 '절묘한 좋은 글'이란 뜻이다.

　이 고사에서 '알고 모르는 것이 30리나 차이가 난다[有智無智較三十里].' 라는 말이 유래했다. 지금도 문장이나 시가가 특별히 뛰어났을 때는 '절묘호사' 라는 말을 쓴다.

　이에 앙심을 품었을까. 후일 조조는 양수를 죽여버린다.

　재주자랑하다 재주에 목숨을 잃은 셈이다.

22

나가겠습니다 대신하여 전쟁에 아버지를

조선의 영웅 부낭자

부랑夫娘은 평안도 자성慈城 여자다.

그녀의 선조는 본래 부여씨扶餘氏의 후손이다. 명나라 말에 건주위建州衛[206]로부터 자성에 옮겨 살게 됐다. 그녀 아버지가 목축과 수렵으로 생계를 꾸리니, 부낭자도 말을 타고 활을 쏘는 기술에 익숙했다.

부낭자가 어릴 때부터 무사 이야기를 좋아해 늘 목장에 가서는 어린아이들과 함께 군진軍陣의 대오를 설치하고 군대 진지의 모양을 만들곤 했다. 그리고는 스스로 말을 타고 대장이 되어 나뭇가지를 꺾어서는 화살, 창, 칼 등을 만들어 여러 아이들에게 나누어 주니, 제법 호령이 엄하며 규율도 정돈됐다. 그리고는 소규모의 군대를 편성해 매일 이렇게 노니 부모가 책망했다.

사실 저는 사내가 아니옵니다. 늙으신 아버지께서 종군하지 못하셔서
제가 부친을 대신하여 목란木蘭의 행동을 한 것이에요.

"이것은 사내의 일이다. 네 본분이 아니잖니. 여자가 무예를 익혀서 무엇에 쓰려하느냐?"

"아버지께서는 아들이 없고 오직 소녀만 있을 뿐입니다. 훗날 만일 국가에 일이 있으면 소녀가 아버지를 대신해 종군하려는 것이에요."

그녀의 부모가 그 말을 기특히 여겨 억지로 막지는 않았다. 낭자가 이때부터 무예를 익히는 틈틈이 서당에 가서 글자를 배우고, 낮에는 무예를 연마하고 밤에는 글을 익혔다.

이때에 평안병사 이괄李适[207]이 평안북도 영변寧邊에 진을 치고 크게 병사를 모았다. 이괄은 안으로는 역심을 품고는 겉으로는 북방 오랑캐를 방어한다고 거짓 핑계를 대었다. 그래서 각 고을에 영을 내려 병사를 모으는 한 편, 따로 건강하고 씩씩한 산포수를 여럿 모집했다. 이것을 본 낭자가 아버지에게 말했다.

"아버지께서는 연세가 이미 높으시고 소녀는 이제 장성했습니다. 아버지를 대신해 전장에 나가겠습니다."

아버지가 처음에는 허락하지 않았으나 낭자가 두세 번이나 고집스럽게 청해 부득이 승낙했다. 낭자가 남자의 복장으로 바꿔 입고 이괄의 진영에 이르렀다. 이괄이 낭자의 무예를 시험해 보니 무예에 정통하고 무기를 다루는 솜씨가 능숙함을 보고 크게 기뻐해 초장哨長[208]이란 직책을 주었다.

오래지 않아 이괄이 반역 모의를 꾀해 군대를 크게 일으켜서는 3일 안으로 군사를 움직이려 했다. 낭자가 비로소 이러한 낌새가 눈치 채고는, 그날 밤으로 날랜 말을 훔쳐 타고는 200리를 질풍같이 달렸다.

먼동이 틀 무렵 안주성安州城[209]에 도착했다. 이때에 안주지방의 목사
牧使[210]는 정충신鄭忠信(1576~1636)[211]이었다. 낭자가 급히 명함을 디밀
고는 뵙기를 청했다.

"서관西關에 급한 일이 있습니다."

정충신이 좌우를 물리치고 불렀다.

낭자가 이괄이 군사를 일으킨 사실을 아뢰니 충신이 크게 놀랐다.

"이 일을 장차 어찌할꼬. 내가 이 적당이 모반할 줄 미리 생각했건
만, 지금에 갑자기 준비된 것이 없으니, 어떻게 저 창끝을 당해내겠
는가. 성중에 군졸이 겨우 천 명도 되지 못하니 막기가 불가능하다.
혹 자네에게 선후 계교가 있거든 말해 보거라."

"이제 적병이 아침저녁이면 반드시 성 밑에 들이닥칠 것입니다. 상
공께서 이곳에 있다가는 모두 죽을 뿐이요, 이익도 없을 것입니다.
급히 글을 보내 조정에 보고하시고 곧 평양으로 달아나 도원수都元帥
와 함께 일을 꾀하는 것이 옳을 듯합니다."

정충신이 이 말을 따라 즉시 낭자와 함께 평양으로 달려가 도착했다.

이때에 도원수 장만張晩(1566~1629)[212]이 평양에 주둔하며 관서에 병권
을 쥐고 있었다. 어떤 이가 이괄의 일을 알고 장 원수元帥에게 말했다.

"충신이 이괄과는 사귐이 깊으니 적을 따를까 두렵습니다."

이 말을 들은 장 원수가 고개를 저었다.

"저 사람이 비록 이괄과 친하다지만, 어찌 임금을 배반하고 적을
따르겠는가. 오늘 내일 사이로 반드시 이곳에 올 게다."

장만의 말대로 오래지않아 충신이 과연 도착한 것이다.

원수가 종사관從事官[213]에게 명해 충신을 책망했다.

"안주는 중요한 요충지이다. 마땅히 힘을 다해 성을 지켜 적이 동쪽으로 진군하지 못하도록 하는 것이 네 직책이거늘, 어찌해 멋대로 성을 버리고 이곳에 왔느냐. 이 죄를 면치 못하리라."

충신이 그렇지 않다며 말대답했다.

"적은 마음이 급박하기에 반드시 안주를 경유하지 않을 것입니다. 또 안주를 거친다하더라도 군사 시설이나 장비가 아주 약해 지켜내지 못할 것이외다. 오직 죽을 결심으로 원수의 막하에 와서 저들을 막을 수 있는 계략을 의논하려 한 것이오."

원수가 이 말을 듣고 충신을 용서하고 계책을 물으려 했다.

낭자가 틈을 타서 좋은 계교를 내어 충신에게 알려주었다.

"이제 원수가 공을 불러서 반드시 적을 토벌할 계책을 물을 것입니다. 이 말대로 대처하시는 게 좋을 듯합니다."

충신이 그녀의 말을 잘 기억해 두었더니, 잠시 후에 원수가 과연 충신을 군막 안으로 불러 들였다.

충신이 원수를 들어가 뵈니, 원수가 좋은 방도가 있느냐고 물었다.

"지금 적의 형세가 세차게 일어나 걷잡을 수 없이 퍼지고 있소. 그 기세가 대단해 성문을 굳게 닫고 지킨다는 것이 어렵구료. 그러나 적의 기세가 아무리 날카롭다 하더라도, 그 계책이 마땅치 않다면 족히 두려워할 바는 아닐 것이오. 지금 적이 어떠한 잔꾀를 쓸지, 혹 그대가 예측하겠소?"

충신이 부낭자가 가르쳐 준 것을 그대로 대답했다.

"적은 반드시 세 가지 계책 중 하나를 쓸 것입니다. 첫째 계책은 적이 만일 정예로운 군대만을 이끌고 한강을 건너 임금이 계신 곳까지이르면 국가의 존망을 알지 못할 것이니 이것은 상책입니다. 중책은 황해도에서 평안도까지 걸쳐 모두 점거해서는 모문룡毛文龍 (1576~1629)[214]의 군대를 묶어 버리고, 좌우 양 날개의 명성과 위세를 아울러 편다면 관군의 힘으로 능히 이것을 막지 못할 겁니다. 마지막으로 하책은 서울이 비기를 기다렸다가 샛길을 따라 서울로 질풍같이 들어와 빈 성을 앉아서 지키는 겁니다. 허나, 이 하책으로는 제 뜻을 능히 이를 수 없을 겁니다. 괄이 비록 용맹하기는 하나 꾀가 없으니, 이 하책을 쓸 게 분명합니다."

원수가 말했다.

"좋소이다. 그 계획대로 따라봅시다."

얼마 후 적이 과연 하책대로 샛길을 따라 서울로 곧장 달려간다는 말을 듣고 부낭자가 충신에게 권했다.

"지금 적이 이미 샛길을 따라서 서울로 진격하면, 임금께서는 반드시 남으로 파천播遷[215]하실 겁니다. 그렇게 되면 안주는 어떠한 위험도 없게 되니, 장군께서는 스스로 선봉이 되어 저들이 제 자리를 찾기 전에 공격하면 적을 깨뜨릴 수 있을 것입니다. 대장부로서 공을 세울 수 있는 기회는 이때입니다. 이 기회를 놓치지 마십시오."

충신이 이 말을 듣고 원수에게 선봉이 되기를 자청하니, 장만이 허락해 충신을 선봉대장으로 삼고 남이흥南以興(1540~1627)[216]으로 후군장을 임명하고는 각기 한 무리의 병사를 주어 가기를 재촉했다.

충신이 드디어 낭자를 참모로 삼고 병사 1500명을 거느리고 적의 뒤를 쳐들어갈 때였다.

황해도 황주黃州 신교新橋에 이르러 적과 만났다. 적은 비로소 충신이 장만을 좇아서 선봉이 된 것임을 알고 크게 낙담하며 꺼리는 기색이 역력했다.

"적을 가볍게 보아서는 안 된다."

그리고는 싸움을 하지 않고 빠르게 지름길로 진격해 곧 서울에 도착했다.

그때에 인조께서는 이미 공주로 파월播越[217]한 뒤였다.

이괄이 서울에 들어가 경복궁에 주둔하고 방자하게도 여안군與安君 식湜을 임금으로 세우는 참람한 짓을 했다. 충신이 경기도 파주坡州에 이르니, 때맞춰 장만도 대군을 거느리고 도착해 여러 장수를 불러서는 계획을 꾸렸다. 충신이 큰 소리로 말했다.

"적이 서울을 범하고 임금께서는 도성을 떠나 피란하셨으니 우리가 마땅히 나랏일에 죽을 것이오. 승패를 논하지 말고 곧 도성으로 진격해 일전을 결행해야 합니다."

장만이 이를 따라 서울로 나아가 공격하려 하니, 충신이 낭자의 말에 힘입어 계책을 일렀다.

"먼저 북산을 점령하는 쪽이 승리할 것입니다. 지금에 안령鞍嶺(길마재, 즉 서대문 너머의 무악재)을 점거해 진을 쳐, 도성을 내려다보고 누른다면 적이 싸우지 않을 수 없을 것이고, 적은 위를 치어다보고 공격해야 하지만, 우리는 높은 지점에서 아래를 내려다보고 적을 공격하면 반드시 격파할 겁니다."

장만이 "좋소"라고 맞받았다.

충신이 이에 채찍을 휘둘러 질풍같이 내달아 갈 때였다.

낭자가 이미 말 탄 군사 몇을 인솔하고 몰래 안령에 잠입해, 봉화를 올리는 병사를 잡고는 봉화 올리는 것을 평상시처럼 했기에 이괄은 이러한 낌새를 전혀 몰랐다. 그 사이에 여러 장군이 차례로 도착해 안령을 점령하고는 진을 쳤다. 그리고는 따로 정예로운 병사 수백을 보내어 인왕산의 치마바위[裳岩]에 매복해 창의문彰義門 길을 막아버렸다. 다음 날 아침에야 적이 비로소 밤의 사태를 알았다. 적은 문을 열고 병사를 급히 내보내 두 길로 나누어 산을 포위하고 올라갔다. 적장 명련明璉은 바로 앞 진영으로 곧장 돌격했다.

이때에 동풍이 급작스레 불었다. 적이 이 바람을 타고서 빠르게 공격해 들어왔다. 화살과 탄환이 나는 것이 비와 같았고 관군의 형세는 크게 어지러워졌다. 관군은 이미 산의 정상에 있었다. 피할 곳이 없기에 모두 죽기로 싸울 수 밖에 도리가 없었다.

바람이 갑자기 휙 돌아 서북풍이 크게 일어났다. 형세가 역전됐다. 적은 바람의 아래에 있어 흙먼지가 얼굴을 들이쳐 눈을 뜨지 못했다. 관군은 용기백배해 적진으로 짓쳐 들어갔다. 적장 이양李穰이 탄환에 맞아 죽었다. 남이흥이 바라보고는 크게 소리를 질렀다.

"괄이 패한다. 괄이 패해!"

드디어 적군이 크게 무너져 서로 짓밟고 바위 계곡으로 떨어져 죽은 자가 수를 헤아릴 수 없었다.

혹 살아남은 잔당들이 마포麻浦 방면으로 달아났다. 관군이 승리의 기세를 타 추격하니, 괄이 줄행랑을 놓아 성으로 들어갔다.

충신도 군대를 거두었다. 밤이 되었다. 적이 몰래 무기를 끌고는 수구문水口門[218]으로 나와 줄행랑을 놓기 시작했다.

충신이 유효걸柳孝傑[219] 등을 이끌고 추격해 경안역慶安驛[220]에 도착했을 때, 이미 이괄의 풍채와 인망은 되돌릴 수 없었다.

다음날 적장 이수백李守白[221]이 괄의 목을 베어와 항복하니 적이 모두 평정됐다.

적을 평정한 후에 여러 장수들이 임금을 맞이했다. 서울을 회복한 뒤에도 장수들은 모두 서울에 머물렀다. 충신만이 홀로 안주로 돌아가며 말했다.

"내가 변방 고을의 장수로 속히 모반한 적을 토벌하지 못하고, 임금께서 난리를 피해 가시게 했으니 죄가 가볍지 않다. 마땅히 옛 벼슬하던 곳으로 돌아가 명을 기다리겠다."

임금이 충신의 공이 큰 것을 아시고 친히 불러 만나 보셨다. 그리고는 상을 두둑이 주시고 일등의 공훈을 내려 금남군錦南君을 봉하시고 평안병사平安兵使로 승진시켰다. 충신의 공은 실상 부낭자가 꾀를 낸 도움을 힘입은 것이었다. 충신이 부낭자를 불러 황금과 비단을 주었다.

"오늘의 공은 모두가 그대의 덕이네. 이것으로 작은 정성이나마 표하네. 그리고 여기 머물러 나와 함께 모든 것을 함께 하세나."

부낭자가 얼굴빛을 바로 잡고는 말했다.

"공이 벗으로 대해 준 은혜를 생각한다면, 마땅히 죽고 사는 것을 명대로 해야겠습니다만, 부모께선 연로하고 집 안엔 다른 사내가 없습니다. 부모를 공양할 자식이 없기 때문에 어렵사옵니다.”

충신이 한결같이 만류했다.

“지금 나라에 일이 많고 변방 근심 또한 적지 않네. 그대의 재주로 나라를 지키는 임무를 맡는 것이 좋을 듯 하네. 내가 장차 조정에 추천할 것이니 고향으로 돌아가지 말게나. 양친은 이곳에서 봉양하면 되잖나. 그대는 걱정하지 말게.”

낭자가 묵묵히 한참을 있다가 말했다.

“가르침이 이러 하시니, 다시 생각해 보겠나이다.”

부낭자가 그날 밤에 틈을 내어 충신을 찾았다.

“사실 저는 사내가 아니옵니다. 늙으신 아버지께서 종군하지 못하셔서 제가 부친을 대신해 목란木蘭의 행동[222]을 한 것이에요. 다행히 공께서 제 의견을 받아들이셔서 금일에 이르렀지요. 멀리 내치지 않으시면 공을 위해 목숨을 바치겠어요.”

충신이 몹시 놀라 감탄했다.

“함께한 지 여러 달 동안 전혀 알지 못했다니. 나는 진실로 사람 보는 눈이 없소 그려.”

다음날 여러 장수들을 불러 성대하게 잔치를 열었다.

술자리가 거나하게 돌아갈 즈음, 충신이 친히 잔을 잡아 부낭자에게 권했다. 그리고는 여러 장수들에게 부낭자의 일을 설명하고는 말했다.

“오늘은 나에게 길일이오. 여러분들은 비단으로 속히 낭자의 옷차림을 꾸며 혼례를 성대히 치를 수 있도록 힘써주었으면 하오.”

여러 장수들이 비로소 부낭자가 여자임을 알고는 모두 놀라워했다. 그 날 충신이 낭자와 성대하게 혼례를 마쳤다. 밤이 늦어서야 혼인잔치가 모두 끝나자 둘은 군막 안으로 자리를 옮겼다. 두 사람이 운우雲雨의 즐거움을 누릴 때, 많은 별이 밤하늘을 수놓았다.

며칠 후에 낭자는 양친을 모셔 군영 안으로 옮겨 살게 하고 효도로 봉양했다.

인조 임금 5년에 금나라(청국)가 침입해 왔다. 충신이 별장別將[223]이 되어 장 원수의 진영에 부임하니, 임금이 특별히 명령을 내려 부원수를 제수했다. 충신이 출발하기에 앞서 낭자에게 계책을 물으니 낭자가 대답했다.

“금나라 오랑캐가 비록 쳐들어 왔다 해도 족히 근심할 것은 아니에요. 오래지 않아 반드시 화의를 구하고는 물러날 것이니 걱정 마세요.”

충신이 이 말을 믿지 않았으나, 얼마 안가 과연 평화 약조를 맺고는 물러가 버렸다. 낭자가 한번은 충신에게 말했다.

“지금 금나라가 강성해 천하를 석권할 형세에요. 그러나 조정에 오직 가득한 논의는 오랑캐를 배척하자는 주장뿐이지요. 이 논의에 이끌려 오랑캐의 심기를 몹시 거스르면 평화의 약조가 반드시 깨지고 우리 조선은 큰 화를 입을 거에요. 이토록 뻔한 사실을 두고 우니 그야말로 ‘말살에 쇠살’ 이란 격이군요.”

과연 얼마 후 조정에서 김대건金大乾[224]을 보내어 금나라와 화의를 끊으려고 했다. 충신은 탄식했다.

"아아! 아내의 말대로구나. 이것은 화를 재촉하는 자충수이거늘."

그리고는 대건을 국경근처에 머무르게 지시하고 급히 체찰사體察使[225] 김시양金時讓[226]과 함께 글을 올려 화친을 깨는 것은 되려 화가 될 것임을 힘써 간했다. 그러나 임금이 크게 노해 사형에 처하려하다가 전일의 공을 생각해 충남 당진唐津으로 유배하는데 그쳤다. 낭자가 충신을 따라가 귀양살이를 도왔고, 오래지 않아 다시 충신을 불러 포도대장과 경상도 우병사를 제수했다. 충신은 모두 병으로 사양했다.

낭자가 일찍이 충신에게 조용히 말했다.

"여러 해 조용했으니 이제 머잖아 금나라 병사가 반드시 크게 닥칠 거에요. 그런데 조정에서는 화친하자는 논의를 배척하면서도 전혀 오랑캐에 대한 방비를 하지 않으니, 비록 상공이 다시 벼슬길에 나가더라도 어쩔 수 없을 거에요. 또 공이 그때 일은 보시지도 못할 겁니다."

병자년(1636)년 여름에 충신이 죽었다. 이 해 겨울에 금나라 병사들이 과연 크게 이르니 낭자의 말이 과연 꼭 들어맞았다. 낭자가 충신을 위해 삼년상을 마치자 마침내 머리를 깎고는 중이 되어 묘향산妙香山에 들어갔는데, 그 뒤에 어떻게 되었는지는 알 수 없다.

저 물 건너 오를레앙의 아가씨 잔다르크가 생각나는 이야기다. 조선의 영웅 부낭자가 있다는 것을 아는 이 몇이나 될까. 참으로 애석한 일이다.

산천어라는 우리나라의 토종 민물고기가 있다. 산천어는 바다로 나

가 산란기에만 돌아오는 송어가 생활습성이 바뀌어 강에서만 생활하
는 육봉형陸封型(landlock type)으로 굳어져 생겨난 어류다. 따라서 바
다로 나간 것은 송어가 되는 것이다. 환경이란 이토록 중요하다. 같은
태생이지만 어느 곳에 사느냐에 따라 산천어도 송어도 되니 말이다.

점점 우리의 것이 박래품에 밀려 사라진다. 우리의 옛글들을 발맘
발맘 따르다 보면 저러한 여성 영웅을 만나기도 하지만, 많은 이들은
파란 눈의 여인들에게만 영웅이 나는 줄 안다.

이런 이야기가 있다.

여요餘姚 출신 선생들은 오 지방에서 훈장노릇을 하느라 이른 봄에
떠나 섣달이 되어서야 고향에 돌아온다. 그러다 보니 고향의 풍물은
오히려 잘 알지 못한다.

한 여요 선생이 훈장질을 다니다 잎이 푸른 버들을 보았다고 한다.
그래 주인에게 고향에 가 심으려 하니 한 가지만 꺾어달라고 했다.
그러나 그것은 어느 지방에서나 볼 수 있는 흔한 수양버들이었다. 그
래 주인이 "이것은 아주 흔한 종자로 없는 곳이 없을 텐데요. 선생 고
향에만 없을 리가요?"라고 했다.

그랬더니 여요 선생 이렇게 대답했다.

"무슨 말씀을 제 고향엔 잎이 떨어진 버드나무만 있습니다."

이 이야기는 명대明代의 소화집笑話集인 《종리호로鐘離葫蘆》〈여요
선생餘姚先生〉에 보인다.

제 '정신', 제 '문화'가 무엇인지도 모르고 박래품만 고집하는 사
람들이 참 많은 것 같아 풀어본 이야기다.

이광정을 이조 판서로 삼았다. 광정은 소시부터 청렴결백으로 자신을 지켜 명류로 알려졌는데, 흉도들이 모후의 폐단을 청할 때 화를 두려워하여 정청庭請에 참여했으므로 사론士論이 그를 비루하게 여기었다. 이때 박홍구朴弘耉 등이 오히려 재상 자리에 있었으므로 드디어 끌어들여 전장銓長을 삼으니, 물의가 매우 해괴하게 여기었다.　　　　　　　　　　　　　　—인조 1권, 1년(1623) 3월 14일

경상도 김해군에 궁둔전宮屯田으로 잘못 들어간 민간의 전지를 본래의 주인에게 되돌려 주라고 특명을 내렸다. 이는 일찍이 정언正言 김우항이 아뢴 바에 따라 본도本道로 하여금 사실을 조사하게 했더니, 궁가宮家에서 제방을 쌓는다는 핑계로 백성의 전지를 강제로 떼어갔으므로, 이러한 명을 내린 것이다.

—숙종 17권, 12년(1686) 8월 20일

임금이 갑자기 편치 않았는데, 가슴이 치받듯이 배가 아파서 급히 여러 의관을 부르니 대궐 안이 몹시 어수선하였다. 제조提調 이유李濡와 김우항이 급히 입시入侍하고, 뜸을 뜬 지 한참만에야 조금 안정이 되었다. 김우항이 의관에게 살짝 묻기를, "이것이 무슨 병입니까?" 하니, 의관이 대답하기를, "산증疝症 입니다" 하였다. 임금이 말하기를 "몇 년 전부터 이 병이 이미 뿌리가 생겼는데, 처음에는 약간의 통증을 느낄 뿐이더니 어느 새 이 지경이 되었다" 하였다.

—숙종 38권, 29년(1703) 8월 13일

23

바라보다가는
한참을 말끄러미
맑은 눈으로
동그랗게 뜬

병사兵使 우하형禹夏亨[227]은 평산平山 사람이다. 집안이 몹시 가난해 호경呼庚[228]의 탄식을 면하지 못했다. 처음에 무과에 올라 관서 방어關西防禦의 직책을 맡아 가서는 근근이 한 몸을 지탱했다.

하루는 강변을 순시할 때였다. 물을 길어가는 한 여인이 눈여겨보니, 용모와 자태가 단아하고 고왔으며 행동하는 것이 찬찬했다. 하형이 불러 그녀의 사는 곳과 나이, 집안과 지체, 문벌 등을 물으니 여자가 대답했다.

"소녀는 이 고을 아무개 씨의 계집종이었다가 지금은 몸값을 주고 노비의 신분이 풀려 양민으로 홀로 살아가고 있지요. 집은 저 숲속 초목이 무성한 데 있는 몇 번째 집이에요. 나이는 올해 열아홉으로

四時長春
자네가 알다시피 난 빈손이고 또 친지나 벗도 없소. 어찌 객
지에서 드는 비용을 변통하여 서울에 머무를 수 있단 말이오.

아직 시집을 가지는 못했답니다.”

“나는 무관인 우 아무개라하오. 나도 천리 타향의 외로운 몸이요, 그대도 홀로 산다하니 나와 함께 짝을 맺는 것이 어떠하겠소?” 눈빛질을 해보니 말하는 사내의 옷차림은 허름하나 허술한 위인은 아니요, 단정하면서도 미끈한것이 깎은 선비였다.

여자가 손가락으로 치마를 돌돌 말고는 동그랗게 뜬 갓맑은 눈으로 한참을 말끄러미 바라보다가는 허락했다. 하형이 크게 기뻐해 첩으로 맞아들여 약식으로 구메혼인을 한 뒤, 한집에서 살기 시작했다. 하루는 여자가 하형에게 말했다.

“이미 저를 첩으로 삼으셨는데 장차 무엇으로 의식 밑천을 삼으려는지요.”

“허참, 내가 원래 집안이 가난뱅이 살림인데다, 또 천리나 떨어진 여기 있으니 주머니 사정이 넉넉지 못하오. 그래 달리 마련할 형편이 없고 하니 어찌 자네에게까지 줄 것이 있단 말인가. 다만 자네에게 바라는 것은 때가 낀 것은 깨끗이 빨고 해진 것은 잘 꿰매 입었으면 하는 것일 뿐이라네.”

“‘건너다 보니 절터’라고 저도 이미 짐작하고 있습니다. 제가 몸을 허락해 당신의 아내가 된 이상에는 선달先達²²⁹의 의복 마련은 마땅히 제 몫이니 염려치 마셔요.”

“이것은 내가 바라는 것이 아니오만. 어찌됐건, 고맙구려.”

여자가 그 뒤로 바느질품과 옷감을 짜는 일을 부지런히 하니, 시나브로 먹고 입는 것에 부족함이 없었다.

오래지 않아 서북 변경에 파견된 기간이 만료되고 하형이 장차 돌아가려 하니, 여자가 말했다.

"선달께서 돌아간 후에 장차 서울에 머무르며 벼슬을 구하시려는지요."

"자네가 알다시피, 난 빈손이고 또 친지나 벗도 없잖소. 어찌 객지에서 드는 비용을 변통해 서울에 머무를 수 있단 말이오. 그저 고향으로 돌아가 조상 무덤의 아래에서 늙어 죽을까 하오."

여인이 만류했다.

"제가 선달의 모습과 기상을 보니 결코 초라한 인물이 아니요, 앞길이 양양해 공명을 얻기가 어렵지 않을 거여요. 당당한 장부로 세상에 설 수 있는 기회가 있거늘, 어찌 수중의 돈 몇 푼이 없어 몸을 촌구석에 묻어두겠습니까. 제가 그 동안에 의식 마련 이 외에 가외로 저축을 해 두었어요. 지금까지 모은 돈이 한 600냥은 된답니다. 이것은 제가 오늘을 위해 준비해 둔 것이에요. 이제 이것을 모두 드릴 테니, 일부는 노자를 삼아 말안장과 기타 여러 여행도구들을 준비하고 남은 돈으로 고향으로 돌아가지 마시고 서울에 머물러서 벼슬을 구하셔요. 10년만 기한 삼아 한다면 능히 무슨 수가 생길 것이에요. 저는 천인이고 또 일가붙이 하나 없어요. 의지가지할 데 없는 몸이니, 선달을 위해 절개를 지키기 어려우니, 몸을 아무 곳에나 의탁했다가, 혹여 선달께서 이 고을에 원이 되었다는 소식을 듣게 되면 그 날로 찾아뵙고 옛 인연을 다시 잇겠어요. 선달께서 몸 편히 안녕히 가셔요.”

하형이 여자의 곡진한 정에 심히 감명되고 또 많은 재물을 얻어 출세할 밑천이 마련되자 더욱 깊이 행복감을 느꼈다.

여자와 눈물을 흘리며 이별했다. 여자는 하형을 보낸 뒤 읍내에서 홀아비로 살아가는 늙은 아전에게 몸을 의탁했다.

늙은 아전은 그녀의 용모가 단아하고 아름다우며 인물이 영리함을 보고 분수에 넘치는지라 매우 기뻐하고는 함께 살았다. 그리곤 가정 살림 일체를 그녀에게 맡기었는데, 늙은 아전의 집안형편은 자못 먹고 살만했다. 여인이 늙은 아전에게 말했다.

“이미 저에게 집안일을 일임한 이상에는 금전과 베, 곡식 따위의 셈을 분명하게 해야 합니다. 이 앞 사람이 쓰고 남은 돈이 얼마이며, 곡식과 물건은 어떠하며, 베와 비단은 얼마이며, 가구 등 집기는 얼마나 되는지 명백히 문서에 써서는 저에게 주기를 바랍니다. 제가 이것을 보관하려 합니다.”

“부부 사이에 있으면 쓰고, 없으면 다시 힘써 갖추면 될 것이거늘, 무엇을 싫어하며 무슨 의심을 두어 이러한 일을 하려는 게요.”

그러나 여인은 완강히 주장을 굽히지 않았다.

늙은 아전이 부득이해 그 말에 맞추어 모든 내용을 세세히 써서 주었다. 여인이 이것을 상자 속에 넣어 두고 집안 살림살이를 잘 돌보고 다스리기를 부지런히 하니 가세가 이내 더욱 부요해졌다.

하루는 여자가 늙은 아전에게 청했다.

"내가 글줄을 거칠게나마 볼 줄 압니다. 특히 서울의 관보官報[230] 읽기를 좋아하니 당신께서 매일 관가에서 빌려오시면 어떻습니까."

늙은 아전이 그 말대로 해줬다. 하루는 관보에 우하영에 관한 내용이 보였다.

"선전관宣傳官[231] 우하형이 부정副正[232]에 올라 평안도와 황해도 북부 지방의 풍요로운 고을을 제수 받아 아무 달, 아무 날에 부임한다."

여인이 늙은 아전을 보고 말했다.

"제가 이곳에 온 것은 오래 머물려고 한 것이 아닙니다. 잠시 동안 임시로 몸을 의탁하려 했던 것이니, 이제부터 당신과는 이별을 해야 겠습니다."

늙은 아전이 놀래서는 그 까닭을 따져 물으니, 여인이 어찌할 도리가 없었던 딱한 사정을 죽 이야기하고 전에 깊이 넣어두었던 물품목록을 꺼내었다.

"제가 7년 동안 당신의 아내가 되어 집안 재산을 관리했습니다. 만약 터럭만큼이라도 전보다 빠지는 것이 있으면 말씀하세요. 그래야 떠나는 사람의 마음이 편합니다. 그러나 지난날에 비해 가산이 다행히도 서너 곱은 불어났을 터이니, 제 마음에 그다지 부끄러움은 없군요."

그리고 늙은 아전과 작별한 후에 남자의 복장으로 갈아입고 패랭이를 쓰고는 하형이 부임한 고을에 도착하니, 하형이 벼슬자리에 나아간 지 겨우 하루만이었다. 송사를 하는 백성이라 하고 관가의 뜰로 곧장 들어가 겨우 입인사 한자리 꾸부리고서 "소장을 낼 일이 있사오니 뜰에 올라 아뢰게 해주십시오" 했다.

태수가 괴이하고 의아해 처음에는 불허하다가 마침내 허락했다. 이제는 또 마루에 오르기를 청하니, 태수가 더욱 괴이쩍다 여기며 들어주었다. 마루에 올라 나부죽이 인사를 차렸다.

"관아의 주인께서는 혹 소인을 아시겠는지요."

"내가 새로 부임했는데 이 고을 사람을 어떻게 알겠는가."

"사또께서 아무 해, 아무 곳에서 부방赴防[233]할 때에 짝을 맺어 함께 살던 여인을 모르시나요."

태수가 한참을 쳐다보다가 크게 놀라 급히 일어나 손을 잡아끌어 방으로 들어가 물었다.

"아니, 아녀자가 어찌 이러한 모습을 하고 왔는가. 내가 부임한 다음 날 자네가 이곳에 왔으니, 실로 세상에 기이한 인연이며, 기이한 만남일세 그려."

그리고는 두 사람 모두 기뻐함을 이기지 못하며, 각자 그동안 막혀 있던 정을 하나하나 풀었다. 이때 하형은 부임하기 전에 아내를 잃었다. 그리하여 이 여인으로 하여금 관아의 안채에 들어와 머무르게 하면서 집안의 대소사를 총괄토록 했다.

여인은 본처의 자식들을 어루만져 사랑해 기르며, 비복을 부리는 것도 모두 법도가 있으며, 은혜와 위엄 또한 나란했다.

그 뒤 하형은 차차 벼슬이 올라 지위가 절도사節度使[234]에 이르렀고, 타고난 수명을 모두 살고는 생을 마치니 나이 일흔을 넘어섰다.[235] 여인이 예의를 갖추어 장례를 치를 때, 성복成服[236]날이 되자 본처의 자식들에게 일렀다.

"돌아가신 영감께서 일개 시골의 무반 출신으로 지위가 아장亞將[237]에 이르셨으니 벼슬 끝이 이미 다하신 게요, 또 연세가 이미 70수를 누렸으니 수명도 또한 다하신 것이라. 또 나로 말하면 당초 빈한한 집안 형편이지만 한 마음으로 성실히 노력을 다해 돌아가신 영감께서 벼슬을 구하는 방책을 도왔지. 다행히도 일이 마음과 엇박자를 빚지 않고 영감께서 벼슬길에 올라 오늘에 이르렀으니 내 책임도 다한 셈이고. 또 내가 서울에서 멀리 떨어진 지방의 미천한 신분으로 요행히도 돌아간 영감의 소실이 되어 종신토록 부귀를 누렸으니, 이만하면 나의 영화로움도 또한 적다고는 못할 것이라. 지금에 죽은들 무슨 한이 있단 말인가. 평일에 영감이 살아계실 때, 나에게 가정을 꾸리게 하신 것은 그때에 상주가 너무 어리고 집안 살림 맡을 사람이 없었기에 부득이 내세운 것이지. 이제 상주가 이미 처를 얻었고 또 이렇듯 장성했으니 오늘부터 집안을 돌려주려하오.”

그러자 본처의 자식과 며느리가 울며 말했다.

“우리 집안은 오늘까지 오직 서모의 덕으로 가정을 이렇게 꾸려나가는 것입니다. 어찌 나이가 어려 우매한 저희들이 책임을 맡겠습니까.”

그러나 여인은 듣지 않았다. 이날부터 본처의 자식과 며느리를 안채에 살게 하고 자기는 조그만 뒷방으로 물러 나앉으며 말했다.

“내가 이곳에 한 번 들어 온 이상은 다시 나가지 않겠다.”

그리고는 문을 닫아걸고 곡기를 끊은 지 여러 날 만에 죽었다.

본처의 자식들이 모두 슬프게 곡을 하며 말했다.

“우리 서모庶母는 예사 사람이 아니야. 우리 집안이 오늘에 이른 것은 모두 서모의 힘이니 어찌 서모로써 대하겠는가.”

슬프게 말하고는 초종初終[238]을 지낸 후에 장례의식은 석 달을 기다렸다 하기로 하고, 또 따로 사당을 세워 제사를 지내려 했다. 이러는 사이에 하형의 장례일이 되었는데 관이 움직이지 않는 것이었다. 수십 명이 달라붙어도 옮기지 못하니 여러 사람이 모두 말하기를 “소실을 잊지 못하셔서 저러한 것이 아닌가?”라고 했다. 그래서 서모의 장례를 치러 함께 발인發靷[239]을 하니, 그제야 하형의 관이 곧 움직였다.

지금 평산平山[240]의 대로변에 서향으로 장사지낸 것은 하형의 묘요, 그 오른쪽 열 발자국 쯤에 동향으로 장사지낸 것은 소실의 묘라고 한다.

사람을 알아보는 '지인지감知人知感' 에 의한 결연은 여러 문헌에서 흔히 찾을 수 있다. 하지만 알아보는 쪽이 여성이라면 이야기가 좀 달라진다. '남녀칠세부동석' 이니, '남존여비' 에 '열녀불경이부' 라는 말이 버젓이 인간의 마땅한 도리로 대접받았던 저 시절의 일이기 때문이다. 하여, 백거이白居易(772~846)라는 중국 시인은 그의 〈태항로太行路〉라는 시에서 아래와 같이 읊조렸다.

세상에 태어나길 여자 몸이 되지 마라.	人生莫作婦人身
백년의 고락이 남에게 달려있어서라네.	百年苦樂由他人

오죽했으면 아내를 '문서 없는 종' 이라고 했겠는가. 하기야 지금도 태어나면서부터 세상이 어둠뿐인 사람들이 있다. 살아온 날마다 늘 비가 내리는 사람도 있다.

조선의 여인들은 허다히 저러한 삶을 살았다.

그 여인들 중 기생에서 역사가 된 여인, 황진이가 있다. 다음 이야기를 보면 황진이의 지혜와 배포를 넉넉히 짐작할 만하다. 한낱 '기생' 이라 비아냥댈게 아니다. 이 시대에 황진이가 태어났더라면 국가의 동량棟梁이 될 재목임이 분명하다. 명종 때 황진이라는 기생과 시대의 '호걸 남아라' 자칭한 소세양과 얽힌 이야기다(이 이야기는 김삿갓과 어느 여인의 사연이라 구전되기도 한다).

소세양蘇世讓(1486~1562)의 본관은 진주晉州 자는 언겸彦謙, 호는 양곡陽谷·퇴재退齋·퇴휴당退休堂이다. 명문대가집 자손으로 재주와 인물이 뛰어났다. 지금으로 치면 훈남쯤으로 이해하면 될 듯하다. 그래서인지 이 사내, 여자 또한 우습게 여겨 늘 말하기를 "여색에 미혹되면 남자가 아니지, 내 한 달을 넘게 사귀면 사내가 아닐세"라고 했다.

그러던 그가 한 번은 한 연회장에서 황진이를 만났다. 그런데 황진이가 거들떠보지도 않았다.

그래, 석류나무 '류榴' 한 자를 적어 주었다.

그것을 받은 황진이, 지체 없이 고기잡을 '어漁' 한 자를 써 주었다.

해석하자면 이렇다.

석류나무 유榴는 '내 큰[클 석碩] 선비[선비 유儒]이거늘 어찌하여[어찌 나那] 함께 놀지 않는고[없을 무無 놀 유遊]?' 이고, 고기잡을 어漁는 '높은[높을 고高] 기생[기생 기妓]은 스스로[스스로 자自] 말하지 아니하는 법이지요[아닐 불不 말씀 어語].

소세양보고 오라는 소리다.

소세양이 결국 한 달을 채우고 떠나려 하니 황진이가 이러한 시를 지었다고 한다.

양곡 소세양을 보내며	奉別蘇陽谷世讓
달빛 아래 오동잎 모두 지고요,	月下梧桐盡
서리 맞은 들국화는 노래졌어요.	霜中野菊黃

누각은 높아 하늘에 닿고요,　　　　樓高天一尺

사람은 석 잔 술에 취했어요.　　　　人醉酒三觴

흐르는 물은 가야금 소리에 차고요,　流水和琴冷

매화는 피리에 서려 향기롭지요.　　梅花入笛香

내일 아침이면 서로 이별하리니,　　明朝相別後

사무치는 정 물결처럼 끝이 없어요.　情與碧波長

차마 돌이 되지 못한 소세양, 결국 "내 사내가 아닐세"라고 말하며 눌러앉았다고 한다.

24

이것은 죽은 벗에 대한 예의가 아닐세[240]

황고집黃固執은 평양 사람이니 이름은 순승順承이다.[241] 그의 선조는 을구乙耉[242]로 고려 때에 제안군齊安君을 봉해 황주黃州에서 벼슬을 했다가 후에 평양으로 옮겨 살았다. 씨족이 퍽 번성해 세상에서 부르는 이른바 '외성 황씨가 평안도의 명칭이 됐다'[243]함이 이것이다. 순승은 성품이 강직해 말이 반드시 믿음직스러우며 행동함에 결단성이 있어 일을 만나면 털끝만큼도 꺾이는 법이 없었다. 그래서 그때 사람들이 '황고집'이란 별호를 붙여주었다. 이로부터 어린아이에서 어른, 남녀 없이 모두 황고집이라 불렀으나 순승은 기꺼운 마음으로 그 별명을 받아들여 조금도 마음 쓰지 않았다. 그리고는 인해 집암執菴이라 스스로를 불렀다.

"조상을 받드는 뜻이 중하거늘 어찌 상인과 값의 높고 쌈을 다투어 제수흥정을 할 것인가."

그가 사는 마을의 가장 긴요한 길에 다리를 놓을 때였다. 다리 만드는 자가 오래된 무덤의 횟가루를 파서는 쌓았다.

순승이 이를 두고 말했다.

"아무리 옛 무덤의 흔적만 남은 것에서 채취한 것이라도 이것은 사람 무덤의 물건이다. 그러니 짓밟지 못한다."

그리고는 늘 다리를 피해 물을 건너 다녔다. 하루는 밤마실을 다녀올 때였다. 도둑이 다리 곁에서 기회를 엿보다가 칼로 위협해 옷가지를 뺏으려 했는데, 순승이 다리를 두고도 피해 물을 건너는 것을 보고 도둑들이 서로 수군수군 댔다.

"이 사람은 황고집일세. 범하지 못할 사람이야."

그리고는 숨을 죽이고 순승이 지나가기를 기다렸다고 한다.

순승이 일찍이 사적인 일로 몇 사람과 서울에 상경했다가 마침 서울 살고 있는 벗이 죽었다는 말을 들었다. 동반한 사람이 함께 가서 조문하자고 하니, 순승이 고개를 저었다.

"내가 오늘 서울에 온 것은 벗의 조상을 하려는 것이 아니거늘, 어찌 편리함만 따라 조문하겠는가. 이것은 죽은 벗에 대한 예가 아닐세."

그리고 드디어 고향으로 돌아왔다가, 다시 되짚어 혼자 가서는 벗을 조문했다. 순승 행동하는 것이 모두 이와 같았다.

일찍이 밭을 갈다가 해충을 인근 밭에 던지자 밭주인이 버럭 성을 내니 순승이 말했다.

"어찌 그 해충을 내 밭에 도로 던지지 않소. 내가 당신 밭에 던지고 당신이 내 밭에 던지더라도 다만 저 해충이 농사를 상하게 하지는 못할 것이오. 왜 반드시 생물을 죽여야 마음이 시원하겠소이까."

혹 관가의 청을 받아 잔치에 가면 한 번도 기생과 음악에 곁눈질을 흘리거나 귀를 기울이지 않았다. 그래 사람들이 시험하려고 억지로 술에 취하게 하려했으나 또한 이루지 못했다.

늘 아버지와 할아버지의 제삿날이 되면 종들을 시키지 않고 손수 제수품목을 사는데, 아무리 높은 가격을 부르더라도 깎지 않았고, 속여서 비싸게 팔아도 다투지 않고는 말했다.

"조상을 받드는 뜻이 중하거늘 어찌 상인과 값이 비싸고 낮음을 다투어 제수흥정을 할 것인가?"

일찍이 아들이 장가를 들어 아내를 데려왔다.

다음날 아침 장차 시부모에게 예를 드릴 때였다. 순승이 일찍 일어나 의관을 정제하고 내당에 들어가 방에 앉았는데 한참이 지나도록 새며늘아이가 여전히 나타나지 않았다. 순승이 괴이해 계집종을 불러 며느리가 낯을 씻었는지 아닌지를 물었다.

"밝기 전에 벌써 세수하고 머리 빗고 단장을 마쳤는걸요."

"그러면 어찌 나를 나와 보지도 않는단 말이냐?"

계집종이 대답했다.

"노야께서 사당에 가셔서 조상님을 뵈온 후에나 나온다고 했습니다."

공이 너무나 놀랍고 감탄해 말했다.

"옳구나. 며늘아기의 말이. 매일 아침 사당에 나가 뵙는 것이 예이거늘, 내가 이를 행하지 않았구나. 며느리의 말대로 오늘부터 이것을 행하리라."

그리고는 옷을 갖추어 입고는 집안의 사당에 나가 절을 한 연후에야 신부가 나와 뵙고 절을 올렸다. 순승이 기뻐했다.

"신부가 능히 예절로써 나를 가르쳤으니 실로 우리집안의 며느리이다."

이때부터 순승은 더욱 그 며느리를 애지중지했다.

순승이 만년에 이르러 더욱 독서하기를 좋아해 경서의 뜻을 익힌 지 여러 해에 자못 깨달은 것이 많았다. 또 자식을 가르치는 방법을 두었고 집안을 다스리는 규범이 있으니, 한 집안이 찬찬하니 조정과 같았다. 그는 자손이 심히 많았지만 모두 가정교육을 제대로 가르쳐 받아, 곧 할아버지와 아버지의 풍채가 있었다. 그의 손자 염조念祖 대에 와서 또한 문학으로써 세상에 이름을 드날렸다.

순승이 만년에 독서를 열심히 했다 하니, 이 독서 이야기를 해보자.

정조正祖 임금은 《홍재전서弘齋全書》에서 "옛사람은 일을 만나서 사리를 파악할 때에 반드시 두 겹, 세 겹 빈틈없이 꿰뚫어 보았다. 그런데 지금 사람은 반 겹도 꿰뚫지 못할 뿐 아니라 일이 앞에 닥치면 망연자실해 어떻게 조처해야 할지 모른다. 이것은 바로 글을 읽지 않기 때문이다[古人遇事見理, 必透得二三重. 今人不惟不透得半重, 事到眉頭,茫不

知如何措置. 此政坐不讀書耳]" 하며 책읽기를 강조했다.

하지만 우리가 사는 이 세상은 결코 만만치 않다. 과부하가 걸려 밉살맞은 일류병에, 물질은 주절주절 굿판을 벌리고, 도덕과 정의는 인간성 방어기제로서의 역할을 강탈당한 초라한 몰골이다. 그러니 일껏 책을 읽은들 이러한 세상에는 겉도는 소리일 뿐이다. 책대로 하다가는 손가락질 받기가 일쑤이기 때문이다.

황고집의 행동, 어찌 보면 어리석기 짝이 없지만, 저 고집이 없다면 독서도 책장에 침만 묻히는 행위에 그칠 뿐이다.

그래 옛사람 몇몇은 이러한 세상에서 자기를 지키는 고집을 '벽癖'이라 하고 중히 여겼다. 잘난 이들은 이를 '제 의견만이 옳다고 여기는 버릇'인, '자시지벽自是之癖'으로 몰아칠지도 모르겠지만, 예사내기인 나는 전연 그렇게 생각지 않는다.

이것은 세상과 단호히 맞서는 마음의 결기요, 단연코 제 삶을 얼레빗질 않겠다는 불끈 쥔 두 손등으로 솟는 새파란 힘줄이라 여긴다. 그래야 나도 저 잘난 사람들 한 켠에서나마 이 세상을 살지 않겠는가.

박제가朴齊家(1750~1805)의 〈백화보서百花譜序〉에 다음과 같은 말이 있다.

"사람이 벽癖이 없다면, 버림받은 자일 뿐이다. 무릇 벽이란 글자는 질병이 따르고 치우침이 따르니 병이 편벽된 것이다. 비록 그러하나 홀로 나아가는 정신세계를 갖추고 전문적 기예를 익히는 자는 왕왕 오직 벽을 가진 사람만이 가능하다[人無癖焉, 棄人也已. 夫癖之爲字, 從疾從癖, 病之偏也. 雖然, 具獨往之神, 習專門之藝者, 往往惟癖者能之]."

그래 나는 이 시대가 요구하는 바람직한 지식인상을 이렇게 그려본다. 공부工夫의 '공工' 자형의 인물이다.

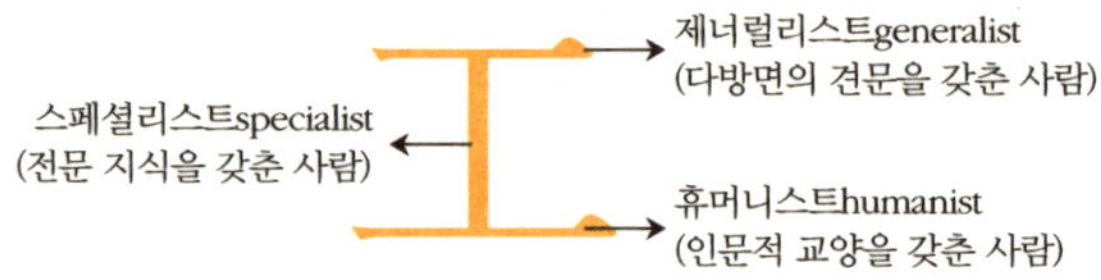

한 영역에서 엘리트로 인정받으려면 전문가로서 지식을 갖추어야 하고, 여기에 다방면의 견문을 얹어 폭넓은 시야를 확보해야 한다. 하지만 가장 중요한 것은 이것을 떠받치는 인문적 교양이다. '제너럴리스트'와 '스페셜리스트'가 뇌의 소관이라면 '휴머니스트'는 인문적 교양을 담당하는 마음의 영역이다. 뇌에는 아픔을 느끼는 기관이 없다(뇌수술은 환자의 정상적인 의식상태에서 하는 경우가 많다한다). 그래 아픔을 느낄 줄 아는 가슴이 필요하다. 지식과 견문을 담당하는 이성적인 뇌와 인문적 교양을 담당하는 감성적인 가슴이 조화를 이룰 때만이 온전한 인간이 되는 것이다. '예의', '윤리', '염치', '정의' 따위가 그 인문적 양심이다. 이 인문적 양심이야말로 '바람직한 지식인상'의 바탕이요, '도덕적 해이'의 방부제다. 공부하는 이에게서 저러한 인문적 양심을 발라내면 무엇이 남겠는가. "이런들 어떠하며 저런들 어떠하리." 이런 〈하여가何如歌〉류의 삶, 남의 눈비음을 맞추기 위한 지식이라면 저 앞의 향원밖에 더 되겠는가. 그래 '공부工夫'를 하되, 머리가 아닌 '가슴'으로 해야만 하는 것이다. 그러려면 벽癖 하나쯤은 있어야 하리라.

주석

정성만 다한다면 용꿈을 꾼단다

1 《청구야담》 권15, 7의 〈몽황룡지성발소매夢黃龍至誠發宵寐〉와 동일하나 《기인기사록》
  이 더욱 자세하다.

2 본관은 전주全州. 자는 경백經伯으로 1753년(영조 29) 정시庭試 문과文科 병과丙科7에 급
  제, 참판參判을 지냈다.

3 중국의 옛 서적 중에서 경서·사서·제자·시문집 등을 통틀어 일컫는 말.

4 조선시대 나라에 경사가 있을 때 대궐 안에서 보이던 과거.

5 정성을 다해 용꿈을 꾸어, 벼슬하게 된다는 말. 이 말은 《유양잡조酉陽雜俎》에서 나왔다.
  "구구具丘의 남쪽에 포도곡葡萄谷이 있는데, 천보天寶 연간에 불문에 들어가 도를 닦던
  담소曇霄가 여기에 왔다가 마른 넝쿨을 얻어서 자기 절로 돌아가 심었더니, 높이가 두
  어 길이나 자라서 그늘진 땅의 둘레가 10여 길이나 되었다. 그래서 쳐다보면 마치 휘
  장이나 차일과 같았고 그 주렁주렁한 열매들은 마치 자줏빛 구슬처럼 생겼으므로, 사
  람들이 이것을 초룡주장草龍珠帳이라 불렀다."

6 《서경》 〈주서〉 '홍범'의 "임금은 해[歲]를 살피고 귀족과 대신들은 달[月]을, 낮은 관리
  들은 날[日]을 살펴야 한다"에서 나온 것으로, 귀족과 대신을 가리킨다.

귀신의 물건이 탄다

7 본관은 전주全州. 자는 사심士深, 호는 우재迂齋·남항거사南港居士. 인조반정 때 정사
  공신이 되고 이조판서, 우의정 등 여러 관직을 두루 거쳤다.

8 자는 환지煥之, 호는 명성당明誠堂으로 세종대왕과 소헌왕후 심씨의 다섯째 아들로 무
　안대군 방번芳蕃의 양자로 보내졌다.

9 자는 계문季文·유도有道이고, 호는 구계癯溪이며, 시호는 정헌正獻이다. 여러 관직을
　거쳐 호조판서, 예조판서, 한성부판윤, 우참찬을 지냈고 이조판서가 되어 숨은 인재를
　많이 등용했다.

여기가 뉘 집이요

10 1571(선조 4)~1637(인조 15). 본관은 덕수德水. 자는 자민子敏, 호는 동악東岳. 증조할아버
　지는 행荇이고, 아버지는 진사 형泂이다. 이식李植의 종숙從叔이다. 18세에 진사에 수석
　해 성시省試에 응시하려던 중 동료의 모함을 받아 과거를 포기하고 문학에 열중했다.

11 지금의 서울시 종로구 경운동, 낙원동, 종로 2~3가에 있던 마을로 향교가 있어 '향교
　동鄕校洞', 향곳골로 불렀다.

질투가 심하다지만 미인 앞에서야 어쩌겠어요

12 본관은 양주楊州. 자는 대년大年, 호는 겸재謙齋·태록당胎祿堂. 형조판서 계원啓遠의 손자로,
　이조참의 가석嘉錫의 아들이다. 태구泰耉·태채泰采의 종제이며, 최석정崔錫鼎의 문인이다.

13 심구서沈龜瑞(1655~?)의 딸이다. 심구서의 본관本貫은 청송靑松, 자字는 석우錫禹로 통
　덕랑通德郎을 지냈다.

14 본관은 양주楊州. 자는 덕수德, 호는 소헌素軒·하곡霞谷. 아버지는 우의정 사석師錫이
　다. 태채泰采·태억泰億의 종형이다.

15 평안북도와 평안남도 지역을 통칭하는 이름. 관서關西라는 별칭으로도 널리 불렸다.

16 지금이 황해도 북단에 위치한 곳의 지명.

17 평양 근처의 지명.

18 원문에는 '분첩粉堞[서판]'으로 되어 있다. 내용을 고려해 '분첩粉堞[성가퀴]'으로 바
　꾸었다. 분첩은 성가퀴로 성 위에 낮게 쌓은 담이다. 여기에 몸을 숨기고 적을 감시하
　거나 공격하거나 한다. 성첩城堞·여장女墻·여첩女堞·치성雉城으로도 부른다.

19 지금의 평양특별시 중구역 동에 있는 누정.

20 지금의 평양특별시 중구역 대동강 기슭에 있는 평양성의 동문東門으로 현재 북한의

국보 제1호.

21 지금의 평양특별시 중구역 금수산에 있는 고구려시대의 누정樓亭으로 사허정四虛亭이
　　라고도 하며 현재 북한문화재 사적 제7호.

22 체면을 돌보지 않고 물건을 얻으러 다니는 사람.

23 손을 움직여 사람을 죽임.

서생의 일을 잊으셨나요?

24 근무하는 곳에 들어가 번番을 듦.

25 각 도의 여러 진鎭에 배치한 종사품의 무관 벼슬.

내 너를 죽이고 나도 죽어 원한을 풀리라

26 평안도 · 황해도를 통틀어 이르는 말.

27 본래는 금중禁中의 여러 문을 수호하거나 순라를 돌고 경계하는 직책이다.

28 '놈' 자는 쪼개면 '十' '一' 'ㅁ'가 된다. 이러한 것을 파자破字라 하는데 한자를 깨뜨리
　　고 합해 의미를 전달하는 것이다.

29 평안북도 남동부에 있는 지명.

30 조관빈趙觀彬(1691~1757)의 본관은 양주楊州, 자는 국보國甫, 호는 회헌晦軒으로 노론 4
　　대신의 한 사람인 우의정 조태채趙泰采의 아들이다. 1723년 신임사화辛壬士禍가 일어
　　나자 아버지 조태채는 사사되고 그는 흥양현에 유배되었다.

31 현재의 서울시 마포구 아현동.

너는 봄을 품은 여인, 나는 멋진 사내가 되면 어떠하냐

32 본관 진천鎭川. 자는 자신自新으로 문과文科에 급제한 후 통정대부에 책록 되었고 회양
　　부사를 역임했다. 뛰어난 미남이었다고 한다.

33 고려 때 나라의 모든 정치를 총괄하는 대신으로 문하부門下府의 으뜸 벼슬.

34 송인宋仁은 진천송씨鎭川宋氏의 시조로 고려 인종 때 사람이다. 충북 진천군 덕산면 두
　　촌리에서 출생했다.

35 고려시대에 만든 육부의 으뜸 벼슬, 정3품.

36 칠언 사구로 된 시.

37 현재의 서울시 종로구 이화동.

38 조선시대 홍문관 벼슬아치에 해당하는 직책 문명文名과 청망淸望이 있는 청백리라는 뜻이다.

39 강원도 회양군의 군청 소재지. 부사는 지방행정구역인 부府의 장관.

40 머리가 아프면서 어지럼증을 동반하는 증세.

41 《시경》〈소남〉 '야유사균野有死麕'에 보인다.

42 뒷날에 보고 서로 알아보기 위해 주고받는 물건.

43 쓰레받기와 비를 드는 비첩婢妾이라는 뜻으로, 남의 아내임을 겸손하게 하는 말.

44 '서상'은 집의 서쪽에 있는 곁채로 중국 원대元代 왕실보王實甫가 당나라의 전기傳奇
   소설인 〈앵앵전鸎鸎傳〉(재상의 딸 최앵앵과 백면서생 장생張生과의 사랑 이야기)을 바탕으로
   엮은 잡극雜劇(元曲)인 《서상기西廂記》의 주인공들이 사랑을 나누는 장소. 여기서는 '혼
   인을 정하다'라는 정도의 뜻으로 쓰였다.

45 혼인할 때 사주단자의 교환이 끝난 후, 정혼 성립의 증거로 신랑 집에서 신부 집으로
   예물을 보내는 의식.

46 맹분은 위衛의 용사로 천근을 들었고, 하육은 제齊의 역사로 맨손으로 소뿔을 뽑았다고 한다.

47 신랑 집에서 신부 집으로 혼인을 청하는 의례.

귀국을 흠모하여 초야의 백성이 되고자 한 지 오래되었소이다

48 《모하당실기》, 《병세재언록》(우예록, 김충선조)과 관계가 깊다.

49 《동몽선습童蒙先習》 '총례'의 "禮樂法度와 衣冠文物을 實遵華制해 人倫이 明於上하고 敎化
   가 行於下해 風俗之美가 侔擬中華하니 華人이 稱之曰 小中華라"에서 차용한 듯하다.

50 본관은 김해金海로 선조가 내린 사성賜姓. 자는 선지善之, 호는 모하당慕夏堂, 혹은 모화당慕
   華堂. 귀화인歸化人으로 일본인이며 조선 중기 무신이다. 이름은 '바다를 건너 온 모래'라는
   뜻의 사야가沙也可다. 선조 25년(1592) 임진왜란 때 가등청정加藤淸正의 좌선봉장左先鋒將으
   로 침입했다가 당시 경상 좌병사慶尙左兵使 박진朴晉(혹은 김응서)에게 귀순했다. 그뒤 경주·
   울산 등지에서 전공을 세워 첨지僉知의 직함을 받았으며, 정유재란과 인조 2(1624) 이괄李适
   의 난, 1636년 병자호란 때 혁혁한 공훈을 세웠다. 나이 들어 대구 녹리鹿里로 돌아왔다. 목
   사牧使 장춘점張春點의 딸과 혼인해 5남 1녀를 두었으며 다섯 아들 모두 벼슬길에 나갔다.

그는 가훈家訓·향약鄕約 등을 마련해 향리교화에 힘썼다. 저서로 《모하당문집慕夏堂文集》이
있다.

51 1592년 임진왜란.

52 가토 기요마사(1562~1611). 임진란 때 일본의 장수. 임진왜란이 일어나자 함경도 방면
으로 출병해 조선의 왕자 임해군과 순화군을 포로로 잡는 등 맹활약했으나 울산싸움
에서 죽음의 위기를 겪기도 했다.

53 고니시 유키나가(1558~1600). 임진란 때 일본의 장수. 임진왜란 때 선봉장으로 조선에
출병해 평양까지 침공했다.

54 조선시대 종친, 의빈, 문무관의 종2품 품계.

55 지금의 부산시 동래구의 지명.

56 지금의 부산시 기장군의 지명.

57 지금의 울산광역시의 남동쪽을 흐르는 태화강太和江 어귀의 삼각주에 있는 해발 50미
터의 학성산 정상부 대지상에 있는 성. 울산학성蔚山鶴城, 시루성이라고도 한다. 정유
재란 당시 남해안까지 패퇴한 왜군이 방위선을 구축하기 위해 축성한 것으로, 울산읍
성과 병영성을 헐어 충당한 것이었다. 이 성을 근거로 1597년(선조 30) 12월 왜장 가토
기요마사 등은 조·명 연합군을 상대로 격전을 벌이기도 했다.

58 경북 달성군 가창면 우록동에 있는 산. 이 산 아래 우록마을에서 김충선의 후손이 지
금까지 살고 있다.

59 조선 때 문무관의 품계로 후에 종친. 의빈의 품계와 병행.

60 본관은 고성. 자는 백규白圭. 1만여 명의 군사를 거느리고 반란을 일으켜 선조의 아들
흥안군興安君을 왕으로 세웠으나 다음날 장만 등의 관군에게 파주 길마재에서 크게 패
해 광주·이천으로 후퇴하던 중, 부하 장수 이수백李守白·기익헌奇翼獻 등에게 죽음
을 당했다.

61 지금의 경기도 광주의 한 지명.

62 중국을 존중하고 오랑캐를 배척하는 의리.

기이하고 장엄한 일을 한번 보려느냐?

63 본관 반남潘南, 자 숙야叔夜. 호 국창菊窓. 1597년(선조 30) 별시문과에 급제했다. 1601

년 정언正言에 이어 병조정랑·직강直講·해남현감海南縣監 등을 역임했다. 광해군 때 함경도 병마절도사가 되어 성지城池를 수축해 방비를 굳건히 했다. 평안도관찰사가 되어 기강을 바로 세우고 국방을 튼튼히 해 재직 6년 동안 외침外侵을 당하지 않았다. 권신 이이첨李爾瞻을 모독하고도 무사할 만큼 명성을 떨쳤으나, 인조반정 후 처가가 광해군과 인척이었다는 이유로 1623년 인조반정의 훈신勳臣들에 의해 학정虐政의 죄를 쓰고 사형당했다.

64 음양의 변화에 따라 몸을 숨기고 길흉을 택하는 용병술.

65 북쪽에 있는 오랑캐.

66 지방관서나 군에서 관직 없이 업무를 보좌하던 사람.

67 지금의 평안남도 남단에 있는 지명.

68 개처럼 생긴 고개. 지금의 청북정맥에 있는 고개 이름.

69 병자호란 때 조선에 침입한 중국 청나라의 장수. 1636년 2월 조선에 사신으로 들어와 군신의 의를 요구했다가 거절당함. 그해 12월 마부대馬夫大와 함께 10만 대군을 이끌고 쳐들어옴.

70 병자호란 때 조선에 침입한 중국 청나라의 장수. 1636년(인조14)의 병자호란 때 조선에 침입한 장수로서 청나라의 전신인 후금後金 때부터 사신으로 여러 차례 조선을 왕래했다. 1635년에는 후금의 친서親書를 가지고 조선에 오기도 했다. 병자호란 때는 청태종淸太宗의 막료로 행패가 심했다.

71 후금의 추장으로 청나라를 세운 누르하치Nurhachi(1559~1626).

72 노아합적奴兒哈赤이라고도 한다.

호랑이를 시켜 공자를 구하게 했군요

73 시녀 등이 잠자리에서 모심.

74 손자병법의 서른여섯 가지의 책략 중 우리가 잘 아는 미인계美人計는 귀책이다. 피해를 입지 않으려면 달아나는 것이 제일 나은 꾀라는 '주위상책走爲上策'이다.

75 봉건적 신분제가 크게 동요되던 조선 후기 사회의 제반 변화에 편승해 도망한 노비들을 주인이 직접 찾아내는 것.

76 집안 살림을 주장해 다스리는 부인.

77 남의 할머니를 높여 이르는 말.

78 '파려'로 만든 부채. '파려'는 불교에서 말하는 칠보 가운데 하나로, 수정이나 수옥을 말한다.

79 전생前生, 현생現生, 내생來生인 과거세, 현재세, 미래세를 통틀어 이르는 말.

80 혼례 때, 신랑이 기러기를 가지고 신부 집에 가서 상 위에 놓고 절하는 것.

81 신부가 혼례를 치른 그날로 신랑과 함께 시가로 가는 것을 당일우귀當日于歸라 하고
   삼일신방을 치르고 가는 것을 삼일우귀三日于歸라 한다.

82 조선시대 서울 안에서 북쪽으로 치우쳐 있는 양반들의 마을을 통틀어 이르던 말.

83 조선시대 육조 가운데 문관의 선임과 훈봉, 관원의 성적 고사考査, 포폄褒貶에 관한 일
   을 맡아보던 관아의 정오품 벼슬.

홀로 관서에 있을 옥소선이 들어와 마음자리에 앉았다

84 평안도와 황해도 북부 지역을 다스렸던 수령.

85 평안남도 평양시 모란대牧丹臺 밑 청류벽淸流壁 위에 있는 누각. 1,000여 년 전에 세워진
   것으로, 대동강에 면해 있어 마치 물 위에 떠 있는 듯한 느낌을 주는 아름다운 누각이다.

86 평안남도 평양에 있는 작은 산. 꼭대기에 모란대牧丹臺, 최승대最勝臺, 을밀대 따위의
   누각이 있고, 동쪽은 절벽을 이루어 대동강을 굽어보고 있어서 경치가 빼어나다.

87 평안남도 평양시 대동강에 있는 섬. 경치가 아름다워 예로부터 기성 팔경箕城八景의
   하나로 꼽힌다.

88 평양 금수산錦繡山에 있는 절.

89 이 이야기는 임방(1640~1724)의 《천예록千倪錄》〈소설인규옥소선掃雪因窺玉簫仙〉과 《동
   야휘집東野彙輯》〈소설정획규고정掃雪庭獲窺故情〉편과 유사하다. 그러나 두 작품에 조
   선 고종 6년(1869)에, 이원명李源命이 엮은 야담집《동야휘집東野彙輯》191화에서는 옥
   소선과 성세창成世昌(1481~1548)으로 설정되어 있다. 따라서 조선후기 안민영과 애틋
   한 정분을 주고받은 옥소선과는 동명이인인 듯하다.

90 맹분孟賁과 하육夏育은 둘 다 힘센 용사다. 맹분은 맨손으로 살아있는 소의 뿔을 뽑아
   내었고, 하육은 천 근의 솥을 번쩍 든 인물로, 이들의 이름은 장사의 대명사로 쓰인다.

91 고을 원의 자식이 독서하던 방.

92 평안남도의 양덕군과 맹산군.

93 사람으로서 마땅히 지켜야 할 도리에 어긋나게 행동하는 자식.

94 첩.

청홍 부채 두 자루를 주며 실없는 농을 하였다

95 본관은 청주淸州. 자는 응빙應聘, 호는 봉래蓬萊·완구完邱·창해滄海·해객海客으로 명
   종1년1546년 문과에 급제. 서예가로 시詩와 글씨에 모두 능했다. 특히 초서草書와 큰
   글자를 잘 써서 안평대군安平大君·김구金絿·한호韓濩 등과 함께 조선 전기의 4대 서예
   가로 불린다. 양사언은 특히 금강산을 사랑해 금강산의 여름 이름인 '봉래蓬萊', 해금
   강을 딴 해객海客으로 호를 삼을 정도였다. 작품집에 《봉래시집蓬萊詩集》이 있다.

96 함경도.

97 함경남도 안변군에 있는 고을.

98 계.

99 혼인의 예물로 주는 비단.

100 비단옷과 폐물. 혼인의 예물로 주는 비단이란 뜻.

101 이러한 아이. 이런 착한 아이. 진晉·송宋대에 쓰인 말.

102 이속吏屬·벼슬아치 아래에서 의례儀禮·접대接待 등의 일을 맡아본 무품無品 구실아치.

103 한 집안의 사당祠堂.

104 자는 응거應擧, 호는 풍고楓皐. 돈녕주부 희수希洙의 아들로 형 사언士彦, 동생 사기士奇
    와 더불어 문명文名을 날려 당대인이 중국의 소순·소식·소철에 비유했다. 1546년
    중종 1 증광시에 급제했다.

105 경기도 과천에서 관악산 연주봉戀主峰을 향해 올라가는 도중에 있는 깊은 계곡을 말한다.

106 원문에는 성종成宗(1457~1494)으로 되어 있어 양사언의 생년과 맞지 않는다. 따라서 이
    하 모두 중종中宗(1488~1544)으로 고친다.

107 '왕세자'의 다른 말.

108 세자시강원.

109 삼신산三神山은 봉래蓬萊, 방장方丈, 영주瀛州로, 자라 등 위에 얹혀서 바다에 떠 있다는 전설
    의 산으로 갈 수 없는 곳이다. 여기서는 임금이 계신 궁궐 뒤의 삼각산三角山을 빗대어 썼다.

110 초상이 나서 처음으로 상복을 입음. 보통 초상난 지 나흘 되는 날부터 입는다.

111 학식과 문벌이 높은 사람에게 시키던 규장각, 홍문관 따위의 벼슬인 청환淸宦과 높고
　　중요한 직위인 현직顯職을 아울러 이르는 말.
112 서모庶母의 복은 석 달만 입는다.

검은깨를 한줌 집어 머릿속에 넣고는 천천히 빗질하니

113 본관은 전주. 자는 지중止仲, 한성의 신성촌新成村에서 출생해 조광조趙光祖의 제자인
　　백인걸白仁傑(1497~1579)의 문인으로 학문이 높았다. 성균관박사·승문원교검·교리·
　　응교·수찬·황해감사 등을 역임했으며, 임진왜란 때는 군대를 거느리고 김응서金應瑞
　　와 진두에서 많은 공을 세웠다. 저서로는 《유당집》이 있다.
114 《맹자孟子》〈양혜왕梁惠王〉편에 보이는 말로 '심성이 어질고 바르게 하기 위해서는 무
　　섭거나 잔인한 일을 하는 것을 해서도 안 되며 봐서도 안 된다' 는 뜻이다. 원문은 다음
　　과 같다. "군자는 금수를 대해도 살아있는 모습을 보고서는 그들의 죽는 꼴을 차마 보
　　지 못하며, 그 죽는 소리를 듣고서는 그 고기를 차마 먹지 못하기에 군자는 푸줏간을
　　멀리하는 것입니다[君子之於禽獸也 見其生 不忍見其死 聞其聲 不忍食其肉 是以君子 遠廚也].'
115 지금의 경북 안동시 풍천면.
116 공평륙은 공거심孔距心이다. 공거심이 제 나라 평륙平陸이란 고을의 수령이었기에 이
　　르는 말이다. 맹자가 "지금 남에게 소와 양을 받아 대신해 기르는 자가 있다면, 그는
　　반드시 목장과 꼴을 구할 것이다. 목장과 꼴을 구하다가 얻지 못하면 소와 양을 그 사
　　람에게 돌려줄 것인가, 아니면 또한 소와 양이 죽어 가는 것을 서서 볼 것인가?" 하고
　　질책하니, 평륙 고을 수령인 거심이 "이는 저 거심의 죄입니다"라고 모든 죄를 자기의
　　잘못으로 돌렸다고 한다. 《맹자》〈공손축〉 하에 나온다.
117 조선시대의 토지 과세제도. 땅의 수확될 것을 계량해 국세를 정했음.
118 부負와 속束은 벼를 수확할 때의 단위 또는 전지의 면적 단위.
119 복생이 편찬한 중국의 역사서인 《상서대전尙書大傳》.
120 신농씨神農氏(혹은 伏羲氏, 夏禹氏)가 64괘로 나누었으며, 문왕文王이 괘에 사辭를 붙여
　　《주역》이 이루어진 뒤에 그 아들 주공周公이 효사爻辭를 지어 완성되었고 이에 공자가
　　십익을 붙였다고 한다. '우씨禹氏' 는 하우씨를 말함.

나와 잠자리를 한 증표를 얻기 전에 못 내려갑니다

121 외지에 나가 있는 자식이 부모의 상을 당해 부음을 전해 듣고 집으로 돌아가기까지 취하는 행동 절차. 통신 제도가 발달하지 못한 옛날에는 상고喪故가 있을 때 외지에 있는 복인服人에게 인편으로 부음을 전달했다. 이 부음을 전해 듣는 것을 문상聞喪이라 하며, 복인은 문상 후에 일정한 절차에 따라 행동하도록 되었다. 분상하는 사람에게는 가능한 한 편의를 보아주는 것이 통례였음.

122 달려와서 호곡號哭하는 것.

오늘에야 내가 죽을 장소를 얻었구나

123 무관武官. 《동야휘집東野彙輯》에는 우하형禹夏亨으로 되어 있다.

124 선전관청에 속한 무관 벼슬. 또는 그 벼슬아치. 품계는 정삼품부터 종구품까지 있었다.

125 이조와 병조를 아울러 이르던 말.

126 현재의 경기도 고양시 벽제이다.

127 무관이나 사대부가 쓰던, 돼지 털을 깔아 덮은 모자.

128 관아에 딸린 관노의 우두머리.

129 초패왕 항우와 한왕 유방에 의해 진나라가 멸망한 한왕 원년元年(206)의 일이다. 고향을 멀리 떠나온 한군은 향수에 젖어 도망치는 장병이 날로 늘어나는 바람에 사기가 말이 아니었다. 그 도망병 가운데는 한신도 끼어 있었다. 소하는 한신이 도망갔다는 보고를 받자 황급히 말에 올라 그 뒤를 쫓았다. 그 광경을 본 장수가 소하도 도망가는 줄 알고 유방에게 고했다. 그러자 오른팔을 잃은 듯이 낙담한 유방은 노여움 또한 컸다. 그런데 이틀 후 소하가 돌아왔다는 고사이다.

130 정기적인 인사 조치 이외에 임시로 벼슬을 임명하거나 바꾸던 일.

131 본래 의망擬望의 삼망三望 중 맨 첫 망에 쓴 것을 말함. 관원을 임명하거나 시호諡號·능호陵號·전호殿號 등을 정할 때 합당하다고 생각되는 세 사람을 이조와 병조에서 올린다. 세 사람 중 으뜸이 수망, 다음 것을 차망次望, 그 다음 것을 말망末望이라 해 임금이 셋 중에 뜻이 맞는 데에 낙점함.

132 '첩리帖裡'라고도 한다. 무관이 입던 공복公服. 직령直領으로서, 허리에 주름이 잡히고 큰 소매가 달렸는데, 당상관은 남색이고 당하관은 분홍색이다. 원문에는 '帖褙'로 되어있다.

133 사람을 천거해 쓰이게 함.

134 조선시대에, 벼슬아치의 임명과 해임을 적어 놓은 문서.

135 도목정사都目政事. 이조 · 병조에서 매년 6월과 12월에 벼슬아치의 성적을 평가해 면직 · 승진시키던 일.

136 학식과 문벌이 높은 사람에게 시키던 규장각, 홍문관 따위의 벼슬. 지위와 봉록은 높지 않으나 뒷날에 높이 될 자리였다.

137 하늘.

138 웅대하고 강성한 변경의 진지.

139 병마절도사와 수군절도사를 통틀어 이르는 말.

법이 행해지지 않는 것은 위에서부터 범해서다

140 영조 때 호조의 아전으로 있으면서 청백리로 알려진 인물이다. 김수팽은 홀어머니 슬하에서 아우와 함께 어렵게 자라났다. 김수팽에 대한 이야기는 《호산외기》와 《이향견문록》 등 여러 문헌에 보인다.

141 보병의 옷감으로 백성이 바치던, 올이 굵고 거칠게 짠 무명.

142 병역을 면제해 주는 대신으로 받아들이던 베.

143 '선혜청'은 대동법大同法이 선혜법宣惠法이란 이름으로 경기도에 처음으로 시행되면서 이를 관리하기 위해 설치한 관서이며 '서리'는 하급 서리.

144 반물을 들여 주는 직업. 짙은 검은빛을 띤 남색을 반물이라 한다.

145 마고자에 다는, 바둑돌과 비슷한 단추. 기은碁銀이라고도 한다. 오늘날 재무부에 해당하는 호조戶曹의 창고에 대대로 깊이 감추어 두었다가 유사시에 쓰게 되어 있다.

146 《사기》 〈상군렬전〉에 보인다.

147 비녀 꽂을 나이로 15세를 이름.

148 임금이 백성의 억울한 사정을 듣기 위해 매달아 놓았던 북. 태종(1401) 시절 처음으로 설치했고 이후 '신문고'로 이름을 고쳤다.

149 액정서에 속해 궁중의 궂은 일을 맡아하던 사람을 통틀어 이르던 말.

150 조선 후기 문인 조희룡(1789~1866)이 지은 여항사람의 전기를 다룬 책이다. 1844년에 편찬된 이 책에는 다양한 인물의 이야기가 실려 있다.

151 본관 양천陽川. 자 여차汝車, 호 묵재默齋·휴옹休翁. 1633년 사마시司馬試를 거쳐, 호
조참판, 호조판서 등의 요직을 두루 거쳐 영의정까지 이르렀다. 1680년 조부 잠潛이
시호諡號를 받게 된 축하연에서 유악帷幄을 사용한 사건과 아들 견堅의 역모사건에 연
좌되어 사사賜死되었다.

152 본관은 청풍淸風, 호는 식암息庵, 절재節齋, 지재趾齋, 봉호는 청성부원군淸城府院君으
로 과부科賦를 잘 지어 당대에 널리 이름을 널리 알렸다. 그가 지은 〈이서대부종부移書
大夫種賦〉의 "가을바람 물나라에 불어오니 고향 생각 강해에 부는 구나[秋風動於水國 歸
思滿於江海]."라는 구절은 당대 널리 알려졌다.

153 남인이 대거 실각해 정권에서 물러난 사건으로 경신대출척庚申大黜陟이라고도 한다. 경신
년 3월 당시 남인의 영수이며 영의정인 허적許積의 집에 그의 조부 허잠許潛을 위한 연시
연이 있었다. 이때 이번 연회에 병판兵判 김석주金錫胄, 숙종의 장인인 광성부원군光城府院
君 김만기金萬基를 독주로 죽일 것이요, 허적의 서자庶子 견堅은 무사를 매복시킨다는 유
언비어가 퍼졌다. 김석주는 핑계를 대고 불참하고 김만기만 참석했다. 그 날 비가 오자
숙종은 궁중에서 쓰는 용봉차일을 보내려고 했으나 벌써 허적이 가져간 뒤였다. 숙종은
노해 허적의 집을 염탐하게 했는데 남인은 다 모였으나 서인은 김만기·신여철申汝哲 등
몇 사람뿐이었다. 이에 노한 숙종은 철원鐵原에 귀양 갔던 김수항金壽恒을 불러 영의정을
삼고, 조정朝廷의 요직을 모두 서인으로 바꾸는 한편, 이조판서 이원정李元禎의 관작官爵
을 삭탈해 문 밖으로 내쫓으라고 했다. 다음 달인 4월 정원로鄭元老의 고변告變으로 허견
許堅의 역모가 적발되었다. 이른바 '삼복의 변三福之變'으로, 인조의 손자이며 숙종의 5촌
인 복창군福昌君, 복선군福善君, 복평군福平君 3형제가 허견과 결탁해 역모했다는 것이다.
그 내용은 허견이 복선군을 보고 "주상께서 몸이 약하고, 형제도 아들도 없는데 만일 불
행한 일이 생기는 날에는 대감이 왕위를 이을 후계자가 될 것이오. 이때 만일 서인들이
임성군臨城君을 추대한다면 대감을 위해서 병력兵力으로 뒷받침하겠소." 했으나 복선군은
아무 말도 없더라는 것이었다. 이들은 모두 잡혀와 고문 끝에 처형되었고 허견·복창
군·복선군 등은 귀양 갔다가 다시 잡혀와 죽고, 허견의 아버지 허적은 처음에는 그 사실
을 몰랐다고 해 죽음을 면했으나, 뒤에 악자惡子를 엄호했다 해 죽임을 당했다.

154 죄인을 죽여서 여러 사람에게 보임.

155 정치 시비에 대한 언론활동, 백관에 대한 규찰과 탄핵, 풍속 교정, 억울한 일을 풀어주
   는 일 등을 했다.

156 지방의 행정단위인 목牧에 파견되었던 장관.

157 경상북도 영주시에 있는 지역.

158 경상북도 영주시 부석면 북지리 봉황산鳳凰山에 있는 절.

159 증조할아버지뻘이 되는 촌수.

160 판의금부사判義禁府事. 의금부의 으뜸 벼슬. 품계는 종일품이다.

161 〈염시도전〉에는 경상북도 안동군에 사는 김경천金敬天이라고 되어 있다.

162 본관은 풍양豊壤, 자는 치회稚晦, 호는 귀록歸鹿 또는 녹옹鹿翁이다. 숙종 45년1719 문
   과에 급제해 영의정, 영돈녕부사 등을 지냈다.

163 노비의 부적簿籍과 소송에 관한 일을 관장하던 정3품 관청.

가짜태수 놀이를 하는 것이 어떠하냐?

164 본관은 연안延安. 자는 덕휘德輝, 호는 해고海皐. 1590년(선조 23) 진사에 합격한 후 여
   러 관직에 올랐으며, 1604년 호성공신扈聖功臣 2등으로 연원군延原君에 봉해졌고, 이
   어 보국숭록대부輔國崇祿大夫에 올라 부원군府院君에 진봉進封되었다. 1626년(인조 4)
   개성부유수開城府留守가 되었으나 이듬해 정묘호란 때 강화江華에 들어가 병사했다.
   〈노파지오락老婆之五樂〉과 같은 우언을 지어 세상을 풍자하기도 했다.

165 지방 관아에 속한 육방 가운데 형전刑典에 관한 일을 맡아보던 부서.

166 지방의 자치 기구인 향청鄕廳(留鄕所 또는 鄕所)의 가장 높은 직임職任.

167 관아에서 부리던 사내종.

168 향청의 우두머리. 고종 32년(1895)에 좌수座首를 고친 것이다.

169 오형 가운데 죄인을 작은 형장으로 볼기를 치던 형벌.

170 지방의 자치 기구인 향청의 우두머리로 지방 수령권을 견제하는 기능을 담당했다.

171 잘 익어서 떨어진 매실이라는 뜻으로, 혼기가 지난 여자를 이르는 말.

172 좌수나 별감 따위의 향원鄕員이 될 자격이 있는 집안.

173 《명심보감》〈치가〉편에 보이는 문중자의 말이다. 원문은 "혼인하고 장가드는 데 재물
   을 논하는 것은 오랑캐의 일이다[婚娶而論財 夷虜之道也]."

174 《맹자》〈양혜왕〉하 제5장에 보이는 말로 태평시절을 말한다. 원문은 "그때에는 안으로 원망하는 여인이 없었고 밖으로 홀아비가 없었던 것입니다[當是時也, 內無怨女, 外無曠夫]."라고 되어 있다.

나는 한 번 방사를 하면 틀림없이 자식이 생긴다오

175 남녀가 성적으로 관계를 맺는 일.

176 중국 서진西晉의 부호富豪. 자는 계륜季倫. 형주荊州 자사刺史를 지냈고, 항해와 무역으로 거부가 되었다.

177 점술에서 십이궁의 하나. 자손에 관한 운수를 점치는 별자리다.

178 곧 한 달에 아홉 번 밥을 먹는다는 뜻으로, 집안이 가난해 먹을 것이 없어 굶주린다는 말

179 '계수나무보다 비싼 장작과 옥보다 귀한 밥'이라는 뜻으로, 장작과 식량이 귀하고 비쌈을 비유적으로 이르는 말.

이 움집에 혹 서울서 온 나그네가 묵고 계시는지요

180 본관 김해. 자 제중濟仲, 호 갑봉甲峰·좌은坐隱, 시호 충정忠靖. 1669년(현종 10) 사마시에 합격, 1681년 식년문과에 을과로 급제, 승문원에 등용되었다. 이후 회양부사·전라도관찰사를 지내면서 선정을 베풀었고, 1713년 우의정을 거쳐, 1721년(경종 1) 중추부영사에 올랐다. 신임사화로 노론 4대신이 폐출되자 이의 부당함을 항소하고, 김일경金一鏡의 사친추존론私親追尊論을 적극 반대했다. 평생을 청빈하게 살았으며, 사람들로부터 장자長子·완인完人이라 불렸다. 문집에 《갑봉집》이 있다.

181 곡식을 사창社倉에 저장했다가 백성들에게 봄에 꾸어주고 가을에 이자를 붙여 거두던 일. 또는 그 곡식.

182 밤 9~11시를 말함.

183 새벽 1~3시를 말함.

184 과거의 한 과. 문과 중에 갑과甲科를 말하며, 장원한 사람을 괴방魁榜 또는 장원랑壯元郎이라고 했다. 문과대과에는 초시·복시·전시가 있었는데 3년마다 1회 실시하는 고등문과시험이었다.

185 홍문관弘文館. 삼사三司 가운데 궁중의 경서, 문서 따위를 관리하고 임금의 자문에 응

하는 일을 맡아보던 관아.

186 조선 제19대 왕(1661~1720). 이름은 순焞, 자는 명보明普. 대동법을 확대 실시하고, 백
두산에 정계비를 세워 국경을 확대했다.

187 홍문관의 관원.

188 '기러기는 날아가 버리고 물고기는 물속에 잠겨' 는 보낼 곳이 없다는 뜻이다. 물고기와
기러기는 편지나 통신을 이르는 말. 잉어나 기러기가 편지를 날랐다는 데서 유래한다.

189 남편의 높임말.

190 높은 관리의 집을 이르던 말.

191 아래 직위에 있는 벼슬아치가 상관에 대해 자기를 낮추어 이르는 말.

192 관리의 자격을 박탈함. 또는, 평생 관리가 되지 못하게 함.

193 어사나 감사가 못된 짓을 많이 한 고을의 원을 파면하고 관가의 창고를 봉해 잠그던 일.

194 왕명의 출납을 맡아보던 정삼품의 당상관.

195 상벌 따위에 관한 임금의 뜻을 그 맡은 관아에 전달하던 일.

대사가 만약 나를 이긴다면 내 처를 갖구려

196 《소재집嘯齋集》에 의하면 원봉圓峯 이자명李子明 증조부의 외손자라고 한다.

197 황해도 연백군 연안면延安郡.

198 여자들이 나들이할 때에 얼굴을 가리느라고 머리에서부터 길게 내려 쓰던 옷. 초록색
바탕에 흰 끝동을 달았고, 맞깃으로 두루마기와 비슷하며, 젊으면 청·녹·황색을, 늙
으면 흰색을 썼다.

199 빌려 쓰는 논밭의 대가로 주는 금액. 도조賭租.

200 하루에 구만 리를 날아간다는 매우 큰 상상의 새.

201 박샛과의 새. 머리와 목은 검은색, 등·가슴·배는 밤색, 날개와 꽁지는 잿빛 청색이며
뒷머리에 'V'자 모양의 검은 무늬가 있다. 텃새로 야산이나 평지에 산다.

202 금강역사金剛力士가 몸을 뒤집고 술 취한 사람이 밀지 않아도 공중제비를 돔. '금강역
사' 는 금강야차金剛夜叉라고도 한다. 사찰 문의 좌우에 서서, 승려들이 불도를 닦을 때
에 쓰는 도구인 방망이인 금강저金剛杵를 손에 들고 불법을 수호하는 신.

203 '청정' 은 나쁜 짓으로 지은 허물이나 번뇌의 더러움에서 벗어나 깨끗해지는 것이요, '법

신'은 불법의 이치와 일치하는 부처의 몸을 이른다. 중의 악행을 꼬집는 반어적 표현이다.

204 불교에서 일체의 속박에서 해탈한 최고의 경지인 죽음.

205 둔전과 둔답을 아울러 이르는 말로 각 궁과 관아에 속한 토지. 관노비나 일반 농민이
경작했으며, 소출의 일부를 거두어 경비를 충당했다.

아버지를 대신하여 전쟁에 나가겠습니다

206 중국 명나라 성조 때에 남만주 길림 부근에 여진족을 다스리기 위해 설치했던 지방 행정구역.

207 이괄李适(1587~1624)의 본관은 고성固城. 자 백규白圭. 무과에 급제해 태안군수를 역임
하고, 1622년(광해군 14) 함경도 병마절도사로 부임하기 직전, 인조반정에 가담, 작전
지휘를 맡아 반정을 성공하게 했다. 후금後金과의 국경 분쟁이 잦자 평안도 병마절도
사 겸 부원수副元帥로 영변寧邊에 출진, 성책을 쌓고 국경 경비에 힘썼다. 1624년(인조
2) 무능하고 의심 많은 공신들에 대한 적개심이 폭발, 난을 일으켰으나 실패했다.

208 초哨의 우두머리. 초는 약 백 명을 단위로 하던 군대의 편제.

209 평안남도 북서쪽에 있는 성.

210 관찰사의 밑에서 지방의 목牧을 다스리던 정삼품 외직 문관. 병권兵權도 함께 가졌다.

211 정충신鄭忠信(1576~1636)의 본관은 금성錦城. 자 가행可行, 호 만운晩雲. 시호 충무忠武
로 도원수를 지낸 정지鄭地(1347~1391)의 후손이라 하는데, 아전과 계집종 사이에서 태
어났다고 전해진다. 정충신은 임진왜란 당시 권율장군을 따라 종군하다가, 16세의 나
이에 왜군의 포위를 뚫고 의주까지 가서 권율장군의 장계를 선조임금에게 올렸다. 이
러한 의기를 기려 백사 이항복이 그에게 충신이라는 이름을 지어 주었고 선조임금은
노비에서 면천을 시켜주었다고 한다. 1592년 무과 급제. 1623년(인조 1) 안주목사 겸
방어사가 됐다. 이듬해 이괄의 난 때 전부대장前部大將으로 황주黃州와 서울 안현鞍峴
에서 싸워 이겨서 진무공신振武功臣 1등에 책록되어 금남군錦南君에 봉해지고, 이어 평
안도병마절도사 겸 영변대도호부사寧邊大都護府使가 됐다. 조선시대 법규상 어머니가
종이면 아들도 종의 신분을 세습받았다. 철저한 신분제 사회에서 본인의 의지와 노력
으로, 천인 노비에서 위인이 된 입지전적인 인물이다.

212 장만張晩(1566~1629)의 본관은 인동仁同. 자 호고好古, 호 낙서洛西, 시호 충정忠定. 고향
에 은거하다 인조반정으로 다시 등용되어 팔도도원수八道都元帥로서 원수부元帥府를

평양에 두고 있다가, 이듬해 이괄李适의 난을 진압해 진무振武공신으로 보국숭록대부輔國崇祿大夫에 올랐다. 문무를 겸비하고 재략이 뛰어났다.

213 각 군영의 주장主將을 보좌하던 종육품 벼슬.

214 중국 명나라의 장군. 조선 광해군 14년(1622) 철산 가도에 진을 치고 우리 조정에 후금을 치도록 강요해 외교상 큰 지장을 초래하던 중, 명 장수 원숭환袁崇煥에게 피살되었다.

215 임금이 도성을 떠나 다른 곳으로 피란하던 일.

216 본관은 의령宜寧. 자 자호子豪, 호 성은城隱, 시호 충장忠壯. 무과에 급제해 이괄의 난 때 도원수 장만의 휘하에서 관군을 이끌고 난을 평정, 연안부사가 되고 진무공신 1등에 책록, 의춘군에 봉해졌다. 평안도 병마절도사로서 영변 부사를 겸임하던 중 1627년 정묘호란 때 안주에 나가 후금군을 맞아 용전하다가 무기가 떨어져 승산이 없자 성에 불을 지르고 뛰어들어 자결했다.

217 도성을 떠나 피란함.

218 광희문光熙門. 시구문屍軀門·수구문水口門이라고도 했으며 서소문西小門과 함께 시신屍身을 내보내던 문이다.

219 유효걸柳孝傑(1594~1627)의 본관은 진주晋州. 자는 성백誠伯, 1618년 무과에 급제. 1623년 황주 목사로 있던 중 백성에 대한 착취가 심하다는 탄핵을 받고 의금부에 투옥되었다가, 1623년 인조반정으로 풀려나와 다시 기용되어, 북변 수비를 위해 장만張晚의 휘하에 들어가 별장別將으로 종군했다. 다음해 이괄李适이 반란을 일으키자 좌협장左協將으로 출전해, 도성을 향하는 반란군을 추격해 길마재에서 대파해, 그 전공으로 진무공신振武功臣 2등에 책록되고 진양군晋陽君에 봉해졌다.

220 지금의 경기도 광주시 경안동.

221 이수백李守白(?~1634)은 1606년(선조 39) 경원판관을 역임했고 1617년(광해군 9)에 포도청 종사관으로 있었다. 1624년(인조 2) 이괄이 변을 일으키자 그의 부하로 난에 가담했다가 기익헌奇益獻과 함께 이괄·명련의 목을 베고는 항복했다. 이 사실로 죽음을 특별히 면제받았으나 이괄의 난 때 희생당한 청흥군靑興君 이중로李重老의 아들 문웅文雄과, 풍천부사 박영신朴榮臣의 아들 지병之屛에 의해 대낮에 서울거리에서 목이 베이는 죽임을 당했다.

222 목란木蘭이라는 여인이 늙은 아버지 대신 남장을 하고 그 아버지 이름으로 12년을 종군한 사실을 말하는 것임. 이 목란 이야기는 《고악부古樂府 목란사木蘭辭》에 보인다.

223 용호영의 종이품. 또는 용호영 이외의 각 영의 정삼품 벼슬.

224 경원 부사慶源府使 등을 지냈다.

225 외적이 침입하거나 내란이 일어난 비상시에 설정하는 임시 직책. 정1품이면 도체찰사
都體察使, 종1품~정2품 정도면 체찰사에 임명됐다.

226 김시양金時讓(1581~1643)의 본관은 안동. 자 자중子仲, 호 하담荷潭, 초명 시언時言, 시
호 충익忠翼. 1605년(선조 38) 정시문과에 병과로 급제. 전라도 도사가 되어 향시를 주
관할 때 왕의 실정을 비유한 시제를 출제했다 해 종성鐘城에 유배됐다. 1623년 인조반
정으로 풀려나와 예조좌랑·교리 등을 지냈다. 이듬해 이괄의 난 때 도체찰사都體察使
이원익李元翼의 종사관이 되어 활약하고, 이어 경상도관찰사가 됐다.

동그랗게 뜬 맑은 눈으로 한참을 말끄러미 바라보다가는

227 생몰년 미상. 조선 후기의 무신으로 본관은 단양. 자는 회숙會叔. 아버지는 군수 순필
舜弼이다. 1710년(숙종 36) 무과에 급제하고 1728년(영조 4) 이인좌李麟佐의 난 때 곤양
군수昆陽郡守로서 진주의 군사를 이끌고 거창에 이르러 선산부사 박필건朴弼健 등과
함께 난을 평정했다. 1733년 황해도절도사, 회령부사 등을 역임하고 64세로 졸했다.

228 '굶어 죽기 일보 직전에 놓여 있다'는 말이다. 옛 춘추시대에 군대의 식량이 다 떨어
져 원조를 요청하자. 경계庚癸라고 부르면 곧바로 응하겠다[呼曰庚癸則諾]고 대답한 고
사에서 유래한 것으로, 경庚은 서방西方으로 곡식을 상징하고 계癸는 북방으로 물을
상징하기 때문에 사용했던 은어였다.

229 '선달'은 본래 과거에 급제했으나 아직 벼슬하지 않은 사람을 말한다.

230 정부에서 법령, 고시, 서임, 사령, 그 밖의 일반에게 널리 알릴 사항을 발표하는 기관지.

231 선전관청에 속한 무관 벼슬, 또는 그 벼슬아치. 품계는 정삼품부터 종구품까지 있었다.

232 종삼품 벼슬.

233 조선시대에 다른 지방의 병사가 서북 방면을 방비하기 위해 근무를 하던 일.

234 병마절도사와 수군절도사를 통틀어 이르는 말. 우하형은 1773년 황해절도사가 되었다.

235 우하형은 64세로 졸했다고 한다.

236 초상이 나서 처음으로 상복을 입음. 보통 초상난 지 나흘 되는 날부터 입는다.

237 포도대장, 용호별장, 도감중군, 금위중군, 어영중군, 병조참판 등을 통틀어 일컫던 말.

238 상례의 한 절차로 사람이 병이 위독해 숨을 거두기 직전부터 죽은 뒤 부고를 내기까지
　　의 절차다.

239 장례를 지내러 가기 위해 상여 따위가 집에서 떠남. 또는 그런 절차.

240 황해도 중동부에 있는 곳.

이것은 죽은 벗에 대한 예의가 아닐세

241 본관은 황주黃州. 자는 득운得運, 호는 집암執庵으로 대요戴堯의 아들이라고도 한다. 벼
　　슬은 참봉參奉이었는데, 세상에서 황고집黃固執이라 칭했다.

242 호는 계로季老로 조선 태종을 보좌해 개국공신이 되어 제안齊安에 봉해져서 제안군이
　　라 부름. 제안은 황해도 황주의 옛 이름.

243 외지에서 들어온 성씨인 황씨의 족친이 평안도에 널리 퍼졌다는 의미다. 황씨 시조는 후한
　　의 유신이었던 황락黃洛으로 28년, 교지국交趾國(현재 베트남 북부)에 사신으로 가던 도중, 풍
　　랑을 만나 표류 하다가 신라 평해平海로 왔다고 《조선씨족통보朝鮮氏族通譜》에 나와 있다.

기인기사 조선의 별난 사람 별난 이야기

● 2008년 5월 27일 초판 1쇄 인쇄
● 2008년 6월 9일 초판 1쇄 발행

● 지은이　　　　　송순기
● 풀어 엮은이　　　간호윤
● 발행인　　　　　박혜숙
● 편집인　　　　　백승종
● 책임편집　　　　신상미
● 영업·제작　　　　변재원
● 인쇄　　　　　　백왕인쇄
● 제본　　　　　　정민문화사
● 종이　　　　　　화인페이퍼
● 펴낸곳　　　도서출판 푸른역사
　　　　　　　우 110-040 서울시 종로구 통의동 82
　　　　　　　전화: 02)720 - 8921(편집부) 02)720 - 8920(영업부)
　　　　　　　팩스: 02)720 - 9887
　　　　　　　전자우편: 2007history@naver.com
　　　　　　　등록: 1997년 2월 14일 제13-483호

ⓒ 간호윤, 2008

ISBN　978-89-91510-70-8　03900

● 잘못 만들어진 책은 교환해드립니다.